本书为国家社科基金项目“信息社会公司外显型要件的消解与法律应对研究”（20BFX124）结项成果

信息社会公司外显型要件的消解与法律应对研究

Ius est ars boni et aequi

李政辉——著

法律出版社 LAW PRESS · CHINA
——北京——

图书在版编目（CIP）数据

信息社会公司外显型要件的消解与法律应对研究 / 李政辉著. -- 北京 : 法律出版社, 2025. -- ISBN 978-7-5197-9957-1

Ⅰ. D922.291.914

中国国家版本馆 CIP 数据核字第 20251PE117 号

信息社会公司外显型要件的消解与法律应对研究
XINXI SHEHUI GONGSI WAIXIANXING YAOJIAN DE XIAOJIE YU FALÜ YINGDUI YANJIU

李政辉 著

策划编辑 似 玉
责任编辑 似 玉
装帧设计 汪奇峰 臧晓飞

出版发行 法律出版社
编辑统筹 法律应用出版分社
责任校对 石蒙蒙
责任印制 刘晓伟
经　　销 新华书店

开本 710 毫米×1000 毫米 1/16
印张 17　**字数** 251 千
版本 2025 年 4 月第 1 版
印次 2025 年 4 月第 1 次印刷
印刷 北京盛通印刷股份有限公司

地址:北京市丰台区莲花池西里 7 号(100073)
网址:www.lawpress.com.cn
投稿邮箱:info@lawpress.com.cn
举报盗版邮箱:jbwq@lawpress.com.cn
销售电话:010-83938349
客服电话:010-83938350
咨询电话:010-63939796

书号:ISBN 978-7-5197-9957-1
定价:72.00 元
凡购买本社图书,如有印装错误,我社负责退换。电话:010-83938349

序言：何为公司

作为现代社会最普遍的主体形态，公司随处可见，它是经济活动的基本单元，并已深入我们的日常生活。或许正因为其无处不在，所以对公司的基本追问却反而淡出了视野。何为公司？这个在法人制度设立之初引起广泛关注的问题，如今似已无存在的必要。与公司有关的研究与关注点集中在董事会、独立董事等大型公司相关问题上，[1]公司已然成为前提性的实存条件。但现实显然没有理论研究想象的那么“高大上”，以《人民司法·案例》2022年度发布的涉公司法领域的典型案例为窗口，司法中处理的热点与难点问题多为“申请追加未届出资期限股东为被执行人的审查”“未届出资期限转让股权应追加的被执行人认定”“追加一人有限责任公司股东为被执行人

[1] 以篇关摘包含“公司法”为检索条件，以下载量作为排序依据，我国2022年1月1日至2023年6月30日发表的相关论文中前20篇中有8篇讨论的是董事、独立董事，检索时间为2023年7月2日。

的审查标准"等。[1] 司法实践所呈现的场景显然更接近"乡土中国",股东出资瑕疵、一人公司的人格认定、股权代持、资本显著不足等才是公司运行中更为普遍的问题。这其实还是经过法院系统层层过滤的案件,在基层法院处理得更为"原生态"的公司案件中,不少公司还处在合伙、合同等组织形态或交易形态相互混淆的阶段,甚至股东与公司完全未进行区隔。

在理论与实践的双层意义上,我们都应该停下疾行的脚步,审视"何为公司"这一根本命题。

在理论层面上,我国公司理论移植自国外,充分享受了理论上的后发优势,但也埋下了反思不足的隐忧。其中突出的表现就是我国将有限责任公司与股份有限公司同时设置,并构造了从有限责任公司到股份有限公司的公司序列,营造出公司自前者"进化"至后者的发展观。[2]但无论是英美法系还是大陆法系,这两种公司的起源既不相同,法律性格差异更大,将两者并列已是难度不小,更遑论反向构造出递进关系。[3] 公司类型上的此种错位影响了我国公司法的内在结构,更影响了公司理论的内在逻辑。前者比较明显,后者需要做出进一步的说明。例如,在讨论公司董事责任时,以信义义务为依托加强董事责任为主流呼声,但其实有限责任公司的董事与股份有限公司的董事并不能等同。有限责任公司的董事与股东高度重合,在该种情况下强调董事责任并无助于公司治理的改善,也不能增进公司相关主体利益的保障。

在实践层面上,我国市场中公司实存的多种形态皆追问为公司。作为常见公司形态,一人公司在股东与公司的关系设置上往往存在顾此失彼的局促。在我国公司发展的实践中,改革开放之初出现了一个专有名词"皮包公司",专指无场地、无资金、无经营范围的公司。对皮包公司的

---

〔1〕 参见赫少华:《收藏:〈人民司法〉2022 年度涉公司法诉讼的 17 个裁判要旨》,载百家号 2023 年 4 月 23 日, https://baijiahao. baidu. com/s? id = 1763923430871513686&wfr = spider&for = pc。

〔2〕 例如,我国的公司上市业务一直采用的模式是将有限责任公司改制为股份有限公司;更早的如股份有限公司的登记机关要求的行政层级更高。

〔3〕 在比较法上,股份有限公司属于公司原型,早于有限责任公司出现。

属性在20世纪80年代即出现不同的意见。[1] 时至今日，脱离场地、资金的公司已无法律上的障碍，公司更多的存在形态被“开发”出来：为特定项目而成立的项目公司；在证券业务中存在的SPV公司；[2]在企业集团中作为持股平台的公司；等等。这些公司远离我们假想中司生产经营之责的实体，它们更多只存在于纸面之上。2023年3月，轩竹生物科技股份有限公司申请首次公开发行之际，经过披露发现该公司股权架构设置上通过耀忠国际、开曼轩竹、香港轩竹等主体控制发行人，海外持股结构有4层。[3]

在回答“何为公司”时，经典理论归纳出了五种特征，即法律人格、有限责任、股份自由转让、董事会结构下的授权经营管理与投资者所有权。[4] 但放下作为标准样本被研究的同时也是公司中“优等生”的上市公司，检视公司实存的各种形态，前述界定更多是公司已经享有的法律优惠，特别是法律人格与有限责任。而享有如此众多法律待遇的公司与上文所列举的现实中公司并不能形成涵摄关系。一方面，事实上大部分公司并不具有公司全部的上述特征，如董事会结构下的授权经营管理；另一方面，更重要的是，将法律人格、有限责任赋予某些商事主体，其正当性也令人心生疑虑。可能在我们还没有意识到的时候，公司这种组织形态在实践中已经走得太远了。

站在立法角度，对制度设计者而言，法律上的公司概念应与现实中的公司匹配恰当，问题其实是具备何种条件的组织才应该成为法律上的公司。这是一个位于公司入门之际的问题，犹如德尔斐神庙上的“认识你自己”，却也是一个被忽视的问题。公司属于现代世界的胜出者，个

---

〔1〕 参见阮庭方：《“皮包公司”再认识》，载《中国工商管理研究》1995年第6期。

〔2〕 很长一段时间内，对于一个使用新浪门户网站的网民来说，估计不是很清楚新浪公司是一家注册在国内的公司还是一家在美国上市的离岸公司。

〔3〕 参见《轩竹生物：信托持股架构拆除涉及税收事项》，载百家号2023年3月17日，https://baijiahao.baidu.com/s?id=1760573012737235894&wfr=spider&for=pc。

〔4〕 参见[美]莱纳·克拉克曼等：《公司法剖析：比较与功能的视角》，刘俊海等译，北京大学出版社2007年版，第1页。

人、合伙都被它甩在身后,这使得对公司追根究底的追问显得有些多余;并且,大型公司的成功与巨大社会影响吸收了主要的注意力资源,毕竟大型公司应该是所有公司成长的目标。

关注何为公司,其实关注的是数量最为广大的中小型公司。对于该研究对象,不仅理论需要做视线转移,即从大型公司到中小型公司,而且需要做重点转移,即从公司内部到公司外部。大型公司以自身巍巍体量、不可置疑的实存性、成败得失的社会效益引导理论将关注点集中于公司内部,大型公司不用证明自己已经为公司,它需要的是吸引人的“故事”,这或许可以解释公司治理理论大行其道。而数量众多的中小型公司默默无闻,构成了社会经济运行中生产、流通、服务的细胞,它们需要努力证明自己的存在,获得市场上的辨识度,在交易伙伴中赢得社会信任,最终在残酷的竞争中存活下来。这些公司可能并不具有鲜明的主体性:微型公司可能还处在自然人与组织交替的边缘;小型公司可能需要将家庭与公司进行区隔;甚至中型公司也与传统的合伙具有实质相似性。换言之,构成公司数量之绝大部分的中小型公司作为法律构造物,发端于自然人、家庭、友谊所代表的生理世界,它们的主体特征并不彰显,更非不证自明,它们处于民法自然人与法人中间漫长的过渡地带上。但中小型公司也是公司,享有法律人格,投资者承担有限责任为显著的制度收益。正是基于公司与自然人的天然联系却又在法律地位上泾渭分明的内在张力,何为公司的追问才具有理论意义。

何为公司拷问着公司的主体正当性,其证明路径只能经由对公司要件的分拆、探析与重新组装。“公司要件”在学术上算是新词,[1]这实在是令人大为感叹。公司研究已经深入各项具体制度的构成要件,但对于本体意义上公司的分析却付诸阙如,造成该种状况的内在根源仍是将公司作为不证自明的前提性条件。这当然是一个不够充分的理由,即使抛

---

〔1〕 以“公司要件”作为检索词组在中国知网上进行检索,我国已发表论文标题中未见该概念。检索时间为 2023 年 7 月 4 日。

开单纯智力上追求思辨的快乐,仅是考虑当下营商环境建设之需与公司各构成要件变动之速,公司要件也是重要的研究对象。进一步分析公司要件,作为法律主体的构成可大致分为内部要件与外部要件,内部要件其实就是公司治理,而外部要件是公司于交易环境中显示自身存在的条件。公司治理一直是公司法研究的重点与热点,因此严格来说,公司内部要件的分析已经足够充分。公司要件的研究不足,甚至这个概念未被提炼归纳出来,主要的缺失在于外部要件。本书将该种要件命名为“外显型要件”并加以分析,其理论旨趣仍在于回答何为公司。

如果公司要件都为学术新词,则公司外显型要件更属本书所创造出的学术概念。外显型要件更贴近公司要件的目的,即服务于中小型公司的主体论证与制度建构。公司具有名称、定位于特定地点,以资本作为经济人的基本条件,并通过代表人表达意思从而建立主体间法律关系,这些即为公司外显型要件的制度领域。

目录

第一章　公司外显型要件概述

公司外显型要件从属于公司要件，为学术上的新词，指公司呈现于外部、便于市场主体识别的要件。对于该学术新词，需要在理论上进行证立，本章即从概念、构成与功能上对其进行分析论证，以确立其作为学术分析单元的正当性，并揭示其鲜明的实践功能。

第一节　公司外显型要件的界定

公司外显型要件是一个新的学术词汇。顾名思义，公司外显型要件指基于市场交易的全局视角寻找、识别、定位作为交易主体的公司时所依赖的公司构成要素，是公司从事活动时显示于外部的主体要件。犹如自然人于陌生人社会与他人建立法律关系时需要持有身份证，以显示并证明自己的名字、住所一样，公司在开展民商事活动时也需借助主体要素。甚至与存在有机实体的自然人相比，外显型要素对于公司更是须臾不可或缺的。正是基于从外部区分公司的需要，公司外显型要素包括名称、住所、注册资本与法定代表人,本书将对相应要件进行专题研究。作为研究的起点,本处从法人理论入手,在民商合一的理论与制度架构中对公司外显型要件做一个理论上的定位。

公司外显型要件为公司要件的属概念。公司要件是公司构成要素的提炼与概括,是对何以为公司的要件的拆解与展示。公司要件受制于法人本质理论,采用何种法人本质理论将决定公司要件的不同构成。在法人制度史上有三种关于法人本质的学说,除去已退出历史舞台的法人否认说,延续并争论至今的是法人拟制说与法人实在说。法人拟制说出自萨维尼,该理论的基本观点为权利内在于个人的伦理自由而存在,法人虽然享有权利能力,但只是"为了实现某种法律目的而被承认的拟制人"。〔1〕而法人实在说则与此相对,该学说基于社会中实存的组织体认为法人人格与组成成员的人格相分离,法人的人格不是想象的、观念的、拟制的,基尔克使用了"实在人"概念。两种理论对于法人制度的建构都具有重要的意义,拟制说至少将组织提升到超越成员之上,而基尔克实在说"最大功绩在于明确了团体内部的规范关系"。〔2〕大陆法系法人理论中居于优势地位的学说是法人实在说中的有机体说。法人本质理论对于相应制度的研究与实践具有潜在的重大影响。德国学者吕特斯认为,"有关法人的'本质'存在很多理论,但它们只有很少的实务意义",〔3〕此言对于历经法人本质理论激烈辩论的德国或许准确,对于后发国家的理论与实践而言却难言得当。事实上法人作为有机体的观念深深影响了我国公司制度,其典型表现就是法人内部意思机构的建构成为重要任务。

具体而言,公司的有机体构建并不是泛泛以有生命的动植物为参

〔1〕 顾祝轩:《民法概念史·总则》,法律出版社2014年版,第81页。

〔2〕 顾祝轩:《民法概念史·总则》,法律出版社2014年版,第99页。

〔3〕 [德]本德·吕特斯、阿斯特丽德·施塔德勒:《德国民法总论》(第18版),于馨淼、张姝译,法律出版社2017年版,第122页。

照,而是以有机体中的最高等级——自然人为参照的,[1]此虽不言自明,但也常常被忽视。审视自然人的法律成长之路,人的主体性是内外结合的整体。人之内在本质在历史发展中逐渐归结为意思自治,“这个概念意味着有能力做出选择和决定,尤其指致使一个人有意愿做某事的选择和决定”。[2]在外部世界中,人依凭实体存在获得平等地位。意思自治是平等的合理性证明,而平等是意思自治的外在保证,两者相互关联。这种内外的制度构成对于公司其实同样适用。公司内部的股东会、董事会、监事会、经理等治理结构其实质功能就是保证公司意思的形成与表达;而公司在市场上从事活动,以名称、住所、资本等相互区别、标识信用,获得平等的外观。该种内外结合的主体观从反面来看是更为清晰直观的。自然人不存在主体否定的状态,公司则有人格否认。以我国司法实践为例,“认定公司人格与股东人格是否存在混同,最根本的判断标准是公司是否具有独立意思和独立财产,最主要的表现是公司的财产与股东的财产是否混同且无法区分”。[3]该处的法技术将公司人格区分为独立意思与独立财产,一为内部要件,另一为外部要件,从而反向证明了外显型要件是与内部治理型要件相对存在的,两者共同构造出有机体意义上的公司。

公司与自然人的不同之处在于,主体内外部制度的重要性对自然人与法人存在区别。概括而言,自然人外部的主体平等性获得更多的制度关注,而公司的内部意思自治获得更多的理论与制度资源,两者的制度建设其实有所差异。因为对公司而言,法律上的平等通过制度规定易于获得,而公司意思的形成与保障却无自然人机体可供使用,故而公司内部机构的设置与运行模式成为制度重点,此皆为实现公司意思自治。公

〔1〕 丹宁勋爵对此有过经典表述:“公司在很多方面都可比拟为一个自然人。它具有控制行动的大脑和神经中枢,它也具有使用工具和执行大脑指令的手脚。”参见黄辉:《现代公司法比较研究——国际经验及对中国的启示》,清华大学出版社 2011 年版,第 15 页。

〔2〕 [德]迈克尔·弗雷德著、[美]安东尼·朗编:《自由意志:古典思想中的起源》,陈玮、徐向东译,生活·读书·新知三联书店 2022 年版,第 215 页。

〔3〕 《全国法院民商事审判工作会议纪要》第 10 条。

司外显型要件在前述的理论脉络下因此没有被放置在中心位置,受到了一定的“轻视”。另一个导致外显型要件被忽视的理由在于公司设立实务。外显型要件多于公司设立之际得以体现或需要确定,成为登记机关核准或许可公司设立的条件,这一方面导致要件过早被确定,从而不易引起理论重视;另一方面则更多与公司登记相联,从而缺席主体构建的主阵地。

虽然在主体的内外关系层面上,公司治理型要件与外显型要件源于自然人内外世界的构建,但在具体制度构成上,公司外显型要件显示出法人与自然人不同的一面。民法本为调整自然人而设,故其权利分类与法律体系皆围绕自然人展开,较为明显的是民法的调整范围界定为“人身关系和财产关系”。财产权与人身权作为不同的权利类型构架起作为权利法的民法体系。我国从《民法通则》即区分人身关系与财产关系,《民法典》将人格权专编规定更是凸显了自然人物质与精神两大领域的分野。即使全面借鉴自然人,“法人人身权”仍无从获得证立,其下位的“法人人格权”也存在较大争议。〔1〕赞成法人人格权的不得不从人格与财产交融展开论证,以化解作为私法人最典型的公司的利益属性与人格尊严无价之间的矛盾。《民法典》将法人名称权规定于人格权编,带来了内在的体系性冲突,如第1013条所规定的名称权包含转让权能,而人格的不可转让被认为是根本属性。无论如何,法人在借鉴自然人人身权上存在法律价值障碍。本书所提出的公司外显型要件横跨了现有民法中的人身权与财产权客体,具有综合性;在法学方法上超越了传统人身与财产两分的体系构建,〔2〕从公司内部与外部构成的角度分析公司主体性的构成,开辟了对公司分析的一个新视角。公司外显型要件不同于民

---

〔1〕 支持观点,参见黎桦:《法人人格权理论的再证成与制度构建》,载《江海学刊》2020年第6期;反对观点,参见李永军:《论民法典中人格权的实证概念》,载《比较法研究》2022年第1期。

〔2〕 即使在自然人范围内,人身权与财产权两分也面临挑战,自然人身份所包含的经济价值不断彰显,人格的商品化使用使其与财产相差无几。将人身与财产两分移植到法人制度中更多的是一种体系要求,而并非基于合理考虑。

法上的标表型人格权。“所谓标表型人格权，是指权利人基于其标表符号（姓名和肖像）所享有的人格权，即姓名权和肖像权之统称。”[1]虽然公司外显型要件包括公司名称，但公司并不具有自然人之肖像，从而在商业世界中要区分于其他公司必须借助公司登记、名称构成规则与住所等。虽然外显型要件包括资本等实体要件，但也不等同于自然人的物质性人格权，盖因由资本所支撑的公司仍不具有生命有机体特征。

概括而言，公司外显型要件与民法法人理论有深刻关联，法人有机体说使得公司法人的内部治理成为重点，这或许可以部分解释为何外显型要件并未成为独立研究领域。此外，基于民商法的功能性差异，民法侧重民事主体的人格尊严，而商法更直接地追求经济利益，外显型要件也无法简单归入民法的权利体系，它因横跨了民法的制度领域与权利类型，从而获得了独立的制度地位。

第二节　公司外显型要件的构成

公司外显型要件具体包含哪些公司要素，或者应该包含哪些公司要素？为了界定公司外显型要件需要转换主体，即从公司交易对象的角度来观察公司。在陌生人为基本构成的现代社会，市场主体是如何识别公司的呢？这其实是真实商业世界每天大量上演的情节。典型的场景为一家公司接到陌生公司的一笔订单，它需要准确、高效地确定该陌生公司，这时外显型要件就会登场。对于陌生公司，我们需要确认它的名称、住所，谁在法律上有权代表公司签订合同，以及重要的是公司的信用如何。用我国公司法的概念表述，外显型要件包括名称、住所、法定代表人与注册资本。

---

〔1〕 温世扬：《标表型人格权的制度价值与规范构造》，载《法律科学（西北政法大学学报）》2021 年第 6 期。

公司外显型要件包括上述四者并非偶然,因为这也是公司设立时应该具备的条件,故各国公司法所规定的设立条件或设立时的章程普遍包含该四要件。基于公司外显型要件对于中小公司更有意义,本书以各国有限责任公司的规定为分析对象。

《德国有限责任公司法》第 3 条第 1 款规定公司合同的内容必须包含:"1. 公司的商业名称和所在地;2. 营业范围;3. 基本资本数额;4. 每个股东对于基本资本所应缴付的出资数额(基本出资)。"此外,该法在具体规定了商业名称、公司所在地、基本出资后,第 6 条规定了业务执行人,该条第 1 款规定"公司必须设一名或数名业务执行人"。〔1〕

2015 年修订的《日本公司法》第 576 条规定份额公司章程必须记载事项包括:"(一)目的;(二)商号;(三)总公司所在地;(四)社员的姓名或名称及住所;(五)社员为无限责任社员或有限责任社员的类别;(六)社员出资的标的(有限责任社员以金钱等为限)及其价额或评估标准。"〔2〕

再以《韩国公司法》为例,依据该法第 287 条之三的规定,有限责任公司章程应记载事项包括第 179 条的下列事项:"1. 目的;2. 商号;3. 社员的姓名、居民身份证号和住所……5. 总公司所在地;6. 章程制定的年月日。"此外,章程应该记载的事项为:"……2. 社员出资的标的和价额;3. 资本金额;4. 业务执行人的姓名(法人名称)和住所"。〔3〕

英国在公司登记之际的做法是签发设立证明,类似于我国的营业执照。《英国 2006 年公司法》第 15 条第 2 款规定设立证明载明事项包括:"(a)公司名称和登记号;(b)设立的时间;(c)是有限抑或无限公司,并且对于有限公司,是股份公司抑或保证有限;以及(d)是私人抑或公众公司,以及(e)公司登记住所位于英格兰和威尔士(或威尔士)、苏格兰抑或

〔1〕 卞耀武主编:《德国股份公司法》,贾红梅、郑冲译,法律出版社 1999 年版,第 218、220 页。

〔2〕 吴建斌编译:《日本公司法:附经典判例》,法律出版社 2017 年版,第 300 页。

〔3〕 王延川、刘卫锋编译:《最新韩国公司法及施行令》,法律出版社 2014 年版,第 4、24 页。

北爱尔兰。”[1]

美国《特拉华州普通公司法》所规定的章程大纲应记载事项包括：公司名称；公司位于本州的注册办事处地址与注册代理人；业务经营或者公司目的性质；公司发行的股份情况；设立人的姓名、名称以及邮政地址等。[2]

跨国家公司设立以《欧洲公司条约》（欧盟理事会规则第2157/2001号）为代表，因为该指令承载了设立欧洲公司的使命。该条约的制定目的是“将使在欧洲范围内设立和管理公司变得可能，从而避免了由于各成员国公司法的歧异和地区适用的限制可能带来的麻烦”，条约制定时需同时适用于大陆法系国家与英美法系国家，代表了对公司的最大公约数，因此其对公司的界定就格外引人注意。《欧洲公司条约》第一章为“一般规定”，该章第4～5条规定了公司资本，第7～8条规定了公司登记住所，第11条规定了名称规则。[3]

由以上列举可以看出，无论是大陆法系还是英美法系，抑或融通二者的欧洲统一立法，公司名称、住所、资本都是登记或章程必须记载的事项，而代表公司之人也多为记载事项。这种共通之处反映了公司主体性的内在规律，这种规律在我国也得到了反映。

简单回溯改革开放以来我国公司的设立条件与设立登记事项。相关内容最早见诸1982年颁行的《工商企业登记管理条例》（已失效），该条例第5条规定：“工商企业应当登记的主要事项：企业名称、地址、负责人姓名、筹建或者开业日期、经济性质、生产经营范围、生产经营方式、资金总额、职工人数或者从业人数。”为替代前述条例并统一内外资公司登记规定，原国家工商行政管理总局于1985年制定《公司登记管理暂行规定》（已失效），该条例第5条规定开办公司的基本条件共6项：

[1] 《英国2006年公司法》，葛伟军译，法律出版社2008年版，第8、9页。

[2] 《特拉华州普通公司法》的相关规定较长，本处作摘要式列举。参见《特拉华州普通公司法》，徐文斌等译，中国法制出版社2010年版，第3～6页。

[3] 参见《欧洲公司条约》，井涛、沈华勤译，载顾功耘主编：《公司法律评论》2003年卷，上海人民出版社2003年版。

"……(一)公司章程;(二)固定的生产经营或服务场所;(三)与生产经营或服务规模相适应的资金(自有资金应占一定的比例,银行贷款不能视作自有资金)和设施;(四)与生产经营或服务规模相适应的从业人员;(五)健全的财务制度;(六)健全的组织管理机构。"第6条规定:"公司章程应载明下列事项:(一)名称和地址;(二)宗旨;(三)经济性质;(四)注册资金数额及来源;(五)经营范围和经营方式;(六)组织机构和法人代表姓名;(七)利润分配形式和劳动报酬的分配办法;(八)其他需要说明的事项。"作为最早规范公司登记的行政规章,该两条所列举内容依今日标准判断多而全,并且公司设立的条件包括了外显型要件,也包括了内部治理型要件。该规定很快又被国务院1988年制定的《企业法人登记管理条例》(已失效)所替代,当时已有《民法通则》,[1]故该条例第7条规定:"申请企业法人登记的单位应当具备下列条件:(一)名称、组织机构和章程;(二)固定的经营场所和必要的设施;(三)符合国家规定并与其生产经营和服务规模相适应的资金数额和从业人员;(四)能够独立承担民事责任;(五)符合国家法律、法规和政策规定的经营范围。"第9条规定登记注册事项包括企业法人名称、住所、经营场所、法定代表人、经济性质、经营范围、经营方式、注册资金、从业人数、经营期限、分支机构。相较于1985年的规定,《企业法人登记管理条例》在企业法人的设立条件中弱化了治理型要件的内容,外显型要件在登记事项中已经完全具备,但依然存在将法人的制度后果作为登记条件的不足,并且登记注册事项也多达11项。《企业法人登记管理条例》历经2011年、2014年、2016年、2019年四次修订,但第7条、第9条一直未做修改,保持了高度的稳定性。在此期间,为了配合《公司法》的实施,1994年国务院制定了《公司登记管理条例》(已失效),由此形成我国企业法人登记与公司登记平行规定的局面。因为《公司法》规定了公司设立条件,因此《公司

[1] 1986年《民法通则》(已失效)第37条规定法人应当具备下列条件:(1)依法成立;(2)有必要的财产或者经费;(3)有自己的名称、组织机构和场所;(4)能够独立承担民事责任。

登记管理条例》第 9 条公司的登记事项包括：名称、住所、法定代表人、注册资本、企业类型、经营范围、营业期限、有限责任公司股东或者股份有限公司发起人的姓名或者名称。较之《企业法人登记管理条例》，该处的登记事项已有所减少，如减少了经营方式、从业人数等。《公司登记管理条例》经历了 2005 年、2014 年、2016 年三次修订，值得注意的是，第 9 条在 2005 年修订时增加了"实收资本"，后于 2014 年修订时被取消。

作为我国企业登记的最新发展，2021 年颁布的《市场主体登记管理条例》统一了企业与公司注册登记，前述两条例并行的局面被终止。依《市场主体登记管理条例》第 8 条规定，公司登记事项包括 7 项：(1)名称；(2)主体类型；(3)经营范围；(4)住所或者主要经营场所；(5)注册资本或者出资额；(6)法定代表人、执行事务合伙人或者负责人姓名；(7)有限责任公司股东、股份有限公司发起人的姓名或者名称。由此可见，公司登记事项明显减少，并且向公司外显型要件集中。

较少引起理论界关注，但更贴近公司外显型要件的公司营业执照其实也一直在"瘦身"的过程中。2014 年版营业执照上的"经营范围"简化表达，"经营期限"可以为空；2018 年版营业执照同步生成电子营业执照；2022 年版营业执照取消"经营期限"。[1] 2022 年版营业执照共记载 7 类事项：名称、类型、注册资本、成立日期、法定代表人、住所、经营范围。对该 7 类事项稍作分析，可以发现公司类型已包含于名称之中，经营范围已经相对宽泛并且与交易效力判断相隔离，而公司成立日期仅标识公司法人的成立时间。营业执照记载事项与公司关系密切且相对较为独立的就剩下 4 个，即名称、注册资本、法定代表人、住所，这与本书所界定的外显型要件完全吻合，也与比较法上各国对公司要件的要求相一致。

由名称、住所、注册资本、法定代表人所构成的公司外显型要件具有内在理论上的合理性：住所是公司的地理信息；注册资本是公司设立之

---

〔1〕 参见《关于启用新版营业执照有关问题的通知》(工商企字〔2014〕30 号)(已失效)；《市场监管总局关于启用新版营业执照的通知》(国市监注〔2018〕253 号)；《市场监管总局办公厅关于调整营业执照照面事项的通知》(市监注发〔2022〕71 号)。

际的物质实力;名称是公司主体信息,包括了公司类型;法定代表人则是代表公司对外行为的自然人。这是位于具体位置,具有相应资金实力的主体对外从事活动的最为基本的条件,是在立体时空框架下组织体呈现于外必不可少的要素。这也是坚持法人有机体说的制度结果,有机体必须具有实存状态,而地点、名称、资金对外构筑起该种实存,同时法人作为自主意思主体,自身意思须借助特定主体表示于外部。

虽然对于具体的外显型要件正当性、必要性存在学理上的争论,特别是注册资本、法定代表人,但本处只是采用我国现行法上的相应概念,以保持统一性。本处毋宁说是在构成要素的意义上采用注册资本、法定代表人等概念,意指相应要素在公司对外交往中的不可或缺性,至于具体构成要件的含义与存废改革则将在后文展开。

第三节　公司外显型要件的功能

公司外显型要件将名称、住所、注册资本、法定代表人集合为统一的整体,构成了对公司分析的新视角与新进路。值得追问的是,公司外显型要件可以发挥何种理论作用并指导运用于实践,即该概念所具有的理论与实践功能。本书认为,公司外显型要件并不是对各要素形式上的归集,而是基于公司法理论与实践需求而产生的分析概念,具体而言其功能体现在以下方面。

一、公司主体性的必备要素

作为公司制度的移植国家,公司是作为成熟主体整体性地进入我国法律之中,由此带来的问题是公司观念的固化,公司各项特征被认为必不可少。这既跳过了欧洲公司成长中各要素生成、拼装的阶段,也忽略了在公司之外各种要素自由组合形成丰富企业类型的可能。[1] 对我国来说,深层的问题在于公司主体地位缺少学理上的反思与建构。公司为近现代工商业社会的成功者,成功的本身遮蔽了不同公司之间巨大的差异性,阻却了理论思考,这即前文所发现"公司要件"缺席的原因。一方面,公司作为法人的属概念,民法讨论法人自觉或不自觉地就是以公司为原型,犹如债法中的合同,但民法在此存在的不足为并未深入公司具体场域,仅是将公司作为抽象的概念使用,对法人进行一般性的制度建构,未涉及公司主体性问题;另一方面,商法对公司的研究多直接进入具体制度的分析探讨,无暇在公司主体性、公司要件等基本理论上驻足停留。民商法理论旨趣的不同使得公司主体性论证成为一块理论"空白地"。

公司主体性是公司制度不可或缺的基础理论。基础理论看上去可有可无,往往受到忽视,但具体制度建构的精确、高效却总是有形无形地受制于基础理论。通常将公司界定为营利性企业法人,这只是从目的论的角度回答了公司的本质,没有展示公司的主体构成。而完整的主体属性不仅有本质,亦应该有构成要件,公司外显型要件与治理型要件即在这个层面呈现了公司要件,从而在本体论层面回答了何为公司。外显型要件亦只有从建构公司本体的角度去理解才能获得内在的统一性,名称、住所、资本、法定代表人从不同角度履行了公司主体性职能。更为重要的是,面对信息社会来势迅猛的改革,如下文将专题分析的注册资本、名称、住所的改革,公司主体性是设计制度与评判得失的内在标准。以资本制度为例,我国曾实行的法定资本制与实缴制、2023 年《公司法》修订中热议的授权资本制与认缴制,凡此种种,在设计具体制度时是否考虑其对于公司主体性的影响? 回答是否定的,由此也可见外显型要件的提出在构建公司主体性时的意义。

---

〔1〕 参见李政辉:《论公司特征的多重起源与观念启示》,载《法治研究》2023 年第 4 期。

二、市场建设的制度单元

公司外显型要件是公司呈现于外部的要件，上文采用的交易相对人位置适合观察外显型要件，因为其重要功能就是保护交易相对人利益，即法律中的债权人，从而维护市场交易秩序。这种公共属性从一个侧面解释了外显型要件于公司法体系内为何不受重视，更没有被体系化。因为无论是股东会中心主义还是董事会中心主义，公司法的使命似乎都是保护股东而不是公司外部主体，公司利益相关者理论中债权人也处于相对边缘的位置。

但从市场建设角度而言，住所、名称、出资等都具有重要意义。一方面，从常态而言，居于市场全局判断，公司是市场的基本单元，其名称、住所等对于每一交易活动的正常开展都不可或缺，出资与市场信用的建立息息相关。概言之，市场有序就是有着自身名称、住所的公司在有序竞争、良性发展。主体间关系的常态化才是市场所关注的重点，特定主体内部治理效能反而更多属于个体的责任。另一方面，从动态而言，我国营商环境建设突出了公司外显型要件的重要性。世界银行在衡量营商环境时以企业开设的便利性为首要指标，这也是各国纷纷竞争的领域。我国政府对营商环境建设也高度重视，外显型要件的各构成经历了重大调整并依然处于调整的过程之中，这就是本书重点讨论的“外显型要件的消解”，这使得讨论外显型要件具有时代价值。

在营商环境的建设中，公司外显型要件并没有成为独立的制度系统，如公司名称、住所等是作为公司登记事项进行改革，资本制度属于公司法的传统制度，而法定代表人更多的是作为公司法单一制度受到批评，相应制度并没有被作为内在关联的系统。公司外显型要件将该4项具体制度统合起来，可以为相应制度改革提供更宏观的视野，尤其是平衡公司外部主体利益保护的需要。例如，法定代表人制度在学理上广受批评，单一性、法定性与私法上的意思自治形成了冲突，但代表人制度不仅是公司内部的制度，还是公司内外沟通的关键设置，从交易相对人的角度思考法定代表人可以为制度改革与解释提供不一样的视角。

三、司法实践的分析工具

公司外显型要件不仅具有塑造主体、完善制度方面的功能，相应制度建设与完善也具有司法功能。因为公司外显型要件属于公司主体性的构成，是“前公司”制度，虽然案件多有涉及，如公司住所是提出管辖权异议的重要原因，但一般不会直接作为案件争议的焦点问题。但是也不能一概而论，在公司主体属性争议的案件中，也有可能涉及外显型要件的具体类型。外显型要件适用于司法中最为突出的就是公司人格否认，下文将对人格混同所致公司法人人格否认做出专门论述。资本显著不足也是公司人格否认的适用情形，此一规定引起了较大争议，但说明资本仍是决定公司人格的要素之一，资本概念澄清与制度建构仍具有重要的司法价值。此外，公司名称权则与商标权长期“混战”，并最终须求助于反不正当竞争法；公司法定代表人则引发了公司法上的众多难题，如超级难解的越权担保，又如争夺公司代表权所引发的公章抢夺。

比较法上存在的公司设立无效、可撤销制度也可展示外显型要件于司法实践中的功能。在法律对注册资本存在最低数额等规定时，违反相应要件可导致公司设立无效的后果。《德国有限责任公司法》第 75 条为“无效之诉”，在公司法规定了最低注册资本的前提下，规定公司存在相应缺失或无效情形时，业务执行人、监事可申请宣告公司无效。从法律行为效力状态而论，无效过于绝对，因此对于要件缺失也可采用可撤销方式，《瑞士债法典》为适例。[1]

---

〔1〕《瑞士债法典》第 773 条规定：“公司的资本不得低于两万瑞士法郎。”对于违反相应规定的情形，该法第 779 条第 2 款规定：“即使公司不符合条件，通过登记同样取得法人资格。”但是第 779 条第 3 款规定：“因公司设立时未符合法律或者公司章程规定的条件，债权人或股东的利益受到严重威胁或危害的，根据债权人或股东的请求，法官可以命令解散公司。”可以认为，瑞士法的规定较之德国法更为缓和，较好地平衡了登记效力与设立要件之间的关系，更为符合时代发展的需要。参见《瑞士债法典》，于海涌、［瑞士］唐伟玲译，法律出版社 2018 年版，第 362、366 页。

四、行政管理的统合功能

外显型要件在传统公司理论中被忽视,部分原因在于这些要件和公司设立登记紧密关联。公司设立登记一直被界定为行政许可,而公司登记机关属于典型的行政机关,即使登记有所差错不足,首先触发的是行政体系内的改错与纠正程序,与司法制度距离较远。此外,传统民商事法律的私法定位构建起了与公法在研究对象上的区分界线,公司设立几乎可以算是公司法研究的最远“射程”了,而具体登记事项及其类型化则溢出了公司法研究的边界。较为可惜的是,传统行政法事实上也无暇顾及公司登记事项,这可以算是一个“两不管”地带。现代社会发展正逐步打破公私法的界限,公法私法化与私法公法化命题同时存在,外显型要件位于公私法交融的制度领域,正可以于公私法中同时发挥作用。

在公法领域,公司外显型要件可以完成统合相应要件并应对信息社会变革的任务。在公司登记中,名称、住所、注册资本等为单独的注册事项,其内在缺乏关联。回顾登记制度变迁历程,外显型要件的统合功能体现为,公司登记作为公司成立的公示更多地应该依赖于外显型要件,换言之,具备外显型要件的公司即可登记成立,管理型要件是公司内部事项,无须在公司设立之际既已完备。从上文所述的我国公司设立条件的变迁中可以得出该种趋势,外显型要件则给予了理论上的说明。展望登记制度改革的未来,外显型要件的“消解”应该有相应的制度进行功能填补,信用体系的建设可堪重任。

正是肇始于登记制度对住所、名称等要件的改变,公司外显型要件的概念才凸显并被提炼出来。作为主体的构成要件,外显型要件在公司法律制度、司法审理、登记制度中都发挥着应有的功能。构建全国统一大市场是我国的一项重大国策,“依法开展市场主体登记注册工作,建立全国统一的登记注册数据标准和企业名称自主申报行业字词库,逐步实现经营范围登记的统一表述”。[1] 在这一过程中，公司外显型要件需要不断调适，以跟上时代的步伐。

第四节　公司外显型要件的制度运用：以公司人格混同为例

公司外显型要件作为公司构成要素，在公司法人人格否认时可得到体现，我国相应法条的立法变迁反映了外显型要件的功能。我国规定法人人格否认的是原《公司法》[2]第 20 条第 3 款，该款针对的是股东与公司之间的纵向关系，原因多集中于公司管理等内部因素。但是，我国公司法人人格否认运用较多的领域是横向关联公司的人格否认。严格依照法解释学，原《公司法》第 20 条第 3 款并不适用于关联公司的人格否认。将原《公司法》第 20 条第 3 款适用于关联公司实属扩张解释，但填补了关联公司人格否认的法律漏洞，并得到了最高人民法院的认可。2019 年，最高人民法院制定的《全国法院民商事审判工作会议纪要》（以下简称《九民纪要》）对股东滥用法人独立地位列举了三种情形：人格混同、过度支配与控制、资本显著不足。三种情形中，人格混同最为常见。最高人民法院发布的指导案例 15 号“徐工集团工程机械股份有限公司诉成都川交工贸有限责任公司等买卖合同纠纷案”就属于关联公司的人格混同。虽然案件性质为买卖合同纠纷，但关键在于成都川交工贸有限责任公司、成都川交工程机械有限责任公司、四川瑞路建设工程有限公司三者是否属于人格混同。法院从人员、业务、财务等方面入手，认为“人员、业务、财务等方面交叉或混同，导致各自财产无法区分，丧失独立人格的，构成人格混同”。正是因为人格混同，关联公司的独立人格被否

---

〔1〕《中共中央　国务院关于加快建设全国统一大市场的意见》（2022 年 3 月 25 日）。

〔2〕本书写作过程中，《公司法》经历了一次重大修订，即 2023 年 12 月 29 日第十四届全国人民代表大会常务委员会第七次会议所作出的修订。因此，如无特别说明与标注，本书以修订后的《公司法》为准。

认。对于指导案例15号的详细案情与各级法院适用法律不同所带来的问题,本书并不专门研究。从公司外显型要件的角度检视我国司法实践,进而探讨学者对横向关联公司人格否认的观点才是饶有兴趣之处。

首先,如何界定法院的此种解释扩张?在此引用李建伟教授所采集的类案实证数据。在其研究的144例案件中,“109例为横向法人人格否认,即原告起诉母子公司以外的关联公司,占比75.7%”,更值得关注的是“被告公司人格被否认比率接近七成”。[1] 从该样本数据可以看出,横向关联公司人格否认是我国人格否认的主要类型,并且获得司法支持的比例高。因为否认公司人格的判决多为一审判决,有学者解释为“由于二审法官的法学水平整体上高于一审法官,二审法官对于公司人格否认制度的理解也更为深入,因此在刺破公司面纱时也更为慎重”。[2] 对于学者隐藏于审级分析之后的担忧,笔者并不认同。关联公司之所以人格易被否认实际是由我国公司现状所决定的。我国公司制度的实情是有限责任公司占据绝大多数,并且公司一般存在控股股东,即公司股权处于集中状态。在公司设立条件逐步消解的制度环境中,设立公司成本非常低,单一主体由此可设立多家公司,各公司相互承担不同功能,从而有效实现风险区隔,这些公司即构成关联公司。一个基于经济人假设容易出现的关联公司设置为:部分公司承担债务,而利润转入其他关联公司。事实上,这种关联公司的设置突出体现了公司的工具属性,而非主体性,关联公司的法人人格否认即承担该种正本清源的任务。[3] 一审法

---

〔1〕 李建伟:《关联公司法人人格否认的实证研究》,载《法商研究》2021年第6期。

〔2〕 黄辉:《中国公司法人格否认制度实证研究》,载《法学研究》2012年第1期。

〔3〕 即使是作为大公司之代表的上市公司,具有控股股东,拥有关联企业也是我国一种常态。以资本市场上忠旺公司为例,其实际控制人刘某田控制着以上市公司为代表的“体内忠旺”,还有个人名下的贸易与投资公司,被称为“体外忠旺”。“2022年9月20日,沈阳中院裁定受理辽宁忠旺集团有限公司(下称‘辽宁忠旺’)等253家企业合并重整案。……253家合并破产重整的公司中包含大量的‘忠旺系’壳公司,之前它们分布在辽阳、大连、北京、上海、深圳各地,披着自然人控股的外衣,表面上与忠旺无关,但与‘忠旺系’公司的资金往来动辄几十亿元,如今证明这些全都是自买自卖的虚假贸易。”参见于宁、罗国平:《忠旺真相》,载《财新周刊》2023年第26期。

官处于案件处理第一线,面临的是大量的中小型公司利用关联关系逃废债务的情况,而这种关联关系依据一般的社会知识并不难识别,甚至很多情况下凭直觉便可知。因此基于实质正义的驱动,法官有较强的意愿否定公司人格,增加债权人可获清偿的责任财产。二审案件经过了一审的过滤,其支持率下降本属正常,并不能归因为两级法院法官的知识差异。

其次,司法实证数据支持人格混同在关联公司人格否认中的绝对主导地位,[1]则其要件如何?《九民纪要》对此作出界定,“认定公司人格与股东人格是否存在混同,最根本的判断标准是公司是否具有独立意思和独立财产,最主要的表现是公司的财产与股东的财产是否混同且无法区分”。对此,依照本书内部治理型要件与外显型要件的区分方式,则最高人民法院的观点为人格混同同时涉及公司治理与公司财产。从理论上分析,两个或多个法人人格混为一体,根本原因应在于意思表示的合一,即作出意思表示的决定权归为同一主体,公司内部治理徒具形式,各公司独立人格消失,对外承担单一主体责任。美国法中的“单一商业体”理论即持该种立场,对于公司集团,只要各公司之间的关系足够密切就可以将它们视为同一商业体。但在司法实践中,特别是依照证据作出分析与论证时,公司意思表示是否合一不易证明,因此司法在此发生了一个关键性的转折,即从主观要件向客观要件转折,表现在《九民纪要》中就是从独立意思向独立财产的转折,《九民纪要》所列人格混同的5项考量因素基本都围绕财产展开。

从本书的立场而言,最高人民法院的该种转向当然是对外显型要件的支持。值得追问的是,财产混同是否就足以判断人格混同。对此,司法实践也曾有广义与狭义人格混同的区分。从广义而言,“在《九民纪

---

〔1〕“在100例支持人格否认的判决书中,有90例都以‘人格混同’为主裁判理由”,参见李建伟:《关联公司法人人格否认的实证研究》,载《法商研究》2021年第6期。相似实证结论亦可参见钟三宇:《公司人格否认:裁判逻辑、检视与导正》,载《重庆大学学报(社会科学版)》2022年第3期。

要》之前,人格混同具有广义的含义,除了15号案例所归纳的三方面情形,还表现为如注册地、营业地、银行账户、电话号码等混同,令外界无法分清交易的对象"。[1] 存在前述的因素混同时,公司人格将被否认。狭义的人格混同则只为财产混同。对此,最高人民法院在《九民纪要》中特别指出"在出现人格混同的情况下,往往同时出现以下混同:公司业务和股东业务混同;公司员工与股东员工混同,特别是财务人员混同;公司住所与股东住所混同"。显而易见,《九民纪要》在人格否认的认定标准上采用了较为谨慎的立场,收缩了认定为混同的情形,这符合学界一般对人格否认的制度建议。[2] 因此,"《九民纪要》发布之后明确了人格混同的标志是财产混同,同时可以用业务混同、人员混同、公司住所混同等其他混同补充强化证明财产混同,单独具有其他混同情形的一般不认为是人格混同"。[3] 可见在财产混同的判断中,狭义标准为法院所坚持。法院区分人格混同的依据与表现形式时,诸如住所混同并不能作为独立的判断依据,而只是财产混同的表现。例如,在山东晋煤明水化工集团有限公司与济南石化集团股份有限公司等追偿权纠纷案中,法院认为,"晋煤明水集团还主张济南石化集团与蓝星石油存在住所地、宣传内容、经营范围方面的混同。本院认为,此类情形均非判断济南石化集团与蓝星石油是否构成法人人格混同的关键性问题,在本院对作为本案争议焦点的财产混同无法作出认定的情况下,无论上述各方面问题成立与否,其对本案的结论形成并不具有直接的决定性作用"。[4]

本书从公司外显型要件的立场出发,对公司人格混同的狭义标准质疑,建议法院作出人格混同的判断时,应从名称、住所、资本资产、人员兼

---

〔1〕 王韵洁:《关联公司间人格否认的裁判依据和标准构建》,载上观网,https://sghexport.shobserver.com/html/baijiahao/2020/12/25/320947.html。

〔2〕 一直以来,学界主流观点认为应慎重适用公司人格否认制度,认为该制度有损公司的独立主体性。参见李建伟:《关联公司法人人格否认的实证研究》,载《法商研究》2021年第6期。

〔3〕 张春晖:《论法人人格否认制度中的人格混同》,载《中国集体经济》2023年第4期。

〔4〕 参见北京市海淀区人民法院民事判决书,(2018)京0108民初28608号。

任等方面综合判断,从而使判断更具合理性。

首先,公司外显型要件是公司人格的组成要件。作为公司设立的必备条件,外显型要件是公司人格不可缺少的组成部分。前文已述及,公司人格系参照自然人,“对法人人格权采取了派生性的立法模式,以从属、派生的形式依附于自然人人格权制度框架”。[1] 公司名称、住所、资本、法定代表人与自然人的具体人格要素多有重合。就此而言,在公司人格否认从内部主观要件转向客观要件之际,外显型要件不能不发挥相应作用。从人格否认判断的依据出发,公司财产并不是一个充足的要件。不易觉察的事实是,公司法语境中的“财产”并不是外延边界清晰的概念。1993 年《公司法》制定后很长一段时间,“法人财产权”都是争论不休的概念。即使依照《九民纪要》,狭义的财产混同也并非就易于判断,从列举的情形分析,5 种具体的情形有涉及公司资产全部的,也有只涉及公司资产的特定方面的,如运营收益。对财产混同的判断需要借助法官的自由裁量权,由此需参照住所混同等因素。因此,不如正本清源,将公司人格否认的依据确定为外显型要件的混同,其中包含了公司资产的混同。

其次,外显型要件更有利于公司债权人保护。公司人格否认的制度目的是保护债权人利益。之所以要否认作为制度产物的公司人格,是因为债权人利益受损,而该种受损与公司独立人格阻却债权人的追索有关。我国人格否认制度的实施中,对于债权人的不重视经常是司法实践被批评的理由。债权人利益受损并不仅仅是结果要件,即只有在债权人利益受到严重损害的情况下方可允许公司人格否认。在认定是否构成人格混同时,采用债权人视角是更为有效的方式。前述广义的人格混同判定标准就采用了债权人视角,而狭义的财产混同则依然采用公司内部视角。如果公司的住所、名称等发生混同,将对交易相对方产生极大误导,因此,这些混同应成为启动并判断公司人格混同的考量因素。

---

[1] 黎桦:《法人人格权理论的再证成与制度构建》,载《江海学刊》2020 年第 6 期。

最后,财产混同与外显型要件密不可分。现行司法坚持狭义人格混同,财产混同俨然成为独立判断标准,此并非事实。在依据财产混同判断人格混同时,财产既可能指公司财产之全部,也可能只是财产之一部分。以《九民纪要》第 10 条第 1 款第 1 项列举的情形为例,“股东无偿使用公司资金或者财产,不作财务记载的”,此处使用公司财产而无相应财务记载应该包括对公司办公场所的使用,表现于外部可能就是两者住所的重合。又如,支撑人格混同的人员混同,该处的人员当然是指足以代表公司的人员,往往为公司的法定代表人。以天津市高级人民法院解析的一则支持人格混同的案例为例,其认为人格混同原因有三:(1)甲公司与 A 公司的法定代表人、实际负责人是同一个人,两个公司的雇员也完全一致,故能够认定二者存在人员混同的情形;(2)甲公司订购的涉案货物,实际被 A 公司使用,且 A 公司提供的其与案外其他公司之间的买卖合同中所订购的货物与本案所涉货物类似,说明双方从事相同或类似的业务活动,构成业务混同;(3)甲公司与 A 公司在同一场所办公,使用同一办公设施,仓库亦存在交叉,难以区分各自财产,构成财产混同。[1] 在关联公司横向否认的场合,作为同一大股东或实际控制人所掌控的公司,公司名称中的字号多相同或近似,指导案例 15 号即为示例。

在决定是否应否定公司法人格时,现有《九民纪要》的狭义标准坚持财产混同,与公司员工、住所等要素划清界限。此一规定在内容上较为严格。从本书立场而言,判断公司人格否定,结合公司内部资产状况与公司外显型要件无疑更为合理。2023 年修订后的《公司法》第 23 条全面规定了公司人格否认制度,该条第 2 款对于关联公司横向否认所采要件等同于纵向否认,并未明确采用狭义标准,故在司法适用中有扩张空间。

---

〔1〕 天津市高级人民法院:《两家公司存在人格混同,“这钱我该找谁要?”》,载澎湃新闻网 2022 年 12 月 28 日,https://www.thepaper.cn/newsDetail_forward_21348689。

第二章 公司外显型要件的消解与成因

在经济全球化与公司法统一运动的浪潮下，特别是近10年为了提升改造我国营商环境，我国公司外显型要件经历了力度较大的改革，其中公司注册资本的改革引起了广泛的关注。但其实，公司住所、名称、法定代表人的相关规则都已发生或正在发生变动。各要件变动都趋于放松要求，降低数额，在方向上明显表现出外显型要件的消解趋势。从价值取向分析，外显型要件的消解赋予公司设立与行为自由，在营业自由的意义上突出与强化了公司的主体属性。但值得注意的是，作为公司人格构成要素，外显型要件的消解降低了公司于市场环境中的存在感与可识别性，给交易安全带来了一定的影响。基于公司外显型要件的整体分析消解趋势并探求其后原因，这属于分析公司法的新视角。

第一节 公司外显型要件的消解:以住所为例

《现代汉语词典》认为“消解”同“消释”,是(疑虑、嫌怨、痛苦等)消除、解除。[1] 依照该解释,消解意味着特定客体所含负面因素的减少,这似乎也正是对于公司资本改革的一般评价。本书更多是在事实陈述的意义上使用“消解”,意指公司外显型要件所包含的要求、条件的不断减少、降低。我国《公司法》自1993年制定以来每次修改注册资本都是重点,至2013年最低注册资本、验资被取消,认缴制完全建立,与注册资本相关的数额要求、形式要件都被取消,注册资本的“消解”在较为彻底的意义上得到确立。2023年《公司法》修订中,注册资本相关的内容再次成为争议焦点,最终对有限责任公司的认缴制设定限制。但从长时段分析,注册资本的放松要求仍呈明显趋势。《公司法》2005年修订时将法定代表人的选任范围扩充至“董事长、执行董事或者经理”,从而在一定程度上实现了法定代表人的“消解”。鉴于注册资本与法定代表人的制度变迁在学界已有较多讨论,本书后面也将专门论述,本处对该两外显型的消解不作展开。名称的制度变迁较为专门,本书也放在后文进行分析,本处集中于公司住所的消解以作为例证,[2]呈现公司外显型要件消解的局面。

《公司法》规定住所的为第8条,该条规定,“公司以其主要办事机构所在地为住所”。就条文表述而言,《公司法》1993年制定至今虽然已历经多次修改,但该条一直没有变动,显示出超高的稳定性。但条文没有修改只是表面现象,与住所有关的规定与实际操作已经发生了巨大的变

---

[1] 中国社会科学院语言研究所词典编辑室编:《现代汉语词典》(第5版),商务印书馆2005年版,第1493页。

[2] 以住所为例证还有一层含义在内,在多次与市场主体登记机关的访谈中,实务部门人员都提到住所制度的重要性及改革带来的冲击,但这一块在商法学界尚未引起重视。

动,这可以从与住所相关的行政文件、地方性规章中得到反映。与公司名称不同,住所甚至没有专门性的行政法规、行政规章进行规范,但衡诸地方性规章、文件对公司特定事项作出专门规定,则作为公司要素之一的住所应该是最多的,[1]由此可见在公司要素中住所的地位。

住所消解可从传统登记对住所所做要求的变革中得到验证。传统工商登记在设立公司之际需要提交《公司住所证明》,[2]《公司登记管理条例》(已失效)第 24 条规定:"公司住所证明是指能够证明公司对其住所享有使用权的文件。"湖南省的规定是:"申请住所(经营场所)登记应当向登记机关申报以下住所(经营场所)信息:(一)市场主体名称;(二)住所(经营场所)的地址;(三)房屋权属情况;(四)房屋性质;(五)使用期限。"[3]从法律角度分析,对于住所,登记机关关注三个方面内容:房屋使用权;房屋性质;房屋是否用于公司经营。房屋使用权是公司对房屋使用的权利基础;房屋性质是该房屋能否用于该种经营形式,如住宅不能用于商业用途;房屋是否用于公司经营,决定了公司住所是否在该处,公司住所与经营场所是否合一。但从 2013 年商事登记制度改革以来,住所内含的上述要求不断被削弱,甚至被取消。下文以我国各地的改革措施拼凑出住所消解的现状。

首先是房屋使用权。公司基于所有权或使用权对特定场所具有法定权利,这构成住所的基本要求。为了证明该种使用权,传统登记需要提交产权证书或租赁文书。凭借使用权,公司与特定地点构建起固定关联,也奠定了公司实体形象的基础。该轮商事制度改革中,公司与特定

---

〔1〕 在北大法宝中,检索标题包含"住所"的法律法规,得到结果是地方法规 1779 件,这些地方法规一般系直接规定公司住所,或针对住所制度改革展开。前者如《辽宁省简化市场主体住所登记条件暂行规定》(2021 年修正)(辽宁省人民政府令第 341 号)、《韶关市商事主体住所登记管理办法》(韶府令第 134 号);后者如《汕头市市场监督管理局关于市场主体住所(经营场所)登记条件的改革意见》(汕市监〔2023〕1 号)。检索时间为 2023 年 7 月 21 日。

〔2〕 《个体工商户登记指南》,载中国政府网,https://www.gov.cn/fuwu/2019-07/24/content_5414018.htm。

〔3〕 《湖南省市场监督管理局关于贯彻执行〈湖南省放宽市场主体住所(经营场所)登记条件的规定〉的实施意见》(湘市监注〔2022〕55 号)。

地点的联系不断被弱化,商事登记改革中推出的"一址多照"把同一地址作为两个及以上企业的住所登记注册,一个地址核发多个营业执照,将地址与公司之间的一一对应关系打破。"一址多照"改革的动因就是释放作为住所的地址资源,"我国市场主体的设立一般实行'一址一照'的登记制度,即同一个地址只能登记一个市场主体。随着市场主体数量的增多,住所资源变得更加稀缺,经营场所已经成为很多初始创业者的主要障碍"。[1] 既然一个地址可以容纳多个经营主体,实际上公司也可以不用实体住所。这似乎已经挑战住所制度的底线,但却是广为存在的制度事实。以深圳住所托管制度为例,在深圳市内从事电子商务、咨询、策划等经营活动,无须固定住所或者经营场所的商事主体,委托具备条件的商务秘书企业、会计师事务所、律师事务所进行住所托管,以托管机构住所或者经营场所作为该商事主体住所或者经营场所。该托管制度涵盖了住所与经营场所,意味着部分商事主体无需住所或经营场所。一址多照与商务秘书企业具有内在的关联,温州瓯海区文件在一条中同时规定了两者,商务秘书企业其实是一址多照的一种特定形式,依托商务秘书企业的注册也称为企业集群注册。[2]

其次是房屋性质。我国土地用于建设时分为住宅用地与工商业用地,由此决定了后续的房屋性质。公司为商事主体,住所应为工商业性质,这使得住宅可否为住所存在诸多争议。相应的理论分歧较大,但实践中已经突破了将住宅用于住所的限制。后文对此还将做出分析,本处兹举两例。青岛市早在 1993 年就出台了《青岛市利用市民家庭住所从事经营服务的规定》(已被修改),该规定适用的对象非常广泛,可以利用家庭住所的业务类型包括餐饮、娱乐、旅馆及其他客流量较大的经营服务活动,也覆盖了从事能产生噪声、废水、烟尘、废渣的经营服务活动,还

---

〔1〕 汤艳:《对农村市场主体实行"一址多照"的几点思考》,载《工商行政管理》2015 年第 18 期。

〔2〕 参见《温州市瓯海区人民政府办公室关于印发温州市瓯海区放宽企业住所(经营场所)登记条件实施细则的通知》(温瓯政办发〔2021〕60 号)第 7 条。

允许从事娱乐项目的经营。时至今日,住宅用于公司住所更为普遍,前述温州瓯海区文件对此也作出规定,允许住宅(包括辅房、物业用房、地上车库)用于特定行业的住所。[1] 2023年湖南省15个部门联合发文规范居民自建房用作市场主体住所(经营场所),在可用于住所的房屋类型上进一步放宽。[2]

最后是住所与经营场所。依照《公司法》的规定,住所的实质是公司主要办事机构所在地,即住所应承担公司业务的开展与运行。但我国住所制度改革的方向是公司与经营场所分离,如广西规定"企业住所和经营场所可以在同一地址,也可以在不同地址"。[3] 住所成为满足制度需要的公司象征性地点。[4] 江苏省专门制定了《江苏省市场主体住所与经营场所分离登记办法》,该办法规定,"住所是市场主体的主要办事机构所在地,是市场主体的法律文件送达地、确定司法和行政管辖地的场所。经营场所是市场主体开展经营活动的营业场所,市场主体可以根据需要设立多个经营场所"。[5] 由此,住所虽然坚持主要办事机构所在地要求,但其实已经"虚拟化",而经营场所则承担实体性职责,两者所需监管也不一样。以广西的规定为例,上文所称的商务秘书企业托管的只能是公司住所,而不能是经营场所。[6] 虽然相关规章是将住所与经营场所并用,采用"住所(经营场所)"的表述,但内在却是区别对待,概括而言就是住所虚化,经营场所坚持实体要求。"一些省市对住所和经营场所实施差别登记管理,如浙江省实行企业住所和经营场所登记各自独立的

---

〔1〕 参见《温州市瓯海区人民政府办公室关于印发温州市瓯海区放宽企业住所(经营场所)登记条件实施细则的通知》(温瓯政办发〔2021〕60号)第10条。

〔2〕 参见《湖南省居民自建房用作市场主体住所(经营场所)管理办法(试行)》(湘市监注〔2023〕23号)。

〔3〕 《广西壮族自治区企业住所和经营场所登记管理办法》(广西壮族自治区人民政府令第104号)。

〔4〕 "市场主体住所(经营场所)登记的功能主要是确定市场主体行政管辖地。"参见《泰州市市场主体住所(经营场所)登记申报承诺制实施办法(试行)》第3条。

〔5〕 参见《江苏省市场主体住所与经营场所分离登记办法》(苏市监规〔2022〕8号)第3条。

〔6〕 参见《广西壮族自治区企业住所和经营场所登记管理办法》第10条。

登记方式,住所实行申报制,经营场所实行证明制。”[1]

从上述分析可以看出,制度要求下的住所全面“脱实向虚”,由此带来的问题就是登记机关的定位,我国在登记制度中创设申报承诺制以分配公司设立主体与登记机关的权责。申报承诺制可分解为申报与承诺两项制度,在发展上也前后相序。申报强调住所信息的报告,如广西壮族自治区的行政规章规定,“申请企业登记时,申请人应当如实申报企业住所和经营场所的信息,并对住所和经营场所的合法性、真实性负相关法律责任”。[2] 申报通常与场所证明文件挂钩,即权属证明或租赁协议等使用权文书。而承诺制重在责任分配,并且承诺制实质性改变了住所证明的提交义务。以浙江湖州为例,“市场主体住所登记申报承诺制是指市场主体在申请设立(开业)、变更登记时,申请人只需提交载明住所信息和承诺内容的相关材料,无需提交权属证明和租赁协议等场所证明材料”。[3] 对于申请人的承诺,登记机关只负有形式审查的义务,“登记机关对申请人申报信息及承诺内容是否齐全、是否符合法定情形进行形式审查”。[4] 经由承诺制,住所信息的不实责任将由申请人承担,登记机关从长期未厘清的登记职责中解放出来,[5]工作重心转为监管。

信息时代发展给住所带来了新问题,如网络电商的住所确立,又如在实务中存在的飞地企业、总部经济等,它们与上文所述住所登记制度的松绑一起构成了住所“消解”的图景。与土地、建筑物相联的住所,在工业社会彰显着公司坚固的存在感,是公司外显的重要标识,时至今日,

---

〔1〕 董永忠:《关于企业住所(经营场所)登记制度改革的思考》,载《中国市场监管研究》2018 年第 5 期。

〔2〕 《广西壮族自治区企业住所和经营场所登记管理办法》第 3 条。

〔3〕 《湖州市市场主体住所(经营场所)登记申报承诺制实施办法(试行)》(湖政办发〔2020〕36 号)第 4 条。

〔4〕 参见《七台河市市场主体住所(经营场所)登记自主申报承诺制暂行办法》(七政办规〔2022〕17 号)第 11 条。

〔5〕 承诺制下重要的是登记主体的信息披露与承诺,登记机关并不承担相应实体责任,由此承诺制在实务运作中往往简化为一张承诺表。福建省推行承诺制就只有一个通知,重点是所附的表格。参见《福建省工商行政管理局关于推行住所(经营场所)申报承诺制度的通知》(闽工商企注〔2017〕24 号)。

住所的地理边界不断扩散、类型不断增多,而重要性却日益降低,成为公司外显型要件消解的代表。

与传统公司住所规则相比,现行公司住所无论是内涵还是管理体制都发生了显著变化,结合公司命名规则的简化、公司资本制度改革与法定代表人选任范围扩充,公司名称、资本、法定代表人与住所共同呈现出消解的特征,说明这并不是单项制度的改革,而是可归纳为整体性的制度变迁,本书将其命名为"外显型要件消解"。消解既有实体要件的废除,也有程序要求的倒转。程序上典型的是为便利公司设立,外显型要件设置的主动权逐步转移到申请人,诸如出资认缴制、住所申报承诺制、名称自主申报皆为适例。

对于外显型要件的消解可以通过假设的公司进行展示:公司发起人预备设立一家注册资本为零,住所位于商务秘书企业,因从事跨行业经营公司名称不含行业要件,法定代表人为公司经理的公司,登记机关收到相应材料并进行形式审查后予以登记。这样一家公司鲜明展示了外显型要件的消解,在学理上其实应该追问该种消解缘何发生。

公司并非孤立存在,其根本的意义在于作为市场主体,在经济运行交往中获得价值。公司外显型要件的消解无疑会对市场交易造成影响,由此应对外显型要件消解的后果进行全面评估,并设计相应制度以化解不利影响。

第二节 外显型要件消解的学理成因

外显型要件是公司人格的重要构成,其消解变迁反映了公司赖以成立的基础性社会环境的改变,对此不可不察。本书从哲学、社会发展、公司理论等宏观视角探索外显型要件消解的学理原因,勾勒出制度变革的深层原因。

一、后现代哲学的解构

后现代哲学既是一个包含时间维度,因应社会发展的概念,也是一个具有特定内涵与主张的思潮,并且后者的重要性显著超越前者。后现代思潮纷繁复杂,表现为抵制宏大叙事、激进的否定性、解构一切、摧毁已有的思想成果,但后现代哲学的核心观点是反主体性,或者说起始于对现代哲学主体性的反思与批判。近现代哲学的成果主要在于确立理性的主体形象,并以主体为原点演化出社会体系与制度安排,故而有言"主体性的命运,在某种意义上,就是哲学的命运"。〔1〕后现代哲学为了彻底否定近代以来的哲学发展就必须否定主体,"后现代哲学就是在主体死亡中诞生的,它倡导非主体性。在它看来,只有主体自我解构了,对象才能得到认识"。〔2〕

对于理性主体的否定,后现代哲学有不同的进路,本书试举两种。一种是结构主义。该种学说强调结构的功能与意义,认为"一切社会现象的性质和意义都是由先验的结构决定的,而结构具有不以人的意志为转移的客观作用",通过强调客观属性的结构,将人的主体属性缩减为"代码"或"符号"。〔3〕结构主义将分析框架扩大,从单独的主体扩展至各类结构,该种理解范式的转化抑制了主体的能动性。列维-斯特劳斯就说:结构主义不是"创造人"而是"消解人"。另一种是语言分析。后现代哲学与文本分析有着深刻的关联,它颠覆了传统主体与语言的主客体关系,认为主体是语言常规或思维定式的产物,自我是固定的定义和确定的意义的聚焦点或参照点。〔4〕福柯对权力运行机制进行了令人深

〔1〕张旭平:《建构与解构:主体在现代、后现代哲学中的命运》,载《安徽大学学报(哲学社会科学版)》2003年第6期。

〔2〕王晓升:《主体的终结和后现代哲学的崛起——从鲍德里亚的视角看》,载《学术月刊》2014年第5期。

〔3〕参见张旭平:《建构与解构:主体在现代、后现代哲学中的命运》,载《安徽大学学报(哲学社会科学版)》2003年第6期。

〔4〕参见赵敦华、江立成:《后现代哲学与现代西方哲学的终结》,载《哲学研究》1994年第1期。

刻的研究之后，"紧接着又作出了一个更具影响力的后现代主义论断……话语'建构了主体'"。哈佛大学的塞拉综合了结构主义与语言分析对主体的影响，他认为，"主体被一个由结构、对立和差异构成的体系所置换……你和我仅仅是这些相互矛盾的权力语言存在的'场所'，而'自我'也不过是语言中的又一个位置而已"。[1]

后现代哲学所依凭的分析工具为解构，并以此实现后现代哲学反宏大叙事、颠覆主体的使命。"这种方法考察被文本的中心意义所遗忘、排除和隐蔽的意义，找出普遍概念无法概括的例外，在传统哲学发现本质与统一性之外展现'分延'（差异和推延），在合理的结构内部颠倒中心和边缘的关系，消除精心安排的范畴之间的二元对立和等级关系。"[2]后现代哲学对主体性的相关内容，包括主客体二元对立、理性中心主义、线性进步观都进行了解构，从而在现代性的"废墟"上确立自己的主体理念。[3]与本书相关且值得一提的是，在实施主体解构中时空概念也未能幸免。常规的空间观念是主体确定自己与周围环境位置的能力，但"后现代领域是'超空间'（hyper-space）永不停驻的、不可预测的文字流动和欲望流动打破了地理疆域、经纬界线和几何轨迹"，[4]这种空间界定与网络空间极为相似。

后现代哲学解构所针对的是传统主体——自然人，其主要作用是破除了现代哲学所构建的理性人形象，"后现代哲学家们怀疑有意识的主体、有条理的连贯的主体"，[5]强调人的非理性一面。与此同时，他们其

---

〔1〕［英］克里斯托弗·巴特勒：《解读后现代主义》，朱刚、秦海花译，外语教学与研究出版社2015年版，第94、96页。

〔2〕赵敦华、江立成：《后现代哲学与现代西方哲学的终结》，载《哲学研究》1994年第1期。

〔3〕参见李荣海、刘继孟：《后现代哲学视野中的"主体性"》，载《江苏社会科学》2000年第1期。

〔4〕赵敦华、江立成：《后现代哲学与现代西方哲学的终结》，载《哲学研究》1994年第1期。

〔5〕陈金美：《析后现代哲学的三大特征》，载《湖南师范大学社会科学学报》1999年第6期。

实也将传统的主体移入了一种关系模式,从主体所处的关系、结构中引入了他者的视角对主体做出解读,这无疑扩大了主体的边界。对本书所研究的公司来说,作为公司学习借鉴的对象——自然人走下神坛既让公司茫然无所适从,同时也让公司获得了某种解放。既然自然人都是一种关系性存在,主体边界都可以扩大、模糊,作为法律产物的公司则更无不可。依照该种理论脉络,公司外显型要件消解与后现代哲学在气质上具有内在的相通性,如公司住所的开放与后现代空间观念。

二、人的主体性解构

无论是否承认,自然人都是公司建立的基础,也是公司制度建构所模仿的对象。在法学领域,自然人的主体地位是制度原点,无可置疑,但现代社会已从内外两个方面解构自然人。

自然人的内在本质是意识。在现代私法中,自然人的自由意志具有神圣地位,特别是在交往领域的合同世界,意思自治为合同的出发点与终结点。[1] 享有意思活动的自由既是文艺复兴以来近现代社会进步的体现,更是人之本质的体现。自然人的该种本质规定性借助于法律主体传递到法人,现代公司治理理论兴盛发达的根本原因即在于打造法人内部的意思形成与表达机制。如果自然人的自由意志受到质疑,则法人是否可以形成健全的内部意思机制就更值得怀疑。心理学、神经科学等学科已经通过实验探究人之意识,他们提出的问题是"意识是一种幻觉吗""我们有自由意志吗"。[2] 问题始于物质与精神两分法,如笛卡尔称"当我要把一切事物都想成是虚假的时候,这个进行思维的'我'必然非是某

---

〔1〕 如作为现代民法典之典范的《德国民法典》,立法中将意思自治作为"第一原则"。"在合同法、物权法等领域,个体自由的正当性须通过一个强调法律主体是否可以自主做出个人选择的法哲学原理来证明。"参见[英]迈克尔·约翰:《〈德国民法典〉起源:十九世纪末德国政治与法律》,罗浏虎、周密译,法律出版社2023年版,第127、128页。

〔2〕 [英]苏珊·布莱克莫尔:《破解意识之谜》,薛贵译,外语教学与研究出版社2015年版,第74、122页。

种东西不可"。[1] 笛卡尔的"我思故我在"更为有名,也更为直观展示了思与在的二元分类。但该理论有内在的问题,具体到人身上,"如何解释意识?完全由物质构成的大脑如何产生出意识体验或不可言喻的感知"?[2]实现从物质到精神的跨越,即人类意识的产生是最为困难的问题。大脑及神经元并不足以解释人之整体性意识的产生,大脑没有通常意义上的"中央处理器",而是不同区域处理不同的传入信息,在结构上为并行分布式。英国学者苏珊探讨了分析意识的难题,"始终还没有一个令人满意的解释来说明它是如何与世界或大脑交互作用的",[3]她还列举了人基于下意识、潜意识、无意识和幻觉的行为控制模式。她事实上提出了人的主体性问题。大脑物质性的神经元活动可以观测,但主观性的意识如何从中产生并建构起主体呢,是否存在一个统一、一致的主体呢?苏珊对此问题似乎较为悲观,她认为理性的观点是"拒绝任何与自我感相对应的持续实体的存在";"我们需要承认自我看似每次都存在,但这只是暂时的虚构,现在的'我'并不是刚才、上周或去年的那个'我'"。[4] 对意识、自我的挑战最后落到自由意志是否真实。自由意志认为人的意识控制了行为,1985 年的一项实验否定了该种模式,"在人有意识地决定运动之前一定产生了大量的神经加工过程",真实的情况可能是,"我们虽然没有自由意志,但我们却拥有'自由否决'(free won't)"。[5]

外在解构人之主体性的是现代技术,其路径为人的虚拟化,美国学

[1] [英]罗素:《西方哲学史》(下卷),马元德译,商务印书馆 1976 年版,第 93 页。

[2] [英]苏珊·布莱克莫尔:《破解意识之谜》,薛贵译,外语教学与研究出版社 2015 年版,第 8 页。

[3] [英]苏珊·布莱克莫尔:《破解意识之谜》,薛贵译,外语教学与研究出版社 2015 年版,第 65 页。

[4] [英]苏珊·布莱克莫尔:《破解意识之谜》,薛贵译,外语教学与研究出版社 2015 年版,第 119、120 页。

[5] [英]苏珊·布莱克莫尔:《破解意识之谜》,薛贵译,外语教学与研究出版社 2015 年版,第 129、131 页。

者凯瑟琳将解构后的主体称为后人类。[1] 后人类的出现可归因于控制论,该学说由维纳所提出,其对人类的潜在影响从最初的名称——“生物和社会系统中的循环因果关系与反馈机制”可见。控制论在方法上重视信息,“强调对不同部门的系统进行信息分析,确定输入、输出和研究信息的处理、加工内容及过程”,[2]因而对信息技术的发展至关重要,现今热门的人工智能等技术皆发端于此。信息作为一种通用技术,沟通了人、物与社会运行,换言之,人也是可以分析、重构与拟制的。“第一波控制论浪潮所产生的广泛影响,其中最令人困扰、最具革命性的后果是这样一种观念,即认为人类主体的各种界限不是既定的,而是被建构的。”这一论断可以用一个简单的问题显示出来——盲人拄的拐杖是不是他身体的一部分。随着人越来越多地借助于工具生活,“人类的界限是由外在的各种表面天然决定的”。[3] 当人的边界被打开,技术与人的结合就越来越深入,人既在物质性上也在精神性上不断接纳新技术产物,“忒修斯之船”[4]同样可以向人类发问。

从内在意识与外在界限探讨人之本质最终殊途同归,“个人的身份和自主的意志可能仅仅只是蒙在控制论显示面上的假象和错觉”。[5] 客观而论,意识理论与控制论当然没有彻底否认人的主体性,但它将一直以来人的标准版本——理性、自由、自律的自我调节主体给解构了。这种解构不仅如同行为经济学展示的非理性决策,它还直接探索与剖析

---

〔1〕 参见[美]凯瑟琳·海勒:《我们何以成为后人类:文学、信息科学和控制论中的虚拟身体》,刘宇清译,北京大学出版社2017年版,第3~8页。本段下文如无特别标注,所用材料皆引用自该书。

〔2〕 万百五:《控制论创立六十年》,载《控制理论与应用》2008年第4期。

〔3〕 [美]凯瑟琳·海勒:《我们何以成为后人类:文学、信息科学和控制论中的虚拟身体》,刘宇清译,北京大学出版社2017年版,第111页。

〔4〕 忒修斯之船是公元1世纪的作家普鲁塔克提出的难题:希腊神话中的英雄忒修斯所搭乘过的船被留下来当作纪念,随着时间的推移,船体零件慢慢损坏,于是人们便将损坏的部分换新,如此反复,直到有一天整艘船的零件全都换过了。试问:这艘船还是原来的忒修斯之船吗?如果不是,它是从哪一刻开始不是的?为什么?

〔5〕 [美]凯瑟琳·海勒:《我们何以成为后人类:文学、信息科学和控制论中的虚拟身体》,刘宇清译,北京大学出版社2017年版,第144页。

人之本体，是在最基础层面的解构。对于公司而言，理性自然人光环的褪色使其迷失了学习方向，对于公司治理应有启示作用。[1] 更重要的是，"由生物基质形成的具体形象就被视为历史的偶然而非生命的必然"，[2] 自然人的虚拟化成为发展方向。[3] 对于本为拟制的公司来说，外显型要件消解就不是不可接受的，甚至这也是一种历史的必然。

三、信息社会的来临

后现代哲学并非空穴来风，而是具有相应的社会基础，这就是信息社会。信息社会的概念与后工业社会息息相关，20 世纪五六十年代，社会学家丹尼尔·贝尔经过较长的学术研究后正式提出"后工业社会"的概念，[4] 奈斯比特认为"后工业化社会就是信息社会"。[5] 而将这个概念推至前台的是托夫勒，在《第三次浪潮》中，他将正在到来的第三次浪潮界定为"信息社会"。[6] 必须承认在提出这一概念的当时，信息社会是相当超前的，随着 20 世纪 90 年代以来网络的迅速普及，信息社会才走入日常生活，变得触手可及。信息社会不仅带来了生产力的提高，还意味着发展逻辑的转变，卡斯特犀利地指出，"知识与信息无疑是一切发展方式的关键因素，因为生产过程总是奠基于某个水准的知识以及信息处理过程"。更关键的是，"信息发展方式的特殊之处在于：针对知识本

---

〔1〕 笔者认为，公司治理结构的完善出路不在于各种机构的设置与相互制衡，因为构成机构的成员最终为自然人，而自然人就具有非理性的可能。所以公司治理的出路应该借助于外部力量，在竞争环境中实现优胜劣汰，类似于在更大的范围建立信息的反馈回路。

〔2〕 [美]凯瑟琳·海勒：《我们何以成为后人类：文学、信息科学和控制论中的虚拟身体》，刘宇清译，北京大学出版社 2017 年版，第 3 页。

〔3〕 在 ChatGPT、Sora 等人工智能突飞猛进的今日，技术对人类是否会构成危害日益成为社会所关注的焦点。从另一个角度分析，通用人工智能如果诞生，则人之本质属性必将在更基础的层面被探讨。

〔4〕 参见[美]丹尼尔·贝尔：《后工业社会的来临——对社会预测的一项探索》，高铦等译，商务印书馆 1984 年版。

〔5〕 [美]约翰·奈斯比特：《大趋势——改变我们生活的十个新方向》，梅艳译，中国社会科学出版社 1984 年版，第 16 页。

〔6〕 [美]阿尔温·托夫勒：《第三次浪潮》，朱志焱等译，生活·读书·新知三联书店 1983 年版。

身的知识行动就是生产力的主要来源。信息处理便集中于提高信息处理的技术以之作为生产力的来源”。[1] 知识成为社会的主宰。

学者将信息社会的特点归纳为5个方面[2]:(1)建立在高度发达的信息科学技术基础之上;(2)虚拟实践与虚拟交往;(3)信息成为最重要的经济和社会资源;(4)新的组织结构形成;(5)信息文化。不难看出,信息社会与公司之间的内在关联,信息社会的到来将改变公司运行的基础,并将通过技术因素改变公司面貌。适应工业时代的组织形式是大公司大工厂制,内部治理以纵向管理为主;信息时代深刻塑造着组织形态,由此导致的企业变迁一般归纳为“扁平化、网络化和虚拟化”。[3] 该三者具有递进关系:扁平化是组织内部结构优化,通过减少管理层次从而使组织变得更为灵活;网络化除企业内部结构外,还包括企业与外部主体之间的联系,既可形成纵向网络,也可形成横向网络,或者两者兼而有之;虚拟化不但涉及企业本身的结构调整,还涉及业务向外部主体的迁移。技术与组织关系理论对该种变迁提供了合理的解释。任何组织的生存与发展都取决于效率高低,而效率来自技术。对此,技术与组织研究的开拓者琼·伍德沃德提出了两个根本性问题:“第一,技术从哪里来?第二,技术与组织如何影响组织绩效?”第一个问题不易察觉,更多是基于信息时代方才提出。因为在工业时代,技术多来自企业内部的创新,信息时代根本性地改变了该种状况。信息技术开发成本高、更新迅速、易于复制,对于多数企业来说都是外源性的,“这使生产的离散性迅速变大,甚至很难看到传统的连续生产,对技术与组织结构的讨论失去了意义”。[4] 简言之,科层制、单一的企业在效率上不具有竞争优势,必须在企业内外都做出调整,在外部主要是主体间关系的构建与优化。

---

〔1〕 [美]曼纽尔·卡斯特:《网络社会的崛起》,夏铸九、王志弘等译,社会科学文献出版社2003年版,第20、21页。

〔2〕 参见孙伟平:《信息社会及其基本特征》,载《哲学动态》2010年第9期。

〔3〕 纪华道:《企业组织结构的变革演化及趋势》,载《学术界》2014年第11期。

〔4〕 邱泽奇:《技术与组织:多学科研究格局与社会学关注》,载《社会学研究》2017年第4期。

经济底层逻辑的改变是一切变化的根源,信息社会与外显型要件的消解具有显著的因果关联。从企业构成而论,信息、数据成为最重要的财产类型,技术创新是利润的源头,这属于货币、土地、厂房、机器等工业时代财产类型的迭代更新。因此,取消最低注册资本要求才具有可行性。信息技术的通用性、泛在性渗透与改变了各行各业,模糊了行业之间的界限,企业名称中的行业属性势必做出适应性调整,允许创新。至于对住所的挑战就更是信息技术的拿手好戏,由技术所构筑的虚拟空间在功能上对应甚至超越现实社会,商业活动平移到网络世界大量发生。平台企业、订单生产、网络商家、居家办公,企业住所、经营场所的"硬核"要求消融于网络。明显的是,信息社会的技术特质带来了外显型要件消解的后果,"虚拟企业"即为外显型要件消解的明证。

四、公司契约理论

公司契约理论始于一个问题:"一个人对于公司以及公司法的观点取决于其关于投资者、公司员工和其他公司利益相关者是如何与一个公司发生关系的假定。"〔1〕公司契约理论的目的就是解释公司与相关主体间的关系,而这又涉及公司存在的经济理由。科斯通过揭示交易费用从而对企业的存在作出经济学解释,"可以假定企业的特征是对价格机制的替代。……建立企业之所以有利的最主要的原因是:运用价格机制需要费用"。〔2〕克服交易成本成为企业内在的经济原因,而相对于管理成本的比较优势则是企业扩张的边界,这成为新制度经济学的经典理论。克服交易费用是公司存在的理由,而公司契约则是公司存在的形式。

必须认识到,公司契约理论持有法人拟制说,"公司及其证券是金融市场中的产品,就像公司所生产的缝纫机或其他普通市场上的产品一

---

〔1〕[美]弗兰克·H. 伊斯特布鲁克、丹尼尔·R. 费希尔:《公司契约论》,载[美]弗兰克·H. 伊斯特布鲁克等:《公司法的逻辑》,黄辉编译,法律出版社 2016 年版。

〔2〕[美]R. H. 高斯:《论企业的性质》,草木译,载《经济社会体制比较》1988 年第 2 期。

样”。“公司的‘人格’是为了使用方便而拟制的。”〔1〕在打破公司作为实体法人的前提下,将公司视为参与者之间的契约网才是可行的。公司契约理论将公司视为与各方主体合同的集合,包括与员工的劳动合同,与供应商的进货合同,与银行等资金提供方的借贷合同、场地租赁合同,与买方的销售合同等,“包括文字的和口头的、显性的和隐性的、明示的和默示的各种合约”。〔2〕 在性质上,公司合同是长期合同、关系合同,公司法的功能则在于提供合同模板并填补相应漏洞。应当说,引入合同解释公司在理论上是自足的,并且该种理论还可以为《公司法》的修订与完善提供价值指引,即提供授权性的任意规则。

不易觉察的是,公司契约理论对公司主体性的解构,同时也将公司外显型要件置于可有可无的地位。将公司简化为不同主体之间的合同,只有合同是真实的,伊斯特布鲁克甚至自豪地宣称“没有其他的契约比公司契约更有可能符合契约自由的原则”,〔3〕如此则公司将成为一个虚拟的存在。在契约理论下,股东成为提供资金的合同一方,他并不比其他合同主体的地位尊崇,资本也不具有特别的意义。在合同关系中,公司名称、住所即使存在,也不过是不同合同的约定内容,并不具有人格构成的意义。

五、小结

后现代哲学、人的主体性解构、信息社会与公司契约理论具有内在的逻辑一致性,它们共同的作用在于破除完整、理性、连贯的主体,即解构主体,只是从不同的角度、层面展开解构。

后现代哲学对主体的解构显然是哲学层面的,虽然针对的是自然

〔1〕 [美]弗兰克·H.伊斯特布鲁克、丹尼尔·R.费希尔:《公司契约论》,载[美]弗兰克·H.伊斯特布鲁克等:《公司法的逻辑》,黄辉编译,法律出版社2016年版。

〔2〕 罗培新:《公司法的合同路径与公司法规则的正当性》,载《法学研究》2004年第2期。

〔3〕 [美]弗兰克·H.伊斯特布鲁克、丹尼尔·R.费希尔:《公司契约论》,载[美]弗兰克·H.伊斯特布鲁克等:《公司法的逻辑》,黄辉编译,法律出版社2016年版。

人,但对于公司而言“皮之不存,毛将焉附”。后现代哲学对于主体也不是一无是处,它将主体从神坛上拉下来投入社会关系之中,正如布迪厄所认识到的,“离开社会关系的各种因素只能是观念中的抽象”。[1] 而从内在意识与外在界限的角度对人的解构似乎是后现代哲学的实证研究,颇为反讽的是,该研究借助现代科学对人之本质进行分析从而达至解构人之目的。

信息社会是后现代哲学与人之解构的社会基础,可以说今日信息社会正不断上演后现代哲学的场景,正如控制论是信息技术的基础却实现了对人之外部的解构。信息已成为深入社会各领域的技术元素,并改变了经济社会的运行规则。就此而言,麦圭根认为现代与后现代是并存关系,文化是后现代的,但资本主义经济模式仍是现代的。[2]

公司契约理论虽然属于特定学术领域,但它仍展示了哲学、社会整体变迁的趋势。公司契约显然对公司实体进行了解构,从而呼应了相应哲学与社会变迁。此外,“公司契约论主张契约自由原则,强调公司的私人自治和私法属性”,这也正是下文所归纳的外显型要件的制度成因。

以公司外显型要件中最为“坚固”的住所而论,“作为行动主体,一个人肯定位于某个地点。然而地点这种基本的和整合的意义却被分裂成复杂、矛盾和没有方位的各个部分”。[3] 地点被解构如此,其他的更毋论。

第三节 外显型要件消解的制度成因

公司外显型要件消解既受上文所述思潮与社会变迁的影响,又直接

---

〔1〕 刘少杰:《后现代西方社会学理论》(第2版),北京大学出版社2014年版,第146页。

〔2〕 参见[英]安东尼·吉登斯、菲利普·萨顿:《社会学基本概念》,王修晓译,北京大学出版社2019年版,第22页。

〔3〕 [英]安东尼·吉登斯:《现代性的后果》,田禾译,译林出版社2011年版,第102页。

受到具体制度体系建设与改革主张的支配，从而呈现出一体化消解的状态。决定公司外显型要件的制度自然是更为宏大的全局性安排，在某种意义上，它们处于思想与制度的过渡领域。

一、营业自由

营业自由是一项权利，是民商事主体从事经营活动的自由权利。虽然我国现行宪法并无"营业自由"字样的规定，但学者仍将其定位为宪法所规定的主体基本权利，"营业自由可以从私有财产权、劳动权以及社会主义市场经济条款中得出"，[1]"营业自由应作为'视同基本权利的权利'纳入基本权利序列中"。[2] 营业自由包括主体选择进入营业的自由、从事（转换）特定营业活动的自由、终止营业的自由等方面，[3]属于主体经济方面的基本权利。

在我国，营业自由承载着价值追求，它彰显了市场主体活动自由与国家干预之间的对应关系，概言之，营业自由与行政监管呈负相关性。营业自由的主张往往意味着"国家不得非正当干预营业自由的行使，并且有义务保护公平的市场竞争环境，避免垄断、不正当竞争等市场行为对营业自由造成侵害"。[4] 因此在营业自由的界定上，有学者将其限缩为特定市场主体所享有的权利，"其保护范围及于小商贩和法人，但排除国有独资、控股和实际控制的企业"。[5] 该种观点将国有企业排除出营

---

〔1〕 陈征、刘馨宇：《改革开放背景下宪法对营业自由的保护》，载《北京联合大学学报（人文社会科学版）》2018年第3期。

〔2〕 周雷：《营业自由作为基本权利：规范变迁、宪法依据与保护范围》，载《中国法律评论》2020年第5期。

〔3〕 有学者将营业自由归纳为获得职业教育的权利、营业许可资格的取得权、选择营业类别的自由、经营自由、停业自由5个方面，笔者认为该5个方面并不在同一层面，应有所精简。参见宋华琳：《营业自由及其限制——以药店距离限制事件为楔子》，载《中国食品药品监管》2008年第5期。

〔4〕 陈征、刘馨宇：《改革开放背景下宪法对营业自由的保护》，载《北京联合大学学报（人文社会科学版）》2018年第3期。

〔5〕 周雷：《营业自由作为基本权利：规范变迁、宪法依据与保护范围》，载《中国法律评论》2020年第5期。

业自由的范围，只有放置在特定的历史脉络下才能获得合理性解释，并不具有一般的正当性。对于公司法而言，强调营业自由意味着规范方式的转变，减少法律条文中有关管制的内容，更多赋权于公司及相应主体，实现“从管制型公司法向自由型公司法的转变”。[1]

营业自由与公司外显型要件的关联主要体现于公司设立自由，即放宽营业准入限制，降低公司设立之际的要求。以现版公司设立申领的营业执照为例，其上所记载7项事项[2]中有2项因应营业自由的要求而做出重要修改，一为注册资本，二为经营范围。在公司出现之初，经营范围为公司构成的要素，标识了公司行为的可能边界。英国公司法长期坚持“越权原则”，直至1989年修订公司法才明确废除。我国学术界亦长期讨论经营范围在主体中的地位，并形成了4种不同的学说，即民事权利能力说、民事行为能力说、代表权限制说与内部责任说，与此对应的实务问题是越权经营的效力问题。在逐步分离主体与营业范围的关系后，越权经营终于成为历史。“公司的经营范围在性质上只是公司的特别民事权利能力即商事权利能力，而不是公司民事权利能力的全部；在商事权利能力之外，公司依然具有普通民事权利能力，依然可以签订合同。公司超出经营范围而签订的合同，其效力应就该合同本身进行判断，而和公司对经营范围的超出毫无关联。”[3]在实体法上，经营范围对交易的实质影响经由合同法相关规则的修订而被终止。事实上，经营范围如此彻底退出实体法领域，故而虽然其仍为公司登记事项并记载于营业执照，但本书并未将其作为外显型要件。经营范围法律效力的变迁，展示了公司营业从“强国家干预主义”到营业自由。[4] 公司注册资本的改

---

〔1〕 崔文玉：《营业自由与公司资本制度的变革——以欧洲国家公司法中的营业自由为研究视角》，载《环球法律评论》2014年第1期。

〔2〕 包括名称、类型、法定代表人、经营范围、注册资本、成立日期与住所。

〔3〕 覃有土、孙文桢：《公司超范围经营之法律后果研究——兼论无关联主义》，载《中南财经政法大学学报》2006年第5期。

〔4〕 参见顾功耘、胡改蓉：《营业自由与国家干预交织下商主体营业资格之维度分析》，载《政治与法律》2011年第11期。

革,包括一再降低并最终取消的最低注册资本要求,标志着公司准入门槛的降低,亦为营业自由的直接体现。

二、公司自治

自治在自由的话语谱系中被定位为积极自由。公司自治有广义与狭义的界定,广义的公司自治是指"有关公司内部治理结构及外部市场机制的制度安排,用以协调公司及其利益相关者之间的关系";狭义的公司自治仅指"公司内部的自治机制"。[1] 简言之,就是公司事务由自己决定。对公司自治的概念界定,存在不少混淆与误用。例如,将公司自治界定为股东的决定权限,[2]这是将股东与公司混为一谈,并且在根本上不尊重公司法人属性的表现。又如,将公司自治作为私法自治的延伸,"公司自治与私法自治有着一脉相承、不可分割的渊源关系,公司自治实质上就是私法自治在公司制度领域的具体表现"。[3] 公司自治与私法自治在精神上相洽,但在具体制度构成上则颇多不同。公司并不是大陆法系主体谱系的概念,公司自治基本是独立发展起来的制度领域。经由长期的公司运行实践,公司自治主要是处理公司内部各类主体之间的诉求,以及公司外部主体与公司之间的关系,基本不涉及意思表示真实的判断。

公司自治在公司体系中具有重要地位。在哲学上,学者将公司享有对自己事务的决定权归为自由,从而获得不可置疑的正当性;在体系结构上,公司自治被认为是"公司法律制度的基础";[4]在制度建设上,公司法的修改完善方向被认为应从管制型向自治型发展,公司契约理论在

---

〔1〕 马俊彦:《"公司自治"与"司法强制"关系辨析》,载《宁波大学学报(人文科学版)》2019年第3期。

〔2〕 参见王红一:《论公司自治的实质》,载《中山大学学报(社会科学版)》2002年第5期。

〔3〕 王怀勇:《公司自治的思想渊源》,载《宁夏大学学报(人文社会科学版)》2009年第4期。

〔4〕 岳冰:《公司自治与国家强制关系范式论》,载《河南大学学报(社会科学版)》2023年第2期。

此也有体现。可以说,从制度设计到主体界定,公司作为独立的市场主体享有自治权限获得了一致的认可,问题只在于制衡自治的外部机制的设置。

与营业自由意在行政干预不同,公司自治的焦点在司法介入上。在公司提交司法处理的问题中,如何处理“公司自治”与“司法强制”这对范畴的关系被列为首要难题。[1] 确实如此,公司法中的公司章程规定事项、公司决议效力、公司盈余分配、公司僵局等纠纷类型都属于公司自治与司法强制交叉的疑难问题。在公司外显型要件中,法定代表人的选任也属于公司自治的范畴,主流司法意见认为,“公司法定代表人的任免或者更换,本质上属于公司自治范围,是公司内部治理问题,并非法律强制管理范畴。为保持公司的活力,人民法院应当充分尊重公司的意思自治,充分保护公司股东选择公司法定代表人和管理者的权利,而不应进行干预”。[2] 由此可见,在公司外显型要件的设置上,公司自治必然要求控制相应要件的设置,确定公司在外显型要件上的决定权,这势必导致法律上关于外显型要件强制性规定的消解。

三、营商环境

“营商环境”作为一个词组源自外来译介。从已有资料来看,我国期刊文章标题中最早出现“营商环境”的时间为1999年,来自我国香港特区,并且2000年年初的应用也多与我国香港特区有关。[3] 就营商环境的评估,我国目前可见最早的营商环境报告为2002年。[4] 2005年后,“营商环境”即已在较大范围得到使用。

---

〔1〕 参见吴庆宝主编:《最高人民法院专家法官阐释民商裁判疑难问题:合同裁判指导卷》,中国法制出版社2011年版,第1页。

〔2〕 蔡小碧、曹文兵:《法定代表人任免属公司自治范畴》,载《人民司法》2022年第2期。

〔3〕 本书未作词源学考证,但从我国学术界引入的路径分析,应为我国香港特区对外语的翻译。参见《李嘉诚:和谐营商环境很重要 董特首:良好营商环境利复苏》,载《广东大经贸》1999年第1期;《香港“和谐”的营商环境是否遭到破坏?》,载《港澳经济》1999年第3期。

〔4〕 参见《〈中国营商环境指数——2002年度问卷调查报告〉开始发售》,载《经理人》2003年第4期。

营商环境真正引起我国决策层重视是因为世界银行的相应排名。[1] 新千年之际,世界银行为了推进各国企业发展,决定从企业发展环境入手进行以国家地区为单位的宏观评估,在方法上采用指标与赋分方法。与本书密切相关的是,世界银行营商环境其实是针对小型企业所开展的外部规制环境评估。世界银行营商环境指标经历了一个发展过程,2001年世界银行成立 Doing Business 小组,启动质保体系的设计,2003 年采用有关企业生命周期的 5 组指标进行评估,到 2004 年评估指标发展为 10 组。该 10 组指标围绕小企业所受到的重要规制领域如开办企业、办理施工许可、获得电力、登记财产、获得信贷、保护少数投资者、税收支付、跨境贸易、执行合同、办理破产进行评估,另外也评估劳动力市场监管与政府采购,但并不作为排名依据。[2] 监管与营业自由一直构成开展商业活动的两极,营商环境评估关注的核心是监管,是在上述 12 个领域内评估监管是否提高了效率、支持了从事商业的自由。关于监管及完善,营商环境评估关注三个问题:一是政府什么时候以发展民营经济的立场改变监管;二是改革政府的特质是什么;三是在经济与投资活动不同方面的监管改革成效如何。[3] 与本书密切相关的是,该评估的第一大类就是“开办企业”,“世行‘开办企业’评估,记录一位企业家要开办并正式经营一家工业或商业企业时,官方正式要求或实践中通常要求办理的所有程序,完成这些程序的耗时和费用,以及最低实缴资本。”[4] 世界

---

[1] 世界银行营商环境报告包含了多重数据,如针对经济体的数据分析,各经济体易于从商的分数以及易于从商的排行榜,只是由于排行榜较为直观,所以我国对世界银行营商环境的关注多集中于排名。

[2] *See Doing Business* 2020: *Comparing Business Regulation in* 190 *Economies*, Oct. 24, 2019, https://www.shihang.org/zh/home.

[3] *See Doing Business* 2020: *Comparing Business Regulation in* 190 *Economies*, Oct. 24, 2019, https://www.shihang.org/zh/home.

[4] 罗培新:《世界银行营商环境评估方法论:以“开办企业”指标为视角》,载《东方法学》2018 年第 6 期。

银行对开办企业的条件要求符合我们一般对小微公司的想象，[1]而对开办企业程序、时间、成本与最低注册资本的要求有助于世界银行理解我国商事制度改革。

我国于2013年开始进行商事制度改革，以打造优质营商环境。该轮改革的显著特点是系统推进，逐步深化，以“放管服”为抓手，放宽市场准入，并取得了显著成效。下面结合本书所论述的外显型要件对该次改革进行梳理与制度介绍。2013年2月，党的十八届二中全会决定“改革工商登记制度”，放宽工商登记条件，加强对市场主体、市场活动监督管理。2013年11月，党的十八届三中全会通过《中共中央关于全面深化改革若干重大问题的决定》，明确提出“推进工商注册制度便利化，削减资质认定项目，由先证后照改为先照后证，把注册资本实缴登记制逐步改为认缴登记制。推进国内贸易流通体制改革，建设法治化营商环境”。党的决策很快转化为制度，2013年12月28日《公司法》第三次修正，公司注册资本实施全面的认缴制，最低注册资本要求取消，公司资本改革的法律空间打开。2014年2月，国务院发文《注册资本登记制度改革方案》，[2]该文件并不只局限于公司资本，事实上是对商事制度改革做出了总体设计。从公司外显型要件的角度出发，本书列举与分析该文件所规定的事项包括以下3个方面。

1. 实行注册资本认缴登记制。公司股东（发起人）应当对其认缴出资额、出资方式、出资期限等自主约定，并记载于公司章程。公司应当将股东认缴出资额或者发起人认购股份、出资方式、出资期限、缴纳情况通过市场主体信用信息公示系统向社会公示。2013年的认缴制改革较为彻底，依照文件的表述是，不再限制公司设立时全体股东（发起人）的首次出资比例，不再限制公司全体股东（发起人）的货币出资金额占注册资

---

〔1〕 条件所适用的是自然人在商业环境中开始创业的场景，如“是一个有限责任公司（或同等法律实体）”“是100%国内公司且归5人所有，没有一个所有人是法律实体（即都是自然人）”。参见罗培新：《世界银行营商环境评估方法论：以“开办企业”指标为视角》，载《东方法学》2018年第6期。

〔2〕 《注册资本登记制度改革方案》（国发〔2014〕7号）。

本的比例,不再规定公司股东(发起人)缴足出资的期限。此外,公司实收资本不再作为工商登记事项。公司登记时,无须提交验资报告。

2. 简化住所(经营场所)登记手续。申请人提交场所合法使用证明即可予以登记。对市场主体住所(经营场所)的条件,各省、自治区、直辖市人民政府根据法律法规的规定和本地区管理的实际需要,按照既方便市场主体准入,又有效保障经济社会秩序的原则,可以自行或者授权下级人民政府作出具体规定。文件发布后各地纷纷就住所作出规定,放宽登记要求,前文对各地文件已有所引用。

3. 企业年报制度与信息公示。将企业年度检验制度改为企业年度报告公示制度。企业应当按年度在规定的期限内,通过市场主体信用信息公示系统向工商行政管理机关报送年度报告,并向社会公示,任何单位和个人均可查询。完善市场主体信用信息公示制度。以企业法人国家信息资源库为基础构建市场主体信用信息公示系统,支撑社会信用体系建设。

《注册资本登记制度改革方案》既有放松资本与住所的规定,也有强化信息公示与信用监管的要求,内容全面,其立足于平衡各方主体利益保护的制度设计值得肯定。几乎与此同时,2014 年 2 月 19 日,国务院修改了《公司登记管理条例》《企业法人登记管理条例》等 8 部行政法规,废止了 2 部行政法规,以确保改革依法推进。该次商事制度改革从党的文件擘画蓝图,法律、行政法规修改到各级各地行政文件具体落实,是一次全面、系统的修改。对此,登记机关 2017 年曾总结,“从 2014 年 3 月到 2017 年 8 月,国家工商行政管理总局先后出台了注册资本改革、企业住所改革、企业名称改革、全程电子化和电子营业执照改革,有效降低了创业创新的制度性成本”。[1] 由此可以看出,该轮商事制度改革与公司外显型要件存在密切关联。

---

〔1〕《商事制度改革大事记》,载中国政府网,https://www.gov.cn/xinwen/2017-09/12/content_5224235.htm。

商事制度改革的目的是“市场主体繁荣发展,营商环境大幅改善”。因此在2020年国务院商事制度改革的文件中,注册登记制度新突破被归结为两点:加大住所与经营场所登记改革力度;提升企业名称自主申报系统核名智能化水平。在住所方面,其功能被明确为“通讯地址和司法文书(含行政执法文书)送达地登记,实行自主申报承诺制”,市场主体可以登记一个住所和多个经营场所。在企业名称方面,引入技术手段,改变行政职能,“探索‘企业承诺+事中事后监管’,减少‘近似名称’人工干预。加强知名企业名称字号保护,建立名称争议处理机制”。[1] 相应制度建设构成了营商环境建设的重要组成部分,国务院2020年发布的营商环境文件中单列“推进企业开办经营便利化”为一条。[2] 但外显型要件作为主体构成要素,其功能综合、牵连广泛。以住所为例,在已经大力推行住所与经营场所分离,实施承诺制,从而释放出住所的制度功能时,国务院2022年营商环境文件规定“全面清理各地区非法设置的企业跨区域经营和迁移限制。简化企业跨区域迁移涉税涉费等事项办理程序”。[3] 这一规定凸显了住所并非只关系公司利益,借助税收财政体系其还与地方经济密切关联。

与我国聚焦商事制度改革直接相关,通过持续的制度修订与创新,我国营商环境的国际排名显著上升。世界银行《全球营商环境报告2020》显示,“中国营商环境全球排名继去年从此前78位跃至46位后,今年再度提升,升至第31位,跻身全球前40,连续两年入列全球优化营商环境改善幅度最大的十大经济体”。我国与开办企业相关的排名为第

---

〔1〕《国务院办公厅关于深化商事制度改革　进一步为企业松绑减负激发企业活力的通知》(国办发〔2020〕29号)。

〔2〕参见《国务院办公厅关于进一步优化营商环境　更好服务市场主体的实施意见》(国办发〔2020〕24号)。

〔3〕《国务院办公厅关于进一步优化营商环境　降低市场主体制度性交易成本的意见》(国办发〔2022〕30号)。

27 名，高于整体排名，说明在各领域中改革力度较为超前。[1]

四、小结

公司外显型要件的消解在制度上可归因为营业自由、公司自治与营商环境，但三者对于外显型要件的影响内容与力度亦不相同。从内容上匹配各外显型要件与上述三项制度的关联，可见营业自由对注册资本，公司自治对法定代表人，营商环境对注册资本、名称、住所产生影响。营业自由主要相对于政府干预而存在，而公司自治主要与司法介入相对应。在影响力度上，营商环境对公司外显型要件的影响显然更为明显、全面、持久，直接导致了本书所称的外显型要件的消解。

但外显型要件消解也具有复杂的属性。无论是营业自由还是公司自治，都是在宏观调控、司法介入下的有限自由与自治，而并非绝对意义上的自由。这使得注册资本、法定代表人的改革需要平衡公司自由与债权人利益的保障。我国已历时 10 年的营商环境建设取得了明显成效，公司住所、名称注册登记自由度大幅提高，但住所和名称并不仅与公司有关，公司所在地的税收、就业也与之密切相关，名称也并非市场仅有的公司标识，这使得一方面住所与名称的改革内容需要不断深入，另一方面其制度建设所涉及的面向也更多。综合考量，公司外显型要件的消解并非单向度的运行，而是在复杂系统中受到多重制约的制度演变。

第四节　外显型要件消解的制度影响

上文归纳的学理成因对外显型要件消解的影响是隐性的，制度成因的影响则是显性的，尤其是营商环境提升的需求推动了公司制度近 10

〔1〕 参见走出去智库：《世界银行〈2020 年营商环境报告〉 中国名列第 31 名》，载百度网 2019 年 10 月 25 日，https://baijiahao.baidu.com/s?id=1648326140814429948&wfr=spider&for=pc。

年来的重大变化,作为公司构成要素的外显型要件首当其冲,而其做出的制度反应——消解亦相当明显。需要评估与研究的是,外显型要件消解带来了何种影响,下一步的制度走向又应该如何?

首先,应该看到,在降低企业设立难度上,我国工商制度改革成效明显。自 2013 年启动工商制度改革以来,我国市场主体数量连年增长。[1] 近 4 年基于国家统计数据,2020 年全年新登记市场主体 2502 万户,日均新登记企业 2.2 万户,年末市场主体总数达 1.4 亿户;2021 年年底,我国市场主体总量达到 1.54 亿户,新增注册市场主体 2887 万户,同比增长 15.42%;[2] 截至 2022 年年底,全国登记在册市场主体达 1.69 亿户,其中企业 5282.6 万户,个体工商户 1.1 亿户,农民专业合作社 223.6 万户,全国新设市场主体 2907.6 万户,同比增长 0.71%。2023 年年底,我国共有经营主体 1.84 亿户,年度新设经营主体 3272.7 万户,同比增长 12.6%,新设企业 1002.9 万户,同比增长 15.6%。[3] 依照公开数据推算,市场主体数量从 2013 年年底的 6000 万户到 2023 年年底的 1.84 亿户,净增 1 亿户以上,其中企业增加逾 4000 万户。就本书研究的对象——中小型公司,国家市场监督管理总局的数据显示,"截至(2023年)5 月底,我国登记在册民营企业达到 5092.76 万户,较 2012 年年底增

---

〔1〕 2013 年市场主体的数量为,"截至 2013 年年底,我国实有各类市场主体 6062.38 万户,注册资本(金)总额达 101.2 万亿元"。参见张晓松:《截至 2013 年底我国实有各类市场主体突破 6000 万户》,载中国政府网 2014 年 1 月 13 日,https://www.gov.cn/govweb/jrzg/2014-01/13/content_2565615.htm。另外商务部研究院《中国市场主体发展活力研究报告(2011—2020)》显示,"2013 年商事制度改革以来,我国新增注册市场主体数量一直保持高速增长,年均新增市场主体总量超过千万家"。《占比 95.78%!小微市场主体快速增长折射发展信心》,载百度网 2021 年 7 月 30 日,https://baijiahao.baidu.com/s?id=1706680622627437217&wfr=spider&for=pc。

〔2〕 其中有些数据增长超出常规,"2021 年广东新增市场主体最多,达 286 万余户;江西新增市场主体同比增幅最高,达 102.81%"。参见《〈中国市场主体发展活力研究报告〉出炉 2021 全国新增市场主体 2887 万户》,载百度网 2022 年 3 月 17 日,https://baijiahao.baidu.com/s?id=1727527054467449674&wfr=spider&for=pc。

〔3〕 参见陈芳:《截至 2023 年底我国共有经营主体 1.84 亿户》,载搜狐网 2024 年 2 月 5 日,https://business.sohu.com/a/756528045_120988576。

长了3.7倍,民营企业在企业中的占比由79.4%提升至92.4%”。[1] 各地各城市之间纷纷公布新增市场主体数量,以彰显营商环境优化与经济活力。市场主体数量“井喷式”的增长,特别是企业数量的增长充分说明设立企业已较为简易,设立条件与流程精简高效。

其次,在市场主体基数已足够大的情况下,在公司设立环节制度红利基本释放的前提下,外显型要件消解带来的深层制度需求也浮现出来。[2] 近期媒体曝光的假央企、国企的事件即与企业名称、住所、法定代表人等制度有关,下面对该事件做一介绍以展示外显型要件的现实功能。

2022年4~7月,国务院国有资产监督管理委员会、公安部、市场监督管理总局三部门专门开展了打击假冒国企专项行动,并印发《打击假冒国企专项行动工作方案》,文件的背景是2021年10月至2023年6月,国有资产监督管理委员会和各家央企、国企公布的假冒央企、国企合计超过1000家。在表现形式上,这些企业与正牌央企、国企无异:“中核”“国能”等“中字号”“国字号”赫然在列,即便查询工商注册信息也无从辨别——有的企业出资方甚至显示国资100%控股。造成该种状况的原因有企业名称自主申报、登记机关实行备案的“形式审查”,由此在现有规定下,若想成为国企子公司,只需根据要求提供股东证明材料或证照信息,“要什么证明材料,就伪造一个证明材料。伪造一个公章盖上去,成本也不高”。事情的另一面是,国企要求注销相应的“假公司”却并不容易,除注销环节复杂外,法定代表人的缺席也构成重要原因。[3] 以特定公司为例,国恒基业控股集团有限公司(以下简称国恒基业,曾用名为

---

[1] 林丽鹂:《我国民营企业突破5000万户》,载中国政府网2023年7月10日,https://www.gov.cn/govweb/lianbo/bumen/202307/content_6890844.htm。

[2] 在分析司法实践中的送达难成因时,有法官认为原因之一是“皮包公司”现象普遍,与公司设立条件存在关联。参见马杜兰、吴艳玲、屈佳宁:《破解对企业“送达难”法治化路径——探索建立企业法定地址送达确认制度为视角》,载《全面推进依法治国的地方实践》2021年卷。

[3] 参见宋炳晨:《千家假央国企的秘密:百万买身份,假央企变身集团公司》,载《南方周末》2023年7月20日,第B13、B14版。

北京国恒基业控股有限公司)遭4家“真央企”联合打假。国恒基业成立于2023年1月30日,注册资本为6000万元人民币,法定代表人为张某,公司现住所为北京市朝阳区望京园401号楼34层3905。2023年4月12日,央广网记者按照国恒基业注册地址进行了走访,发现其大门紧闭,在记者所在时间段内未见有人进出。[1]

由此可见,外显型要件的消解对市场交易环境和相关主体产生了一定的影响,使得识别公司的成本变高,甚至成为不可能,从而在某些方面扰乱了正常的交易秩序。因此,外显型要件消解对我国制度建设所需平衡的利益关系提出了更高的要求,主要包括以下三对关系。

1. 市场秩序与监管需求

外显型要件消解,如公司名称、住所登记的相对放开,使得传统的名称、住所资源紧张,客观上出现了资源合理配置的问题。此外,也有不法分子钻制度的空子,引入“劣质”甚至违法的市场主体。由此可见,公司设立制度改革引入大量新兴市场主体,就如特定空间挤进大量人群一样,空间拥挤与良莠不齐扰动的是市场秩序,从而带来相应的监管需求,但事实上放松监管本是商事制度改革的动因,因此适应外显型要件消解的监管应为新式的监管。监管制度的建设一方面应该充分考虑信息社会的技术可能性,另一方面仍需符合优化营商环境的政策方向,就此而论,企业信息公示为重要形式。

2. 交易安全与债权人保护

必须意识到,市场主体并非个体性的单独存在,他们存在于市场交易网络中,他们的价值也必须通过交易网络得以实现。而处于交易网络中的市场主体角色是变换的:在某一交易场景特定主体为买方,在另一交易中该主体就可能为扮演债权人角色的卖方。外显型要件的消解方便了公司的设立,是否会给后续交易安全带来不利影响呢?注册资本制

〔1〕 参见于琦、宓迪:《起底“假央企”国恒基业:注册地址工作日紧闭无人》,载百度网2023年4月13日,https://baijiahao.baidu.com/s?id=1763042123387366379&wfr=spider&for=pc。

度改革在这方面引发了大量讨论,2023 年《公司法》的修改一定程度上回应了债权人保护的需求。

3. 营商环境与现实国情

营商环境是系统性的,并不限于公司设立一个环节。世界银行“营商环境”评价指标有十二大类,少数投资者保护、执行合同也为考察对象。值得注意的是,2021 年 9 月 16 日世界银行集团(WBG)决定终止营商环境(DB)报告和数据,WBG 将为评估商业和投资环境设定新的方法体系。新的宜商环境评价(Business Enabling Environment,BEE)不仅从民营企业的角度评估,也从私人部门的整体评估。[1] 基于营商环境优化的规则设计应该是整体性的,须平衡公司设立人利益与市场整体利益。

对此尤其重要的是考虑制度所建基的社会实存。公司外显型要件主要针对的是中小型公司,这也是世界银行营商环境评估的对象。依照上述统计数据,我国民营企业为 5092.76 万户,为企业公司的绝大部分。而在民营企业中,中小微企业又占据绝大部分。这种企业构成状况就是外显型要件所适用的对象,也是制度改革时必须考虑的因素。

最后,公司外显型要件消解的法律应对须统筹考虑。公司名称、住所、注册资本皆已消解,市场交易安全与秩序却不能不维护,因此相应的法律制度设计须统筹进行。对于公司外显型要件的消解在探明制度趋势之后应有对策。消解的对策可以借助各要件制度的建设展开。例如,2023 年《公司法》修订过程中,对于公司资本制度的争论异常激烈,最终对有限责任公司认缴制设限,可以视为对外显型要件消解的某种矫正。公司名称与住所在各自的制度中亦应整合各方诉求,采用行政监管、司法裁判等综合方式予以保护。

对于公司外显型要件消解的应对,还应完善公司信息采集与公示制

---

〔1〕 See Pre-Concept Note: Business Enabling Environment (BEE), February 4, 2022. 2022 年 12 月,BEE 新版概念书发布,营商环境新评估体系项目名称进一步正式确定为 B-READY(Business Ready)。参见《世界银行宜商环境“国际贸易”指标解读》,载网易网 2023 年 7 月 3 日,https://www.163.com/dy/article/I8O137T305199NPP.html。

度,此为跳出各要件的一般性制度应对。我国于 2013 年商事制度改革以来,也致力于信息公示与系统建设,但实际效果并不理想,企业信息采集的质量与范围都不够全面,相应的责任体系也不够完善,市场运行所需的信用支撑并未有效建立。公司信用制度的建立将有效对冲外显型要件消解的影响。

无论是各外显型制度的完善还是公司信用制度的建设,信息技术的采纳都是必要成分。信息技术在公司名称、住所的改革中的重要性已有体现。只是今日的信息技术不能仅作为技术手段,而应成为解决问题的方法本身,因为法律正在“从基于规则的秩序转向基于技术管理的秩序”。[1]

〔1〕［英］罗杰·布朗斯沃德:《法律 3.0:规则、规制和技术》,毛海栋译,北京大学出版社 2023 年版,第 53 页。

第三章　公司名称的消解与权利保护[1]

公司名称为公司对外彰显主体地位的符号，属于公司设立登记与持续运行不可或缺的要件。公司名称的登记规则一直相对严格，名称的 4 部构成规则较难突破，名称中的地域对应于登记机关的层级，而这又与公司资本、批准成立公司的机关紧密相联。因此，从公司名称上可以较为直观地判断公司实力。但我国登记制度改革以来，与公司名称有关的规则也在变迁，传统的名称不可避免地出现消解趋势。对此，我国法律一直对公司名称[2]采用赋予民事权利的方式予以保护，但效果并不理想，名称权保护需要借助于反不正当竞争法，这深刻反映出信息时代权利特征的转变。

---

〔1〕 本章部分内容以《论企业名称权保护的制度困境与法治出路》为名发表于《法商研究》2023 年第 4 期。

〔2〕 必须说明，我国民商法学及制度中更为常用的术语为“企业名称”，如《企业名称登记管理规定》。企业名称为更上层的概念，企业包括“公司、非公司企业法人、合伙企业、个人独资企业和上述企业分支机构，以及外国公司分支机构等”，企业名称包含了公司名称。因此本部分并不区分“公司名称”与“企业名称”，下文标题用“企业（公司）名称”表示企业名称对公司名称的涵摄。

第一节　企业(公司)名称的消解

与上一章所分析的公司住所不同,公司名称一直有专门的行政规章予以规范。出现该情况的内在原因为,住所涉及土地、建筑物,公司登记机关对此并无管理权限,因此制定规章制度难度大,这也是商事登记制度改革以来,有关住所的文件常见多部门联合发文的原因。而公司名称限于登记机关管辖,制定专门的规章制度方便、可行。公司名称在商业实务中与理论界受到的关注度不同:在商业实务中,公司命名是企业设立中的大事情,吉祥大气的名字为各方所争抢,上市公司的改名往往成为市场热点,〔1〕而中小公司中新奇的名称也日益多见;但在理论界,公司名称及相应的名称权却默默无闻。反差的原因在于,一般认为公司名称难以从理论上做出解析与制度建议,本书根据外显型要件消解为探讨公司名称提供了一个新的切入视角。与公司住所相同之处在于,作为外显型要件组成的公司名称其实也处于构成要件"流失"、登记要求放松的消解状态,对此可以从企业名称的构成与企业名称管理两个方面展开。

追溯相应的管理制度,1991 年原国家工商行政管理总局发布的《企业名称登记管理规定》较为全面地建立起对企业名称的管理制度,包括企业名称的 4 部构成规则。该规定第 7 条第 1 款规定,"企业名称应当由以下部分依次组成:字号(或者商号,下同)、行业或者经营特点、组织形式"。加上一般应冠以的行政区划,企业名称包含 4 个组成部分:行政区划 + 字号 + 行业 + 组织形式。〔2〕就名称消解而论,该 4 部分除字号不

---

〔1〕如"女鞋第一股"星期六股份有限公司名称变为佛山遥望科技股份有限公司、港股上市公司世纪睿科正式更名为"交个朋友控股"等。相关评论参见宋清辉:《部分上市公司热衷于更名或只为"碰瓷"》,载百度网 2022 年 10 月 1 日,https://baijiahao.baidu.com/s?id=1745469507753192959&wfr=spider&for=pc。

〔2〕《企业名称禁限用规则》(工商企注字〔2017〕133 号)第 11 条规定:"企业名称应当由行政区划、字号、行业、组织形式依次组成……"

可或缺外,其他3部分都可精简、优化,如去除行政区划、不标注行业、加入"集团""总公司"等字样,这些都可以提升企业在商事交往中的形象。

首先是无地域企业名称。无地域企业名称是指企业名称中不含"行政区划",该种名称不仅具有形式上精简的价值,更因为其名称可在全国范围获得保护,避免了后文所述的企业名称权的效力局限性,从而具有明显的经济价值。1991年《企业名称登记管理规定》列举的可以不冠以企业所在地行政区划名称的情况共6种:(1)历史悠久、字号驰名的企业;(2)外商投资企业;(3)全国性公司;(4)国务院或其授权的机关批准的大型进出口企业;(5)国务院或其授权的机关批准的大型企业集团;(6)原国家工商行政管理局规定的其他企业。因为我国企业注册登记一直与登记机构的行政层级相匹配,所以该种企业由原国家工商行政管理总局注册登记,该标准一直沿用至2020年《企业名称登记管理规定》修订。2020年《企业名称登记管理规定》第6条规定,跨省、自治区、直辖市经营的企业,其名称可以不含行政区划名称。从无地域名称的规定来看,1991年《企业名称登记管理规定》将无地域名称与使用"中国""中华"等字样的名称同等对待,而2020年《企业名称登记管理规定》则区分两者,简化了无地域企业名称的条件,[1]但也保留了对名称中含"中国""中华"的行政审批程序。2023年《企业名称登记管理规定实施办法》进一步明确了无地域名称的条件,该规定第19条第1款规定,"已经登记的企业法人,在3个以上省级行政区域内投资设立字号与本企业字号相同且经营1年以上的公司,或者符合法律、行政法规、国家市场监督管理总局规定的其他情形,其名称可以不含行政区划名称"。

其次是不标注行业、组织形式,规则的前后变化如表3-1所示:

---

[1] 经咨询市场监督管理局,目前实务中的无地域企业名称的条件包含两个方面:一是跨省、自治区、直辖市经营,申请人需要提交跨省、自治区、直辖市经营情况说明,包括新设与变更名称;二是注册资本要求,一般是5000万元以上注册资本,特殊行业1亿元以上。2023年7月18日咨询浙江省杭州市市场监督管理局。另外关于资本的要求可以参见《监管问答:如何将现有名称变更为无地域企业名称》,载中国质量新闻网2019年8月5日,https://www.cqn.com.cn/zj/content/2019-08/05/content_7383199.htm。

表 3－1 不标注行业、组织形式规则变化对照

企业名称表示规则	《企业名称登记管理规定》(1991)	《企业名称登记管理规定》(2020)、《企业名称登记管理规定实施办法》(2023)
行业	企业应当根据其主营业务,依照国家行业分类标准划分的类别,在企业名称中标明所属行业或者经营特点	企业名称中的行业或者经营特点应当根据企业的主营业务和国民经济行业分类标准标明。国民经济行业分类标准中没有规定的,可以参照行业习惯或者专业文献等表述
不使用行业字样	(无规定)	跨行业综合经营的企业,其名称可以不含行业或者经营特点
使用“总”字样	在企业名称中使用“总”字的,必须下设三个以上分支机构	(无规定)
使用“集团”字样	(无规定)	控股企业可以在其名称的组织形式之前使用“集团”或者“(集团)”字样

从《企业名称登记管理规定》2020 年的修订可以看出,在名称构成规则上,该规定明确了无地域、行业名称的适用条件,方便了市场主体的名称选用,更重要的是降低了相应名称类型的采用难度,从而使得无地域、无行业的公司名称并没有那么“遥不可及”。各地在企业名称的选用上有更多改革举措,以杭州为例,“放宽名称准入限制。同行业企业名称中的字号近似,但符合放宽条件且全体股东(投资人)出具名称使用承诺文件的,允许申报通过。允许企业根据经营策略自主决定和调整企业名称组成次序,将字号放在首位,行政区划放在字号之后、组织形式之前。放宽企业集团名称登记条件,母公司注册资本达到 1000 万元人民币以上,母子公司注册资本之和达到 3000 万元人民币以上,子公司 2 家以上,允许取冠企业集团名称。”[1]

---

〔1〕 杭州市发展和改革委员会体改处、杭州市市场监管局:《杭州“企业名称自主申报”改革经验》,载《浙江经济》2018 年第 23 期。

公司名称消解的另一维度是名称登记管理方面。《企业名称登记管理规定》(1991)制定于改革开放初期,强调行政审批,突出登记机构的主动性。该规定第5条规定,登记主管机关有权纠正已登记注册的不适宜的企业名称,上级登记主管机关有权纠正下级登记主管机关已登记注册的不适宜的企业名称。此外,该规定第16~19条建立了名称预核准登记制度,突出了企业设立之际名称核准的环节,实际上将企业登记过程拉长。《企业名称登记管理规定》(2020)取消了预核准登记,引入自主申报,重构了企业名称的登记注册流程。名称制度改革的初衷在于"将企业名称登记与设立登记合并办理,取消企业核名审批环节,大幅缩减企业办事和等待时间"。[1] 在形式上,自主申报是一项借助于信息技术的制度改革,登记机关建立企业名称自主查询申报系统,向社会开放名称数据库,申请人在系统上实行企业名称登记全程电子化办理。[2] 究其实质,自主申报具有实体上的意义,即在申请人与登记机关之间重新进行了权责分配,申请人享有名称自主选择权,并配套了"申请人事先承诺、企业名称争议事后快速处理、不适宜名称强制纠正等制度",[3] 登记机关从行政审批与许可中解放出来,转为专司监管职责。申请人则应对申请材料的真实性、合法性与有效性负责。

现登记机关对企业名称的管理集中于字号,并且多采用信息技术进行管理。2017年发布的《工商总局关于提高登记效率积极推进企业名称登记管理改革的意见》指出,企业数量持续大幅增长,企业名称资源日益紧缺,"起名难、效率低"成为困扰企业便捷准入的痛点,企业对此反应日趋强烈。为了提高登记效率,登记机关要做的是全面开放企业名称库,

---

〔1〕 兰晶、李萌:《商事制度改革让企业开办进入"零成本""一时代"》,载《当代江西》2021年第5期。

〔2〕 《企业名称登记管理规定实施办法》第21条第3款规定,企业名称申报系统对申请人提交的企业名称进行自动比对,依据企业名称禁限用规则、相同相近比对规则等作出禁限用说明或者风险提示。

〔3〕 部冬霞:《既要便利 又要规范新修订的〈企业名称登记管理规定〉开始施行》,载《中国质量监管》2021年第3期。

建立完善企业名称查询比对系统，为申请人提供查询比对服务。为此，原工商行政管理总局制定了《企业名称禁限用规则》《企业名称相同相近比对规则》，并将相应的登记审查交由企业名称查询比对系统完成，该种审查重点只能集中于字号。《企业名称登记管理规定》对企业名称构成的规定是，企业名称由行政区划名称、字号、行业或者经营特点、组织形式组成。对此，《企业名称登记管理规定实施办法》已经转变为，“企业名称一般应当由行政区划名称、字号、行业或者经营特点、组织形式组成，并依次排列”。两相比较，企业名称的4部构成规则明显松动，企业名称的消解在法律法规上获得证立。

企业名称经由登记获得法律认可，法律对名称的保护体现为赋予企业名称权，企业名称的效力强弱体现于权利效力之上。因此本书对名称权进行详细考证，以为消解之中的企业名称探求法律保护之道，并由此揭示信息时代法律对传统权利保护的不足与制度的改革方向。

第二节 企业（公司）名称权的性质困惑

在我国，企业名称并没有经过从法益上升为权利的论证阶段，而直接由民事基本法规定为权利，该法定权利类型自然应当在该体系中居于特定的位置。对此，有学者认为，“就公权与私权而言，企业名称权属于私权而非公权；就绝对权与相对权而言，企业名称权属于绝对权，对此并无异议。但是，就企业名称权究竟为人格权，或为财产权，或兼具人格权与财产权，在法学界有着不同的主张”。[1] 该处对于企业名称权的三种定性，衡诸我国的理论与实践，不但对其属财产权或人格权存在激烈争议，而且对其属于私权、绝对权亦都存在反向影响因素，由此显示企业名

---

[1] 盛杰民：《对企业名称权的法律思考》，载《法商研究（中南政法学院学报）》1997年第6期。

称权异于一般民事权利。

一、私权

将企业名称权定性为私权是最为稳妥的，但却是首先会引起歧义的地方。我国法院在认定企业名称权时，一般认为"注册商标专用权与企业名称权均是经法定程序确认的权利，分别受商标法律、法规和企业名称登记管理法律、法规保护"。[1] 这是将企业名称权维系于登记制度，对此需要进行理性分析。必须承认，与一般私权客体不同，企业名称与公权力具有密切关联。传统私权为了彰显正当性常与"天赋"相联，这尤其体现在与主体相关联的权利上，如自然人的姓名、肖像、名誉等权利皆可借助自然法思想获得证立，现代社会的基本成就在于这些权利的不证自明。但企业名称并无该种自然属性，它与国家机关的登记紧密相联。无论法人型或非法人型企业，其设立都需要登记。作为人所创造的经营者，企业在社会中从事生产经营活动必须有指代的名称，名称因此为登记的必备要素之一。虽然企业登记事项呈不断缩减的趋势，但作为企业的有机组成部分，名称登记仍必不可少。检索各国立法例，企业登记都包含名称要件，并且对名称的构成都有一定的要求，"商号＋企业形态"是最为基本的名称结构。企业名称与登记具有直接关联，是否就可推导出：企业名称基于行政登记而获得，企业名称权因为名称登记而享有吗？这对企业名称权来说是基础性问题，舍此则后续运行定不顺畅。

企业登记在行政法上属于行政许可，《行政许可法》第 12 条列举的可以设定行政许可的事项包括"企业或者其他组织的设立等，需要确定主体资格的事项"。实务中，企业设立之际的许可登记被认为具有双重

---

〔1〕《省法院发布 2013 年全省知识产权诉讼十大典型案例》，载黑龙江法院网 2014 年 4 月 28 日，http://www.hljcourt.gov.cn/public/detail.php? id = 3959。

效力，即获取市场准入的主体资格与被赋予市场准入的经营资格，[1]但对行政许可是否创设主体资格存有不同意见。[2] 在一般的意义上，行政许可是准予申请主体从事特定活动的行政行为，行政法学者在综合各种观点后将行政许可界定为"对符合条件者的不作为义务的解除"。[3] 因此，在营业自由的背景下，企业设立登记并不具有创设主体的效力。[4] 上述观点延伸到企业名称领域，采用民法中通用的区分技术，可以认为企业设立登记时的名称只是主体要素，登记并未创设出名称权，[5]这可称为企业名称与名称权的区分理论。区分理论对于企业名称权具有以下重要的意义。

首先，正本清源，企业名称权源自民事基本法，如此登记机关从对权利是否需要承担责任的争论中解放出来。

其次，企业名称权的独立性。采用区分理论后，企业名称权可彻底脱离行政登记的限制，成为独立的权利类型。这意味着不登记并不绝对就没有名称权，反之登记了也可能不具有名称权。名称权的判断、名称

---

[1] 参见艾琳、王刚：《商事登记制度改革的行政审批视角解析——兼评广东省及深圳市商事登记制度改革的实践》，载《中国行政管理》2014 年第 1 期。相似的观点非常普遍，如孙海龙、姚建军：《企业名称权的法律保护——以西安万紫千红公司诉陕西万紫千红公司案为视角》，载《电子知识产权》2010 年第 1 期。

[2] 有观点将许可界定为"行政解禁行为"，参见肖海军：《论营业行政许可的法律属性与合理边界》，载《行政法学研究》2008 年第 4 期；有观点将设立许可定义为行政确认，参见石慧荣：《商法要义与探微》，法律出版社 2009 年版，第 4 页。

[3] 江必新：《论行政许可的性质》，载《行政法学研究》2004 年第 2 期。

[4] 对于登记在公司设立中的功能目前学界讨论较少。从逻辑上分析，依据登记是否赋予法人资格可分为肯定说与否定说，该种区分在《德国民法典》起草中即有反映。主张法人资格源自登记，则导向登记为许可的定性；否定法人资格源自登记，则秉持自由设立公司的立场。从法政策选择上说，我国应采后者，公司发起人满足了公司设立条件，公司即可获得法律主体资格。参见[英]迈克尔·约翰：《〈德国民法典〉起源：十九世纪末德国政治与法律》，罗浏虎、周密译，法律出版社 2023 年版，第 143 ~ 144 页；徐浩：《反思与完善：我国公司设立的制度重构》，载《青海社会科学》2013 年第 1 期。

[5] 理论上解释登记产生名称权的一种模式是公示要求。"商号的人身权性质很弱，财产权性质很强。企业名称依附于一定的营业及其商誉，如欲取得对抗第三人的效力，必须经过登记公示以取得公信的效力。"参见孙海龙、姚建军：《企业名称权的法律保护——以西安万紫千红公司诉陕西万紫千红公司案为视角》，载《电子知识产权》2010 年第 1 期。

权与其他权利的冲突属于纯粹民事判断的问题。

最后,应通过民事程序解决与名称权相关的冲突。在企业名称权产生于行政登记的观念指导下,我国审判实务曾经历了不对名称权冲突作出裁判的阶段。例如,在“蜜雪儿”注册商标侵权案中,一审法院即认为“被告的企业名称是经工商行政管理机关登记批准的,虽该企业名称中的‘蜜雪儿’与原告的注册商标相同,也确实会给普通消费者造成混淆,但如何调整这种关系,目前法无规定,且对企业名称登记的异议不属人民法院案件管辖的范围,原告可向工商行政管理机关请求”。[1] 该观点被二审法院支持,属于当时的主流观点。但采用区分理论,则法院当然有权对企业名称权的相关纠纷作出裁决。[2]

二、人格权

在民事权利分类中,将企业名称权归属于人格权最符合法解释学中的体系解释。与名称权并列存在的自然人姓名权属于典型的人格权,立法者将名称权规定于《民法典》“人格权编”,该编第三章标题即为“姓名权与名称权”。对于企业名称权的人格权定性本应不存在疑问,但在有关企业名称权的讨论中该议题恰恰争议最大。即使在《民法典》颁行之后,反对人格权定性的观点依然存在,如有观点认为“法人的名称权、荣誉权和名誉权在实质上不是人格权”。[3] 更能凸显企业名称权复杂之处的点在于,如果企业名称权不是人格权,它属于民法中何种权利类型呢？将企业名称权定性为人格权是属于民事权利第一层次的分类,同属于该层次的还有财产权、知识产权,这展示了民法调整财产关系与人身关系。饶有趣味的是,主张企业名称权属于财产权、人格权、知识产权的

---

〔1〕 北京市第二中级人民法院民事判决书,(1997)二中初字第43号。

〔2〕 虽然我国法院已认为可以对相应权利冲突进行审判裁决,但其立足点仍是名称权来源于登记行为,只不过法院有权对此进行裁判。不能不说这里仍存在观念上的分歧。参见孔祥俊:《任何人不能通过形式合法而获利:知识产权审判中民事处理与行政程序的关系》,载《法律适用》2009年第5期。

〔3〕 李永军:《论民法典中人格权的实证概念》,载《比较法研究》2022年第1期。

观点同时存在,本书对相关论点作以下分析。

1. 财产权说

早在20世纪90年代初,江平先生就明确主张企业名称权为财产权,理由在于其更符合财产权的特性,即可与主体分离、可转让、具有财产内容。[1] 企业名称与经济利益的关联取决于两个关键因素,即企业和使用目的。企业作为一类法律主体其本质特征在于营利,无论法人或非法人都如此。企业由各组成要素有机关联,包括名称,也最大限度通过各组成要素实现营利目的。名称助力企业营利的事例并不少见,以名称最为严谨的上市公司为例,[2]市场上常见的更名的动机并不在于企业的主体人格,而在于有助企业的经营开展从而获得更高利润。除去经验层面感知企业名称的财产属性,在规范表述上,《民法典》第1013条规定名称权的权能为"依法决定、使用、变更、转让或者许可",较之自然人姓名权多出"转让"权能,从而更接近于所有权内涵。

为了进一步分析企业名称的财产属性,可以探求在企业生命周期的特殊阶段,企业名称的法律地位,这能凸显名称权的属性。企业终止为企业运行的特殊阶段,在这一时期有两项制度与企业名称有关。一是我国开展的企业强制注销。实践中大量企业停止营业或被吊销之后并不会启动规范的清算注销,从而产生"僵尸企业",强制注销即为了解决该问题。但从正当性上需要追问的是,企业不注销有何害处吗？在"僵尸企业"与强制注销之间,"保障市场交易安全,及时释放名称资源"[3]这

---

[1] 参见江平主编:《法人制度论》,中国政法大学出版社1994年版,第187~192页。

[2] 如2021年一度沸沸扬扬的信阳毛尖公司更名事件。2021年2月16日,在港上市公司信阳毛尖发布公告称,董事会建议公司名称更改为"中国国龙茅台集团有限公司"。在本次改名动议之前,该公司已经三次改名,从最初的"东君化工集团"先后变更为"大庆石化""中国天化工""信阳毛尖",2020年还曾准备更名为"中国新经济"。参见《发生了什么？茅台暴跌之际！这家公司又更名了,上市后曾6次改名……》,载百度网2021年2月23日,https://baijiahao.baidu.com/s?id=1692468135781720695&wfr=spider&for=pc。

[3] 《首批浦东新区法规今发布！实现"一枚印章管审批";让这些企业依法有序退出》,载百度网2021年10月5日,https://baijiahao.baidu.com/s?id=1712740560168509797&wfr=spider&for=pc。

一目的实现了两者的衔接。企业名称被认定为市场资源,是一种客观存在。二是企业终止后名称的处理。《企业名称登记管理规定》第 17 条对名称禁用情形做出列举,法律为企业终止后的名称专用归属仅设定了 1 年的保护期。从反面解释则是不属于上述情形的名称属于合法范围,因此,注销或变更登记满 1 年的企业名称将重新成为市场可使用的资源。

2. 知识产权说

将企业名称权界定为知识产权更多是从权利保护的角度展开的。将企业名称界定为知识产权“名不副实”的地方在于知识产权不仅保护智力成果,而且保护经由使用而形成的工商业标识,如此,企业名称权正好落入工商业标识的范畴。《保护工业产权巴黎公约》(1967)〔1〕第 8 条规定,“厂商名称应在本联盟一切国家内受到保护,没有申请或注册的义务,也不论其是否为商标的一部分”。由此,工业产权的范畴下就同时包括了专利、商标、企业名称。较之于国际公约的体系安排,亦有观点论证企业名称权符合知识产权的制度特征,如专有性、地域性与时间性。〔2〕该种观点经不起推敲,企业名称权并不能完全套入知识产权的典型特征中,如企业名称权的地域性与专利权的地域性并不是同一含义,专有性更是差距甚大。事实上,真正将企业名称与知识产权关联起来的是使用场域。回归社会生活,企业名称、商标、商品装潢等统一在产品之上,共同标识产品的来源,承载着企业的商誉等社会评价,这些元素在使用上具有相通性,在结果上也是“一荣俱荣,一损俱损”。

企业名称权与知识产权的亲缘性在我国直接体现在司法实务操作

〔1〕《保护工业产权巴黎公约》有 1967 年、1979 年、1980 年不同版本,依据 1984 年 11 月 14 日《全国人民代表大会常务委员会关于我国加入〈保护工业产权巴黎公约〉的决定》,我国政府加入的是《保护工业产权巴黎公约》1967 年斯德哥尔摩文本。

〔2〕《法人制度论》一书在肯定企业名称权为财产权之后,更进一步论证其属于工业产权,在某种意义上将工业产权作为财产权的一个分支。企业名称权“不是一般的有形财产,而是无形财产,是工业产权”。参见江平主编:《法人制度论》,中国政法大学出版社 1994 年版,第 190 页。

中,而不在理论论证中。[1] 在最高人民法院颁行的《民事案件案由规定》中,与企业名称相关的有两类案件,即企业名称(商号)合同纠纷、侵害企业名称(商号)权纠纷,两者都属于一级案由“知识产权与竞争纠纷”,特别是企业名称(商号)合同纠纷属于二级案由“知识产权合同纠纷”。虽然最高人民法院也承认该种案由规定并非依照《民法典》编排,但长期以来形成的企业名称相关案件归属于知识产权具有实践上的合理根源,即下文分析的企业名称与商标冲突频发。更为重要的是,在案例研究越发重要的趋势下,法院系统对案件的分类会影响法律部门的边界,甚至会对相应领域的法律话语体系、分析论证方式产生影响,民商法学界对企业名称权的关注度不高不能不说与此相关。

3. 人格权说

面对财产权说与知识产权说强有力的挑战,企业名称权坚持人格权说需从两个方向展开论证。

一是强化企业享有人格权的基础理论。有观点从根本上否定企业名称权的人格属性,即作为非自然人的企业不享有民法意义上的人格权,“人格权和人格利益是基于人身自由和人格尊严产生的权利或者利益,只有自然人能够享有人格权和人格利益,法人享有的是具体的类似于自然人的某些权利,但不是人格权”。[2] 衡诸比较法,《德国基本法》第 19 条第 3 项规定:“基本权利依其性质也可适用法人的,即适用于国内法人机构。”由该条规则,加以法人与自然人之间的必然联系,德国司法对法人享有基本权利持肯定态度,权利射程直至肯定法人主张精神损害赔偿。比较肯定与否定人格权属性的观点,则否定观点的主体区分过于绝对,将人格权维系于自然人特质之上从而否定法人享有之可能,没有关照到自然人与法人之间的联系。不仅是法人,非企业法人与自然人

---

〔1〕 “2017 年 4 月,在上海市浦东新区人民法院公布的 2016 年度知识产权司法保护十佳案例中,更有三例涉及企业名称之不正当竞争纠纷。”参见王永红、吴婧倩:《反不正当竞争法视角下的企业名称保护简析——兼论反法一般条款之适用》,载北大法宝网 2017 年 6 月 1 日,https://pkulaw. com/lawfirmarticles/41351e4a6573ffe7731c8049f0b44152bdfb. html。

〔2〕 李永军:《论民法典中人格权的实证概念》,载《比较法研究》2022 年第 1 期。

其实联系更为紧密,如个人独资企业,企业名称可与投资人发生个人关联,当其名称权被侵犯之际,适用人格权的保护无疑更有力。因此,企业名称权的人格权属性并非完全不成立。

二是内化名称权行使的经济因素。从前文分析可以看出,对企业名称权定性影响最为显著的因素是企业名称与经济利益间的关联,企业名称权的设立与行使多为营利目的。对此,民法采用将人格权商业化利用内化的方法来化解矛盾,如有学者认为人格权的商业化利用仅能以人格权权能之一或者使用方式之一的形式,涵摄于人格权的概念之下,失去了参与人格抑或财产的权利性质之争的资格。[1] 通过扩张人格权内容,建立人格权商业化利用与人格因素间的关联,从而化解了对人格权商业化利用的关注。

当然企业名称权与自然人的人格权商业化利用有所不同,它内嵌于营利性活动,具有日常性、明确的目的性。因此证成企业名称权的人格权属性需要结合上述两种策略,既关注基于法人与自然人的联系而带来的基本权利,又内化经济活动的影响。

总体而言,在私权体系中,企业名称权兼有财产权、人格权、知识产权的特征,这反映出该权利的综合内涵。[2]

三、绝对权

无论将企业名称权定性为财产权、人格权抑或知识产权,这三种权利都属于绝对权,"绝对权的典型是诸如所有权、知识产权之类的支配权,另外还包括人格权和无财产内容的人格性亲属权",[3] 因此将企业名称权界定为绝对权当无疑问。只是将企业名称权与民法上的绝对权

---

〔1〕 参见姚辉:《关于人格权商业化利用的若干问题》,载《法学论坛》2011 年第 6 期。

〔2〕 将企业名称权界定为复合型权利为通说,但由此带来的问题是企业名称权不能有效融入民事体系并借用已经成熟的规则。"通说将其视为一种混合权利,它除了人身权利外也表现出财产权和无形财产权的特征"。参见[德]C. W. 卡纳里斯:《德国商法》,杨继译,法律出版社 2006 年版,第 282 页。

〔3〕 朱庆育:《民法总论》(第 2 版),北京大学出版社 2016 年版,第 512 页。

定义进行比对,该种界定也存在不确定性。绝对权又称对世权,其本质特征在于权利效力及于所有人,对世、对人覆盖了主体与地域,是对不同地区不同主体无差别的权利。而一般认为,企业名称权效力受到限制。依据1991年制定的《企业名称登记管理规定》第6条第1款规定,“企业只准许用一个名称,在登记主管机关辖区内不得与已登记注册的同行业企业名称相同或者近似”。在2020年修订中,该条后半句被删除,但实体内容移至第17条。[1] 在地域上,企业名称权所能覆盖的为登记机关辖区,该权利对于登记机关辖区之外的同行业同商号的名称则无对抗效力。绝对权与相对权的区分对于民法体系意义重大,对于具体权利而言,绝对权的效力则影响深远。企业名称权在绝对权属性上的缺失会带来一系列后果,此留待下文分析。

四、小结

权利定性绝非只是满足智识上追求纯粹的需要,而是具有现实的价值与功用。盖因现代法律体系依赖权利而建构,权利定性后面延展开来整套法律体系的保护与运作。

从不同权利类型皆可部分涵摄企业名称权可以看出,企业名称权属于复合型权利,[2] 它的成立类比于自然人姓名权,但适用的主体却是集合体的企业。企业的营利属性与名称固有的人格属性相结合造成企业名称内部不协调与外部冲突。在企业内部,名称属于设立时必须具备的要素,且对企业运行会产生长远影响,故此企业皆求吉利名称;对于企业而言,经过时间积累的名称具有财产的实质效应,但承载着企业的实体

---

〔1〕 相似的内容亦见于《企业法人登记管理条例》第10条第1款:“企业法人只准使用一个名称。企业法人申请登记注册的名称由登记主管机关核定,经核准登记注册后在规定的范围内享有专用权。”

〔2〕 正因为企业名称权的复合性,所以在判决书、普及型的介绍文章中会出现如下判断:“企业名称权是法律赋予企业的人格权,是企业的无形资产。”参见王赞雄、杨昊:《企业名称权侵权认定与保护制度的思考——湖北红旗电缆企业名称权纠纷案评析》,载《科技与法律》2010年第3期。

声誉。在企业通过连锁方式扩张中,商号的授权使用可以将企业名称的内部张力显现出来。在外部,企业名称冲突表现得更为明显:不同于自然人重名的相安无事,企业重名意味着利益冲突的可能;作为商业标识的一种,企业名称与商标的功能、运用相互交织,企业名称权与商标权的冲突构成了权利冲突的显著类型。

企业名称权定性困惑带来的是一个看似庞大但保护乏力的法律制度。因为企业名称横跨多个法律领域,在实体法中"企业名称"是一个出镜率很高的"明星"。民事法律、市场监管法律、行政法规、司法解释都有专门或涉及企业名称及企业名称权的制度、规则,不同法律部门内部又有不同层级、新旧法律作出的相应规范,与企业名称相关的规范纵横交错组成了复杂的体系。但是复杂体系并未能有效保护企业名称,没有在企业名称与相邻权利之间构筑起清晰高效的保护体系,"各类企业在对自己名称字号的保护和登记机关的登记实践中呈现保护无序或保护无力的状况"。[1] 这种状况无疑是令人不满意的,它迫切需要在制度上寻找合理的解决方案。

更进一步,企业名称权在权利体系中寻找定位的困惑可以对现代法律引以为傲的权利体系提出疑问。现代民事权利经过数百年的发展,学理思考与实践运用相互促进,终于完成了权利的类型化。在现有权利分类中,财产权、人身权、知识产权都属于民事权利的一级分类。依照形式逻辑的要求,不同权利应该归属明确,相互之间界限清晰,即使有交叉也可合理解释并有效处理。企业名称权无法完全归入特定权利类型作为"个案"挑战了该种分类的有效性,迫使理论检视权利分类的社会基础。企业这种组织体的普遍存在是否挑战了以自然人为基本主体的权利架构?

在最深的层面可以追问:以权利为法律基本单元调整主体利益有边界吗?是否有替代性,至少是补充性的调整方式可用于调整主体之间的

---

〔1〕 杨学红:《关于完善企业名称字号保护制度的思考》,载《中国市场监管研究》2017 年第 3 期。

利益？当企业名称权在定性上的困惑被揭示之后，它的保护现状与改进、它对于法律体系的完善价值就成为接踵而至的问题，也是下文依次展开的线索。

第三节　企业（公司）名称权的效力不足

虽然是独立的权利类型，但企业名称权似乎天生处处受限：权利能动性不足；权利状态不完整；在与相邻权利的比较中居于劣后位置；权利享有不稳定。这种状态并不能归因为常见的法律缺失，甚至也不是“法律宜粗不宜细”的结果。企业名称权受到不同层级的法律规范，本书以规定内容为依据，将相应法律法规分为 5 类：（1）权利本体类。从《民法通则》《民法总则》到《民法典》，企业名称权都是独立的权利类型，条文的独立性在增强。（2）相邻权利类。这主要是指《商标法》，为解决商标权与企业名称权的冲突，该法第 58 条对涉及问题作出规范。（3）行为规制类。《反不正当竞争法》规范与企业名称相关的竞争行为。（4）注册登记类。《法人登记管理条例》属于一般性规定，而《企业名称登记管理规定》则属于专项规定，两者下面还有更为具体的行政规定。（5）司法解释。这里最为突出的是最高人民法院作出的《关于审理注册商标、企业名称与在先权利冲突的民事纠纷案件若干问题的规定》。从归纳与列举可以看出，企业名称权的法律规范并不是偏少了，反而可能是偏多了。因此，对于企业名称权的各构成要件进行仔细审视，通过司法判例发现权利实存的状态，这可能比泛泛地提出制度完善建议更为重要。

一、能动性不足

经典权利模式是通过主体的主观意思实现利益的，其中的关键是意思力。“权利指法律规范所授予人的、旨在满足其利益的意思力。”意思力"赋予权利人决定权,为其提供意思决定的空间"。[1] 民事主体的自由主要是通过权利内含的意思力获得实现。为了追求整个社会发展、个人财富的增长,主体需要凭借权利通过意思力积极主动作为,从而实现相应目标,其典型形态就是最为普遍的债权。与主动作为相对,权利的另一面是被侵害之后的求偿。主动行使与被动求偿实为权利的一体两面,两者之间,主动行使无疑居于优势地位,在数量上也更为常态化,并且也是法律设定权利所追求的目标。

企业名称权从所含权能分析也包含了权利的两面性。对《民法典》第1013条、第1014条所列举的名称权权能做出分类,决定、使用、变更、转让、许可他人使用等属于主动作为,而名称被干涉、盗用、假冒后需要进行救济求偿,初始并非权利人意思,从而具有消极属性。由此可见,第1013条是主动作为条款,而第1014条是被动救济条款。第1013条所列举的权能又可细分为两大类:决定、使用、变更属于权利主体的正常行使;转让、许可使用属于权利主体通过民事法律关系与其他主体发生关联,就这两类比较,则后者对于法律体系的意义更大。图3-1为企业名称权权能内部结构。

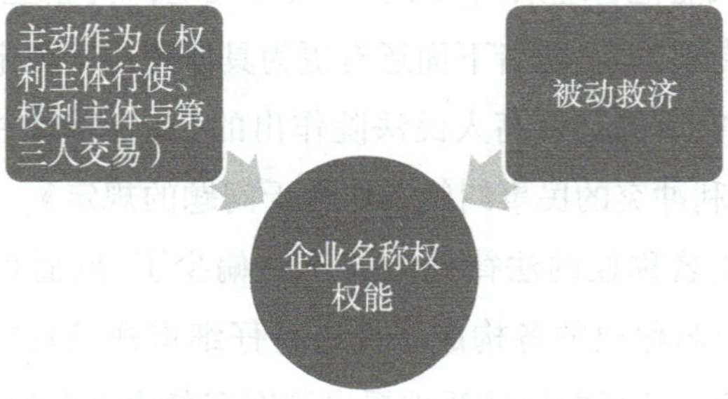

图3-1　企业名称权权能内部结构

依照权利的两面性判断,企业名称权突出的特征在于主体主动作为

---

〔1〕［德］汉斯·布洛克斯、沃尔夫·迪特里希·瓦尔克:《德国民法总论》(第33版),张艳译,中国人民大学出版社2012年版,第373页。

的权能使用较少，而消极防御居多，权利呈现出主动作为的能动性不足。[1] 首先，名称转让受限。企业名称转让本属于企业名称权应有的权能，但在《企业名称登记管理条例》2020 年修订前，我国对于商事名称转让一直持与营业一并转让的立场。此种方式被称为“绝对转让主义”，它提高了名称转让的难度，使得单独的名称转让几乎没有存在的必要与空间。其次，禁止许可使用。作为企业登记机关，原国家工商行政管理总局曾作出批复，“企业不得许可他人使用自己的企业名称，更不得许可他人使用第三方的企业名称或未经核准登记的企业名称”。[2] 当然这种禁止是针对完整意义上的企业名称的，企业名称中字号的许可使用仍存在。但是字号的许可使用多作为许可经营授权的一个部分，与商标、产品等一并许可，字号的意义并不凸显。由此可见，在《民法典》颁行与《企业名称登记管理条例》2020 年修订前，企业名称转让与许可使用处于受限状态，主要原因在于上文所述名称权的人格权属性。[3] 表现在司法案例与学理探讨层面的企业名称权主要是与相邻的商标权冲突，专门就此做出的司法解释说明了这一问题的频率高发与实体难解。

对于企业名称权能动性不足的特点，有学者评论为“名称权即使归入权利阵营，它也只能被贴上弱势权利的标签。它彰显的是一种效力内敛的特征，而不像其他以典型商事权利为代表的权利类型，在效力上表现出强劲的扩张性。这种内敛型的权利，除非受到明显侵害，不得阻止其他权利的行使。……考虑到名称权主要为消极地保护商事利益而创

[1] 有观点认为，名称的正常使用即足以支撑名称权。本书认为，正常使用的名称属于一种利益常态，不足以支撑名称成为权利。人类有很多正常的需求，如穿衣进食，这些正常活动只要不和他人直接关联并冲突，都不足以上升为权利。换言之，权利是一种关系模式中的存在。“人格权不是对人格的权利，只有与他人发生关系才存在。”参见郭明瑞：《关于人格权立法的思考》，载《甘肃政法学院学报》2017 年第 4 期。

[2] 《国家工商行政管理总局关于对企业名称许可使用有关问题的答复》（工商企字〔2002〕第 33 号）。司法实践也持该种观点，参见北京市高级人民法院《关于商标与使用企业名称冲突纠纷案件审理中若干问题的解答》（京高法发〔2002〕357 号）。

[3] 《企业名称登记管理规定》2020 年修订的版本正式生效时间为 2021 年 3 月 1 日，至今北大法宝显示第 19 条关于企业名称转让或者授权他人使用的关联案例数为 2 例。最后检索时间为 2022 年 7 月 7 日。

设,不妨将之定位为内敛型弱势权利”。[1] 对此的合理性解释是人格权多为防御性权利,但考虑到企业名称权所具有的财产权内涵,则企业名称权显然受到较大抑制。

二、权利状态不完整

前文已述及,作为一种绝对权,企业名称权的对抗力不完整,无法覆盖相应法域及全部主体,而只及于登记机关辖区的特定主体。企业名称权的这种限制与登记紧密相联,在权利限制的类型中较为独特。从1991年《企业名称登记管理规定》制定直到2020年修订前,企业名称权的对抗力一直被表述为“在登记主管机关辖区内不得与已登记注册的同行业企业名称相同或者近似”。分解开来,主张名称权的企业需符合三个条件:同一登记主管机关辖区;同行业企业;名称相同或近似。2020年修订的《企业名称登记管理规定》中虽然删除了上述的表述,但从在后名称申请人的角度反向规定了企业名称权的对抗力,该规定第17条规定,在同一企业登记机关,申请人拟定的企业名称中的字号不得与下列同行业或者不使用行业、经营特点表述的企业名称中的字号相同。归纳该规定中企业名称权的对抗力范围,依然是三个条件:同一登记主管机关辖区;同行业企业(如原企业名称不含行业或经营特点,则可对抗所有在后的企业);字号相同。2020年修订前后的制度逻辑相同,依照新规定企业名称权的对抗力集中体现于字号,其效力甚至有所减弱,因为新规定对同行业相似字号不再有排除效力。

企业名称权的这种内在的不完整究竟有何影响?表层影响在于赋予企业名称权较重的行政管理色彩而弱化其民事权利属性,故而有观点认为“企业名称权制度的立法宗旨是为了避免一定区域内企业名称的相同或类同”。[2] 但即使对于行政管理而言,《企业名称登记管理规定》

---

〔1〕 王占明:《企业名称权的法律再定位——兼论企业名称权与商标权的冲突解决》,载《法学》2003年第2期。

〔2〕 陈子龙:《知识产权权利冲突及司法裁量》,载《人民司法》2000年第2期。

(2020)的可操作性也较差。已经享有名称权的企业仅能对同时达成三项条件的对象主张权利，排除对方名称使用的资格，如此高的适用条件带来的是涵摄力弱，大量的现实案例将逸出规则调控范围。此外，《企业名称登记管理规定》(2020)对于不在同一登记主管机关辖区的企业名称不具有适用力，而字号、行业完全相同的企业名称恰恰是最需要做出冲突处理的情形。因此，企业名称权的对抗力较弱，企业依据其合法有效的名称所能排斥的对象相当有限。这在权利冲突的场合具有实质性影响，"排斥权则是为了对于权利妨害行为的排除，权利冲突更多涉及的是权利的排斥力有多大"。[1] 这对下文分析的名称权与商标权冲突有实质性影响。

有观点认为应该区分名称权与名称专用权，"企业名称权和企业名称专用权都是企业的民事权利，但二者的权利内涵和保护方式会有所不同"，[2] 对抗、排斥效力属于名称专用权。本书认为，名称专用权并非规范的法律用语，也不是独立的权利类型，将其作为名称权的内在权能更为合适，名称专用权恰恰是名称权外延呈现缺口的区域。突出名称专用权的有限可以更有效地考察名称权行使的现实环境，基于社会环境的急剧变迁，名称权对抗力所需三个条件的意义在弱化。名称权局限于同一登记机关辖区是基于工业时代的生产场景，同业主体的竞争半径较小。在信息时代，市场主体、产品等信息的传递并无边界与时限，全球范围内的信息搜索成本已接近于零，源自工业时代的名称权因状态不完整，其正当性难以得到证立，故在权利体系中企业名称权被进一步边缘化。

三、权利冲突居次

可以毫不夸张地说，正是因为与商标权广泛而难解的冲突才显示了企业名称权的存在。世界知识产权组织指出，"商号与商标在发挥识别

〔1〕 孔祥俊：《商业标识权利冲突司法处理的逻辑标准与政策标准》，载《清华法学》2007年第2期。

〔2〕 王妍：《企业名称权的性质及法律保护》，载《河北法学》2005年第5期。

功能上具有共同性”,[1]这是两者冲突的现实基础。在表现形态上,我国规定企业名称只能由文字组成,而商标可以由纯文字组成或包含文字,这是两者冲突的技术条件。我国法律并不禁止用企业名称中的字号注册商标,也不禁止用商标中的文字注册企业字号,这是两者冲突的规范环境。由此,企业名称权与商标之间的冲突情形较为复杂:既有将他人商标注册为企业字号,也有将他人字号注册为商标的情形。

《商标法》第七章对注册商标专用权作出规定,其突出特点是全法域的对抗力,有完整的商标权运行规则,包括损害后果的计算。在商标与企业名称的冲突上,《商标法》并非一开始即有处理规则,而是经历了从无到有的发展阶段。最早在商标领域出现相关规则的是 2002 年《最高人民法院关于审理商标民事纠纷案件适用法律若干问题的解释》,该解释将字号与商标的冲突纳入侵犯商标专用权的范畴。2013 年修正的《商标法》中新增了第 58 条,该条为引致条款,对将商标作为字号使用的情形转由《反不正当竞争法》处理,从而实现对商标保护的闭环。此外,《最高人民法院关于审理注册商标、企业名称与在先权利冲突的民事纠纷案件若干问题的规定》第 4 条对企业名称侵犯注册商标专用权作出专门规定。反观企业名称权,虽然在不同法律法规中出现较多,但行政管理性居多,权利限制性的规则居多。比较商标权与企业名称权,有实务工作者认为:“在我国的立法和司法实践中偏重对商标权的保护,却忽视对名称权,特别是对企业名称字号的保护。”[2]

作为商业标识,商标与企业名称冲突不可避免,这在法律上涉及两种权利的比较,这属于权利位阶理论所讨论的主题。权利位阶关注的是权利冲突之际权利之间的效力高低,对此一直存在相反的观点,即权利平等与权利位阶。本处的权利平等并非通常意义上的权利主体平等,而

---

〔1〕 孔祥俊:《商业标识权利冲突司法处理的逻辑标准与政策标准》,载《清华法学》2007 年第 2 期。

〔2〕 杨学红:《关于完善企业名称字号保护制度的思考》,载《中国市场监管研究》2017 年第 3 期。

是指权利与权利之间的平等性;权利位阶则主张权利之间基于价值、体系与运用等形成的权利次序。如果不是在纯粹理论的语境中讨论权利关系,则权利发生冲突并进而形成一定的次序是客观存在并且具有现实的合理性的。就商标权与企业名称权比较而言,商标权无疑处在更为优先的位序。商标权的支配性具有绝对性,较之对抗力受限的名称权,这是最为突出的权利优势,也是决定两者运行、当事人选择的根本原因。有学者将名称权放置于权利位序的最后一层,认为"依据地方性法规获得的或者其效力仅局限于某一个地区范围内的权利,例如,著名商标、商号或者字号等"。[1] 司法裁判人员也有类似的观点。[2] 正因为商标权绝对权属性的完整,因此围绕商标权制定了一系列的保护规则,以商标权为中心点向外构成由使用、许可使用、排除混淆性商业标识等不同的权利运用闭环,而企业名称权更多是作为商标权行使中存在的关联权利,从而形成犹如以太阳为中心的恒星系。

商标权与企业名称权优劣关系最为直观地体现在权利主体的行权之中。例如,在"吴良材"商标及不正当竞争案[3]中,原告为"吴良材"字号与商标的持有人,其字号具有更为久远的历史。据法院认定,"自吴良材本人于1807年将其姓名作为企业字号使用之后,'吴良材'就具有了双重属性,既是自然人的姓名,又是企业的字号。由于'吴良材'作为企业字号的长期使用,其知名度和影响力也随之不断扩大,并于1993年被国内贸易部认定为'中华老字号'",而原告获得"吴良材"商标的时间为1989年。在字号与商标前后如此明确的情况下,原告起诉被告侵犯了商标权并构成不正当竞争,商标与字号在整个案件结构中孰轻孰重一

---

〔1〕 曹新明:《商标抢注之正当性研究——以"樊记"商标抢注为例》,载《法治研究》2011年第9期。

〔2〕 企业名称权是"只在局部区域有效力的标识性知识产权"。参见蔡恒、骆电:《在先权利与商标权冲突的处理》,载《人民司法(应用)》2016年第31期。

〔3〕 参见"吴良材"商标及不正当竞争案[苏州市吴良材眼镜有限责任公司与上海三联(集团)有限公司等商标权侵权及不正当竞争纠纷上诉案],载《最高人民法院公报》2010年第6期。

目了然。又如,在辽宁省沈阳市小土豆餐饮有限公司诉北京东北小土豆餐饮有限公司侵犯商标专用权及不正当竞争纠纷案中,原告依据其在先注册的“小土豆”服务商标认为被告企业名称侵犯商标权,并未依据企业名称权提出相应主张。〔1〕

四、权利享有不稳定

权利享有不稳定是本书针对企业名称权专门归纳的概念。权利是主体所享有的利益,如果权利主体无主观故意侵犯他人的行为,则权利应该保障主体获得相应的利益。换言之,在未与其他主体发生法律关系的情况下,权利主体行使权利基本权能应该受到保护。企业名称权主体自身使用名称,并没有对外许可或转让,这是权利最为“稳态”的存在,但却有可能受到限制。

在四川滕王阁制药有限公司与四川保宁制药有限公司侵犯商标专用权纠纷上诉案〔2〕中,原、被告系同处四川省阆中市的药品生产企业,“保宁”商标于1985年12月注册,原告滕王阁公司于2000年12月取得该商标。保宁公司的前身是四川保宁制药厂,1999年5月改制登记为“四川保宁制药有限公司”。法院并不支持原告起诉的商标侵权,认为保宁公司字号使用不构成对滕王阁公司注册商标专用权的侵犯。但事情并未到此结束,在不构成侵权的情况下,法院仍要求“保宁公司应当恪守诚实信用原则,遵循应有的商业道德,依法正确、谨慎地使用企业名称,维护公平竞争的市场秩序”。对于法院的该项判决不能仅从一般道德宣示的角度理解,而是应该将其理解为某种责任,因为这对权利的行使构成了某种限制。〔3〕 在商标与企业名称的冲突中,法律的功能在于防止混

---

〔1〕 参见姜庶伟:《沈阳“小土豆”状告北京“小土豆”》,载中国新闻网,https://www.chinanews.com.cn/2000-10-24/26/52407.html。

〔2〕 四川省高级人民法院民事判决书,(2009)川民终字第155号。

〔3〕 相应判决还可参见上海张小泉刀剪总店与杭州张小泉集团有限公司关于“张小泉”商标侵权纠纷案,杭州市中级人民法院民事判决书,(2005)杭民三初字第1号;浙江省高级人民法院民事判决书,(2006)浙民三终字第78号。

淆与淡化，而规范使用企业名称其实是一种防止混淆的手段，它与停止使用名称等构成责任序列。对此有法院正确指出，“停止不正当竞争行为的目的是禁止混淆行为的继续发生，如果规范使用企业名称不足以达到禁止混淆行为的目的，法院判决停止使用该企业名称字号符合法律规定，并无不当”〔1〕。

市场环境中的企业名称与其他商业标识同时共存，包括其他主体的企业名称、商标等，权利的共时存在为常态。从被诉企业视角来看，其合法享有企业名称权，并且权利行使虽被法院认定为不构成侵权，却要承担某种责任，这种权利义务的行使规则进一步凸显了企业名称权效力的弱势地位。

五、小结

总结上文的企业名称权，可以将其形象地表示为“一支没有箭头的箭”，作为权利最为关键的排斥力，企业名称权存在缺失，这使得它成为一种偏于防御的被动型权利。企业名称权中相对主动的转让与许可长期受限，这进一步强化了企业名称权的被动型特征。但企业名称权仍属于商业标识之一种，与商标同时存在，冲突不断。与商标权的排斥力相比，企业名称权处于相对的弱势地位。权利主体更愿意借助商标权保护自身利益，这一再为司法案例所证明。企业名称权的“箭头”能否装上，现行制度如何有效调解企业名称权与商标权等权利冲突？这都是实体法必须进一步回答的问题。

企业名称权的效力状态作为权利类型中的个案，显示了权利本身所欲保护的对象与实际可能之间的差距。民法设定企业名称权无疑是意在保护企业名称，其与主体的不可分性与使用中的财产属性，这些都是法律不能回避的保护对象。但置身于真实环境的企业名称权效力并不

---

〔1〕 泊头市新兴管业有限公司、聚联智汇水务科技有限公司侵害商标权纠纷案，河北省高级人民法院民事判决书，(2021)冀知民终 272 号。

彰显,这使得追问权利是否必要并不是多余的问题。

第四节 企业(公司)名称权的保护体系

企业名称权效力不足,但企业名称利益的保护需求却客观存在,在制度形态上,参与企业名称保护的制度类型多样。从我国正在进行的商事登记制度改革到反不正当竞争法,对于企业名称权不断在构建保护模式,本书将围绕企业名称权的保护体系概括为"行政监管+诉讼裁断"模式,不同制度分施不同职能,形成对企业名称的保护合力。

一、企业名称的行政监管

在上文论述企业名称登记时,本书主张登记并未创设出名称权,从而将名称权与行政登记相分离。事实上,与此相对立的观点一直存在,即认为名称权源自行政登记,且该种观点更为主流。理论上将两种观点分别命名为使用制与注册制,在比较法中都有相应的制度范例,如《保护工业产权巴黎公约》属于典型的使用制,企业名称获得保护并不以登记注册为条件。具体到我国,正式制度表述是"企业名称核准制度",[1]核准属于行政许可,因此我国更倾向于注册制。注册制"要求企业名称只有经法定程序注册登记后方可取得,否则不具有法律效力"。[2] 但有几个因素将我国的注册制打开了缺口:首先,作为巴黎公约的成员国,我国其实在一般意义上承认未登记企业名称的存在;其次,长期商业实践中沿用下来的字号等在实践中仍具有生命力,司法判决也多有追溯商号历

---

〔1〕《关于推进企业名称自主申报改革试点工作的通知》(国市监企注〔2018〕1号)。

〔2〕苏志甫:《"企业名称"反不正当竞争法保护的分歧、反思及建议——基于若干不正当竞争司法判例的实证研究》,载《竞争政策研究》2017年第3期。

史的情形;[1]最后,我国《企业名称登记管理规定》将登记获得的权利称为“专用权”,并非完整意义上的企业名称权,名称权则出自《民法通则》。

事实上,本书主张登记行为本身并未创设出企业名称权,不仅基于法理与已有的注册制缺口,也不完全是强调历史使用的客观性,部分原因还在于我国名称登记制度改革所采用的自主申报制。2013 年商事登记制度改革在名称方面的主要举措就是企业名称自主申报改革,2018 年 3 月国家市场监督管理总局发文启动该项改革。[2] 依照浙江省市场监督管理局的规范性文件,[3]“企业名称自主申报登记是指申请人按照名称自主申报规则,通过企业名称自主申报系统对拟定名称进行自主查询、比对、判断、申报,并承担相应法律责任”。在制度表层,该项改革是名称登记流程环节的改革,因此并未引起理论界的较大关注。但其实该项改革是系统工程,不但内容丰富,而且牵涉企业登记整体制度的更新,特别是登记机关与申请人权责的改变,下文略作分析。

企业名称自主申报改革牵一发而动全身,共包含了 5 个方面内容:简化企业名称登记程序;建立名称自主申报系统;加强企业名称登记规范;建立企业名称争议处理机制;加强企业名称事后监管。在上述改革中值得注意的内容有以下几点。

1. 登记机关与企业的权责转变。名称自主申报最为显著的特色是取消名称预核准登记,企业通过系统完成名称申报,这不仅是对技术手段的运用,更是改变了我国一直以来采用的核准制。企业承担主体责任,对于违反禁用、限用或近似等名称选用规则自行承担相关法律责任。

〔1〕 参见郑璇玉、鞠丽雅:《司法实践中“老字号”的裁判考虑——从“义兴张”商标与字号的历史谈起》,载《中华商标》2019 年第 8 期。又如在商标权与名称权冲突中,有学者通过案例研究发现,“虽有明确的时间因素存在,但以历史渊源因素等为依据突破原则,保护在后权利”,参见吴太轩、邱威棋:《论在先登记企业字号构成在先权利的“竞争因素”》,载《商丘师范学院学报》2020 年第 5 期。

〔2〕 参见《关于推进企业名称自主申报改革试点工作的通知》(国市监企注〔2018〕1 号)。

〔3〕 参见《浙江省企业名称自主申报登记管理办法》(浙市监注〔2019〕25 号)第 4 条。

“企业登记机关在企业登记时对名称与其他登记事项一并审查。企业名称应当符合法律法规的相关规定,对不符合规定的企业名称不予登记并说明理由。”[1]为了配合该种主体职责的转变,监管机构规定了详细的名称选用规则,如《浙江省企业名称自主申报登记管理办法》第9~13条分别规定了禁用情形、名称字号相同与近似判断规则,由此将名称选用的责任转至自主申报的企业。

2. 完整的争议处理机制。当名称注册为企业自主行为时,则平等主体都可以对企业名称提出异议,为此需建立企业名称争议处理机制。以浙江省为例,该省将企业名称争议处理作为企业名称自主申报的一个组成部分,制定了《浙江省企业名称争议处理办法》。该办法规定了名称争议行政解决程序,实际上解决的是名称权之间的冲突,“有利害关系的企业认为他人已登记注册企业名称与本企业名称之间相同或近似,使公众产生混淆误认,侵害企业名称权利”。[2]

3. 与司法体系的衔接。当企业名称注册成为申报人自主行为时,相应名称争议的行政处理结果需与司法体系衔接;而司法处理企业名称的相关结果也需要登记机关进行落实。上述内容的改革实际上明晰与强化了登记机关的监管职责,即从事前的审批者转变为事后的监管者。

在理念上,“任何一个企业都有选择、决定自己名称的权利,不因是否登记而对抗。这也是在企业名称登记制度改革试点地区取消企业名称预先核准,实行自主申报改革的原因所在”。[3] 在登记机关方面,本

[1] 《关于做好取消企业名称预先核准行政许可事项衔接工作的通知》第2条第3项在征求意见时,表述为“企业登记机关审查企业名称是否符合法律法规的相关规定,对不符合规定的企业名称不予登记并说明理由。”从正式发文时的改变可以看出监管机构的自身定位,已经不是许可,相应名称选用的责任在企业。

[2] 《浙江省企业名称争议处理办法》(浙市监注〔2019〕29号)第2条。2021年2月国家市场监督管理总局向社会征求意见的《企业名称争议处理暂行办法》第2条规定,企业名称争议,是指企业认为他人自主申报行为违反诚实守信原则,已登记注册的企业名称与本企业名称近似,侵害本企业名称合法权益的情形。较之浙江省的规定,该办法将争议限于名称相似的情形,但仍属于企业名称之间的冲突。

[3] 参见杨学红:《关于完善企业名称字号保护制度的思考》,载《中国市场监管研究》2017年第3期。

次改革实现了登记机关从事前审批者转变为事后监管者。虽然行政法学界对企业名称登记改革的关注度不高,但本书认为这次改革具有重要的意义,为了实现"赋予企业选择名称更大的自主权"[1]而进行了系统的改革,它是我国一直以来实行的企业登记注册制迈向使用制的关键步骤。

对企业名称权,企业名称自主申报改革具有两方面的实质影响:一方面实现了企业自主获得名称权的目标,将名称权与行政程序相分离。在比较法上,名称权与企业登记的分离较为常见,英美法系与大陆法系都有相关立法例。在美国,有学者论述,"事实上,州务卿的批准与获得企业名称权几乎没有关系"。[2] 在日本,"按照日本学者的看法,区、市、町、村一级的司法部门在登记企业名称时,仅考虑企业名称的名称方面,并不考虑企业名称的财产权方面"。[3] 另一方面则是建立有关企业名称权纠纷的行政解决机制。当名称登记机关从赋权机关转变为监管机关之后,其职权就包含了解决名称权冲突,这正是建立行政争议处理机制的内在逻辑。行政解决机制的建立完成了"行政 + 司法"的争议解决体系,形成了前后相联的有机整体,更重要的是,针对名称权纠纷可以同时利用行政机关与司法机关的不同优势,切实减轻司法机关的压力。

二、在先权利

在处理企业名称权与商标权互有可能侵权、混淆的复杂关系中,在先权利是一再被强调的处理原则。本书以企业名称权作为主体,以其他权利、权益对名称权构成侵害作为讨论对象,以分析在先权利。

检索在先权利进入法律的路径,可以发现其主要是围绕商标制度发

---

〔1〕《市场监管总局关于做好取消企业名称预先核准行政许可事项衔接工作的通知(征求意见稿)》。

〔2〕 Richard E. Turley Jr., *Utah's Business Name Statutes: An Open Invitation to Litigation*, 4 Brigham Young University Law Review, 795(1983).

〔3〕 李明德:《中日企业名称保护比较研究》,载北大法宝网,https://www.pkulaw.com/specialtopic/36423c58aeb0b2b99ef69e6922434f40.html,最后访问时间为2023年12月12日。

展起来的。1999 年原国家工商行政管理总局发布的《关于解决商标与企业名称中若干问题的意见》(已失效)第 6 条规定:“处理商标与企业名称的混淆,应当适用维护公平竞争和保护在先合法权利人利益的原则。”这里明确提出了在先权利的优先地位。《商标法》2001 年修订时增加的第 31 条规定,“申请商标注册不得损害他人现有的在先权利,也不得以不正当手段抢先注册他人已经使用并有一定影响的商标”。该条将在先权利引入商标法律之中,成为商标注册的阻碍因素并延续至今。2008 年,最高人民法院发布的《关于审理注册商标、企业名称与在先权利冲突的民事纠纷案件若干问题的规定》(已被修改)将在先权利作为判断侵权的基本准则。理论界对权利冲突之际的在先权利原则给予了很高的地位,“在知识产权领域,保护在先权利原则是处理各种权利冲突最基本的原则”。[1] 司法中也秉持在先权利原则,“人民法院依据诚实信用、保护在先权利、禁止混淆等原则及相关法律规定,裁判原告胜诉的案件占绝大多数”。[2]

在先权利是针对不同权利关系的概念,以商标为例,在先权利“包括当事人在诉争商标申请日之前享有的民事权利或者其他应予保护的合法权益”。[3] 就解决权利冲突而言,坚持在先权利原则的正当性可归纳为:(1)诚实信用。保护在先原则是诚实信用原则在知识产权领域的具体化,因为权利冲突之际在后权利的权利基础一般有所欠缺。所以,在先权利是带有道德属性的原则。[4] (2)易于判断。在先权利原则将权利冲突简化为时间比较,权利的获取时间在知识产权领域一般较为确定,从而使得权利冲突有较为明确的解决结果。因此,以时间作为判断

---

〔1〕 蔡恒、骆电:《在先权利与商标权冲突的处理》,载《人民司法(应用)》2016 年第 31 期。

〔2〕 江苏省高级人民法院民三庭:《依法保护在先权利》,载《人民司法》2005 年第 1 期。

〔3〕 《最高人民法院关于审理商标授权确权行政案件若干问题的规定》第 18 条。

〔4〕 “在此情况下,保护在先权利,符合社会公众普遍的公平理念和价值判断。这就像在公交车站排在前面的乘客先上车的道理一样浅显。”参见广东智美电器股份有限公司等与广州市红日燃具有限公司等侵害商标权及不正当竞争纠纷上诉案,广东省高级人民法院民事判决书,(2019)粤民终 477 号。

标准具有内在的自然正义属性。具体到商标侵犯企业名称权的场合，“原告以他人注册商标使用的文字、图形等侵犯其著作权、外观设计专利权、企业名称权等在先权利为由提起诉讼，符合民事诉讼法第一百一十九条规定的，人民法院应当受理。”[1]

问题是否就此解决了呢，适用单一在先权利原则是否就足以“一刀切”地解决了商标权侵犯企业名称权的问题呢？答案都是否定的。两种权利的属性并不完全等同。企业名称权内带的地域性再一次对在先权利的适用提出疑问。只在特定地域内具有排他性的企业名称权可以排除具有全国适用性的商标权吗？在企业名称受保护的地域范围之外，即使在后取得的商标与在先取得的企业名称相同或近似，也不会被认定为侵权。然而，这种观点实际上是将企业名称权的排斥力范围等同于其权利行使范围，这种理解并不准确。但这一观点却引出了一个现实问题：当当事人以在后注册商标侵犯其在先登记的企业名称权为由提起诉讼时，应如何应对并切实保护在先的合法权益？[2]在真实的环境中，司法裁决并不仅是权利先后的权衡，而是必须对权利的前因后果做出制度安排，这使得标准相对单一的在先权利原则显得力不从心。除了前述原因，在先权利原则还存在以下不足：(1)保护在先权利不一定具有绝对的正当性。如果企业名称属于抢注，并未在现实中使用，则该种在先权利是否成立就不无疑问。(2)权利冲突的预设过于绝对。有学者认为知识产权所保护的实质为信息，不同权利作为信息的不同使用方式具有共存的可能。“知识产权的非竞争性决定了我们可以采取‘和谐共存’的思维对待权利冲突，当知识产权权利冲突可以通过其他方式解决时，我们不应简单地判令在后权利构成侵权。”[3](3)在先性的判断可能存在分歧。

---

〔1〕《最高人民法院关于审理注册商标、企业名称与在先权利冲突的民事纠纷案件若干问题的规定》(2020修正)第1条第1款。

〔2〕参见陈璐旸：《企业名称与商标冲突疑难问题解决路径探讨》，载《电子知识产权》2016年第2期。

〔3〕凌宗亮、谈娅：《知识产权权利冲突解决策略的反思及完善》，载《上海政法学院学报(法治论丛)》2017年第1期。

例如,有观点认为企业名称权成立的时间点为名称预核准时间,[1]姑且不论名称预核准登记已被取消,即使存在数个登记时间点,也应以营业执照核发之日作为名称权获得时间点。(4)法律本身提供了在先原则具体适用的解决方案。例如,在企业名称侵犯商标权的认定中,最高人民法院司法解释规定,“将与他人注册商标相同或者相近似的文字作为企业的字号在相同或者类似商品上突出使用,容易使相关公众产生误认的”。[2] (5)在驰名商标的保护上,法律突破了“权利”的要求。《商标法》第58条规定企业名称可能侵犯商标的对象包括两种,即注册商标与未注册的驰名商标,商标专用权通过注册获得,驰名商标的特殊保护制度其实打破了在先权利的“权利”要素。

虽然学术界对在先权利的概念解释争论较多,但必须明确的是,在先权利并不是一项自足的裁判规则。在解决权利冲突中在先权利可作为一项指导性原则,具体裁判规则仍需要借助侵权责任的衡量。在名称权对商标主张侵权之际,两者都具有权利的外衣,则如何认定呢?这就需要借助《反不正当竞争法》。

三、反不正当竞争法

将企业名称权纳入反不正当竞争法的保护范畴是世界各国的普遍做法,该做法源自名称权保护需求与反不正当竞争立法目的的内在契合。企业名称权所承载的经济价值体现于商业运用中,商标、商品装潢、原产地标志等各种商业标识并存,不同主体的商业标识处于相互竞争的状态,主张权利的企业名称权需要在商业标识的相互竞争中获得比较优势。这就是企业名称权与商标权冲突产生的原因,这种冲突的特点在于双方都具有一定的权利来源,从而使得基于过错的侵权法规则需要进行

---

[1] 参见吴太轩、邱威棋:《论在先登记企业字号构成在先权利的“竞争因素”》,载《商丘师范学院学报》2020年第5期。

[2] 《最高人民法院关于审理商标民事纠纷案件适用法律若干问题的解释》第1条第1项。

适应性改造。反不正当竞争法的制度定位恰恰适合该种领域,该法就是专门调整竞争之中的不正当行为,《反不正当竞争法》第 6 条规范的混淆行为就包含权利的不当行使。反不正当竞争法的调整应秉持商业道德,《反不正当竞争法》第 2 条第 1 款规定,"经营者在生产经营活动中,应当遵循自愿、平等、公平、诚信的原则,遵守法律和商业道德"。在先权利原则坚持诚信原则,正可以通过反不正当竞争法得以具体化。企业名称权本身难以解决的两个问题都可依据反不正当竞争法予以处理,下面展开论述。

1. 名称权间的冲突

前文已论及,企业名称权排斥力以注册登记机关辖区为准,并需满足相应条件。但在现代社会,企业的经营活动范围并不局限于特定区域,还可以通过设立分公司、办事处等方式向不同地区扩张。从交易者的角度而言,搜索寻找企业并不需要依靠交易历史或者口碑声誉,互联网信息技术将统一市场变成现实。因此,不同地区的企业名称之间,特别是作为名称核心组成的字号之间会发生竞争、冲突、混淆,企业名称并不局限于特定区域。企业名称权需要对抗其他区域企业名称的"箭头"由反不正当竞争法提供。

1993 年《反不正当竞争法》第 5 条第 3 项规定,"擅自使用他人的企业名称或者姓名,引人误认为是他人的商品"开启了企业名称权的跨区域保护。在最高人民法院发布的指导案例 30 号"兰建军、杭州小拇指汽车维修科技股份有限公司诉天津市小拇指汽车维修服务有限公司等侵害商标权及不正当竞争纠纷案"中,其中一项指控就是被告名称使用侵权。法院在认定是否构成擅自使用他人企业名称的不正当竞争行为时,综合考虑了以下因素:杭州小拇指公司的企业字号是否具有一定的市场知名度;天津小拇指公司登记使用"小拇指"字号是否具有主观上的恶意;天津小拇指公司使用"小拇指"字号是否足以造成市场混淆。由此可见,名称权冲突构成不正当竞争需同时包含主客观要件。该规定在《反不正当竞争法》2017 年修订时被扩充:被定性为混淆行为;吸收了司法裁判经验,企业名称包括简称、字号;在结果上扩大到"引人误认为是他人商品或者与他人存在特定联系"。[1] 不同区域的企业名称处于竞争环境中从而具有相互侵犯的可能,法律对此设定相应规则,实现了更具有针对性的保护。并非所有的企业名称皆能依照反不正当竞争法获得保护,法律的用词为"有一定影响",即该企业在市场中已积累了商誉,他人使用相同或相似字号将引起混淆。[2] 结果上的"引人误认"具有开放性,需要结合具体情况作出判断。[3] 因此,基于反不正当竞争法对企业名称权的保护与基于企业名称权而实施的保护对象不相同,侵权的构成要件也不相同。

2. 商标侵犯企业名称权

企业名称权与商标权相互竞争,互有侵犯可能,本书专门讨论企业名称权被商标所侵犯的情形,其法律依据与上一种情况相同,都是依据《反不正当竞争法》第6条第2项的规定。依照法律条文,构成混淆行为的要件有二:擅自使用他人有一定影响的企业名称(包括简称、字号等);引人误认为是他人商品或者与他人存在特定联系,即行为要件与结果要件。至于行为人的主观过错,条文并未提及,学理认为虽然过错并不是法定构成要件,但在认定侵权成立时过错具有重要参考价值。[4] 具体到司法实践中,在分析、判断商标权是否侵犯企业名称权时,法院采用的是"复合因素审查","考虑诸如地域因素、行业因素、实际使用、是否具有

---

〔1〕 相应案例参见潘志江、刘博文:《恶意攀附有一定影响的企业名称构成不正当竞争》,载《人民司法》2020年第29期。

〔2〕 相应案例参见曹世海、刘娟娟:《对不具区分功能的企业字号不应作为企业名称保护》,载《人民司法(案例)》2016年第8期。事实上,该文章标题有误,企业字号当然应该作为企业名称受到保护,准确表述是"不应受到反不正当竞争法保护"。只是因为企业名称权本身的保护力度偏弱,基本依靠反不正当竞争法保护,所以才有本标题。

〔3〕 例如,山东省高级人民法院民事判决书,(2020)鲁民终2134号。法院比较两家公司的字号,"济宁儒家风尚公司与山东儒风公司同处济宁地区,经营范围基本相同,且基于双方之间的合作关系,济宁儒家风尚公司明知'儒风''儒风地产'系山东儒风公司的企业字号和企业简称及其较高的市场知名度。"

〔4〕 参见王文敏:《反不正当竞争法中过错的地位及适用》,载《法律科学》2021年第2期。

'搭便车'行为、名称或标识本身的显著性、是否具有混淆可能性、主观恶意等因素"。[1] 对此当然可以认为标准不统一,但造成此种状况的原因在于条件本身的开放性,即"引人误认"的认定。就此而言,该种复合因素反而是反不正当竞争法保护企业名称权的优势所在。[2]

综合企业名称权适用反不正当竞争法的两种具体情形,其获得了超越注册登记地的效力,可以在先权利的地位对抗在后的商标权等商业标识。但是该种保护的获得超越了企业名称权主体与相对人两者之间的关系,并被放置在商业竞争环境下考量公众的利益。"这不仅在空间上要求发生纠纷的客体(商品)存在地域交叉,也要求作为第三人的相关公众应当'在场'(个别情况下'不在场')。"[3]

作为民法所规定的权利类型,民法当然也提供企业名称被盗用、假冒时的法律保护,并构成保护体系的一部分。限于篇幅,本书对该种典型的侵权行为不展开论述。[4]

四、小结

从上述不同保护途径可以看出,企业名称权的保护体系具有综合性,并且体系构成还处于完善与形塑的过程中。权利本体来源的民事法律所发挥的作用并不彰显,相应案例较少,争议性小,重要性不突出。民

---

〔1〕 参见吴太轩、邱威棋:《论在先登记企业字号构成在先权利的"竞争因素"》,载《商丘师范学院学报》2020年第5期。在红日案中,二审法院归纳的构成要件包括:广州红日公司主张智美公司等侵害其"红日"知名字号,构成不正当竞争,应满足以下要件:(1)广州红日公司的"红日"字号具有一定影响;(2)被诉行为使用的标识与广州红日公司的"红日"字号相同或近似,容易引发相关公众混淆;(3)被诉行为未经广州红日公司许可,具有攀附恶意或不正当性。

〔2〕 例如,在南翔案中,对于争议的"南翔"字号,法院认为"实际涉及双方对与'南翔'有关的经营标记是否有使用的权利,以及在均有使用权利的情况下如何划分界限的争议。对此,需要综合历史、现状、公平等因素加以评析"。参见上海知识产权法院民事判决书,(2021)沪73民终444号。

〔3〕 刘继峰:《反不正当竞争法中"一定影响"的语义澄清与意义验证》,载《中国法学》2020年第4期。

〔4〕 相应案例参见武汉市洪山区人民法院民事判决书,(2019)鄂1081民初726号;广州市白云区人民法院民事判决书,(2020)粤0111民初17666号。

事法律对权利的正常运行似乎影响不大，最为困扰企业名称权的是权利冲突问题，而民法在解决这些问题时似乎能提供的支持较少。由诚信原则导出的在先权利原则，构成了处理权利冲突的基本原则，并借助反不正当竞争法形成了相应的保护制度，从而补上了企业名称权自身排斥力的缺口。

企业名称登记正在发生深刻变化，自主申报制度并不仅仅是对登记流程的改变，还是对整体登记制度的建设，并由此带来了企业名称权脱离注册制的结果。登记机关的职责更侧重于事中、事后的监管与纠纷解决，这一改革当然是值得肯定的，企业名称权与登记发生分离，各方的权责更为清晰。此外，登记制度通过改革，与司法形成了有效的权责配合，各自发挥自身优势，形成制度合力，较之委诸一端，这是更为理想的保护体系。

囿于权利本身的属性，企业名称权的“箭头”在反不正当竞争法中得以完成。但是反不正当竞争法并不是一般性、普适性地赋予企业名称对抗力，而是借助于个案中的因素考量，在名称权与名称权、商标权的对抗中，赋予其相应的效力，构筑保护体系。实质上，适用反不正当竞争法是在竞争环境中对应受保护权益的衡量的结果。对于企业名称权、商标权在反不正当竞争法中获得保护的条件、与侵权法的关系讨论甚多，从权利行使的稳定性来说，反不正当竞争法对企业名称权的保护似乎是不太令人满意的，但这可能是企业名称权所能获得保护的最佳方式。

第五节　信息时代企业（公司）名称权保护的法理启示

作为一种独立的权利形态，企业名称权似乎没有尽到责任，但是作为市场经济中的复合型权利，其具有类型价值。通过企业名称权可以反思现代法治赖以建构的权利范式是否具有改进的可能。

1. 企业名称权效力不足的必然性

对于上文所列示的企业名称权的效力不足，凡是基于权利论权利的思路，自然会产生补足、完善企业名称权的建议，甚至建议专门的名称权立法。权利的完善及专门立法似乎具有普适性，并且可以针对不同的权利形态。从权利的不足到权利立法貌似达成了权利的保护，形成了逻辑的自足，但更多只是具有形式意义。立法的实施效力是经常被考量的因素，但其实立法在技术上的可能反而常常被忽略。

企业名称权的效力不足具有内在必然性，不能经由立法修补。原因在于，企业名称权的不足内嵌于权利本体，构成了权利不可分离的部分，最为典型的是权利状态不完整。企业名称权的对抗效力是否可以超越登记机关辖区，在法律实施范围内获得绝对的对抗效力？显然不能，企业名称的核心是字号，构成字号的汉字及其组合非常有限。相对于我国近5000万家企业〔1〕，如果企业字号获得全国范围的对抗力，则同名、相似字号在相同行业都不允许存在，这将造成企业命名的不可能。即使只有登记机关辖区内的排斥力，字号资源的紧张已是显著现象，并推动登记制度不断进行改革。因此，将企业名称一般的排斥力限制于登记机关辖区是一种资源约束下的制度选择。企业名称权与商标权相比的劣后性、权利状态的不稳定亦源自企业名称权仅具有区域排斥力。企业名称权的能动性不足源自其人格权的内在属性。“在我国，人格权虽被冠以权利之名，但普遍存在的观点却认为，人格权并非权利，而仅为消极性的法律利益。”〔2〕虽然去除了自然人人格权的伦理属性，但人格权的消极基因仍根植于企业名称权，如权利的不易计价、不易转让等。

企业名称权的效力不足引入了反不正当竞争法的保护，构筑了企业名称的二元保护机制。企业名称权作为民事权利的保护机制，主要体现于名称权被侵犯；企业名称依照反不正当竞争法所获得的保护，主要体现于名称权对外的对抗效力。司法实践中已对两者做出较为清楚的区

---

〔1〕 参见鲁元珍：《支持市场主体发展 增强经济发展活力》，载《光明日报》2022年1月28日，第10版。

〔2〕 刘召成：《民事权利的双重属性：人格权权利地位的法理证成》，载《政治与法律》2016年第3期。

分,如在红日案中,法院明确表示“反不正当竞争法保护的有一定影响的企业名称(字号)权益不能简单地等同于《企业名称登记管理规定》的企业名称专用权。前者以有一定影响为要件,后者并不需要;后者只能禁止其登记主管机关辖区内同行企业的相同或近似名称,前者的禁用权并无此限制”。重要的是在分类上,该二元机制严格意义上并不是同一种下不同的属,即其实两者并不是基于同一标准区分而成的平行类型。企业名称权的民法保护是典型的权利保护模式,而名称权益的反不正当竞争法保护则是一种行为规制模式。对此,有学者在考察了我国对企业名称保护的司法沿革之后,做出归纳:“对于私利益的保护,主要是通过两种途径,一是行为规制,包括个别的行为规制即侵权行为制度和类型化的行为规制(最为典型的是反不正当竞争法);二是权利化,直接赋予私利益的主体以私法上的权利,将一定的利益直接配置给特定的主体,最为典型的便是物权制度。”[1]权利化与行为规制的区别涉及法律制度重心的转移,具有普遍意义。

2. 权利、权利化与现代世界

权利同时具有价值属性与规范属性。在价值层面,以权利本位为特征的法律伴随着现代社会的形成而形成,两者甚至是一体两面的关系。在规范层面,权利成为法律的基本构成,特别是在私法领域。主体享有权利并依据权利而行事,或者主张权利的实现,或者主张权利被侵害的补偿,国家是权利的最终保障者与实现者。但是,从人类法律的发展史来看,“权利”一词及相应的含义与制度价值却是新生事物。作为民法之源的罗马法并没有权利的制度性安排,甚至是否有现代意义上的权利一词都存在争议。“在罗马法体系中,没有‘主观权利’概念存在的确切依据。”[2]我国学者的考证也是如此,认为权利与近代世界相关联,“权利

---

〔1〕 李友根:《论企业名称的竞争法保护——最高人民法院第29号指导案例研究》,载《中国法学》2015年第4期。

〔2〕 [法]米歇尔·维莱:《主观权利理论与罗马法体系》,巢志雄译,载《苏州大学学报(法学版)》2021年第2期。

的概念是人类社会发展到特定历史阶段的产物,它的出现与个人主义观念的兴起紧密相关"。[1] 启蒙运动对自然人的唤醒在法律上的表征就是人作为权利主体的确立,并赋予其体系性的权利,具有正当化的利益,诸如人身、财产、知识都被设定为权利,现代民法的大厦由此巍峨耸立。权利当然也扩及个人与政府的关系之中,如治理参与、诉讼等。演化至今日,权利的概念、功能已经极为泛化,成为基础性概念,产生了界定上的困难,张文显教授就将权利学说归纳为资格说、主张说、自由说、利益说、法力说、可能说、规范说和选择说 8 种。[2] 事实上,对权利的界定还不断有新的学说出现。其实,强调权利概念的历史阶段性并不在于挑战权利的价值属性,而只是准备从规范角度对权利的不同定位进行讨论。更兼之,本书并非法理学专论,而是从部门法学的立场提供观察权利学说的视角。

现代社会一个可以获得承认的趋势是,将主体的利益赋予权利成为普遍的思维模式,这可称为权利化。权利化成就了现代以权利为单位的法律大厦,而权利正当性的不可置疑进一步强化了各种利益获得权利身份的动力,正是利益的权利化过程消弭了权利来源的自然法与实体法争论。[3] 现代社会发展所产生的利益正不断提出权利化的要求。在我国《民法典》制定过程中,人格利益是否应该规定为人格权就是争议激烈的论题。王利明教授主张,"我国民法典应当设置独立的人格权编,在《民法总则》的基础上,进一步完善人格权的类型,增加规定个人信息权等权利,细化各项具体人格权的内容,并对人格权的行使规则、利用规则、限

[1] 方新军:《权利概念的历史》,载《法学研究》2007 年第 4 期。杨代雄认为,"古罗马的法学中不存在私权一般理论,权利在古罗马法学家的思维中尚未占据主导地位,他们只是偶尔使用这个词语,充其量只能说他们已经拥有私权意识与私权制度……古典私权一般理论诞生于 18 世纪末 19 世纪初的德国"。参见杨代雄:《古典私权一般理论及其对民法体系构造的影响》,北京大学出版社 2009 年版,第 1 页。

[2] 参见张文显:《法哲学范畴研究》,中国政法大学出版社 2001 年版,第 300 ~309 页。

[3] 关于权利源于何处,在法理学上一直有自然法与实在法的争论。本书认为,权利化的过程起于自然法,但使用了实在法的路径,两者是内在统一的。相关争论参见何志鹏:《权利基本理论:反思与构建》,北京大学出版社 2012 年版,第 54 ~96 页。

制规则以及权利冲突规则等作出规定”。[1] 这即属于典型的权利化路径,人格权编通过立法得以实现。但并非所有人格利益都完成了权利化,《民法典》制定前个人对信息的利益是否构成权利被广泛讨论,民法学者多认为应该设定“个人信息权”,[2]但《民法典》并未明确使用“个人信息权”的表述。随着科技发展与人的主体性拓展,越来越多利益正在“权利化”的道路上,如安宁利益、人体基因利益、环境人格利益。司法实践中亦面临形形色色的“权利”保障需求,有学者将此称为权利的“通货膨胀”。[3]

面对权利化诉求,法律体系的应对之策有两种:一是力图构建从利益到权利的模型。例如,有学者认为,“既然为主观权利,则应符合权利构造的一般原理,如客体确定、具有积极权能等”,[4]依此标准则足以成为人格权的类型相当有限。也有观点依照权利生成的路径,认为应该经过“个案裁判—司法解释—法律规定”三个阶段称为权利,[5]该种模式的实质在于司法中法官的自由裁量。二是通过位阶理论解决权利位置。利益权利化不可避免的后果就是权利增多以及相互之间的冲突,这本身也构成利益权利化的障碍。权利位阶解决的是不同权利之间是否有高下之分?对此一般认为权利位阶客观存在,“权利位阶是法律世界的客观现象,反映了权利效力间的高低、强弱或者价值上的轻重关系”。[6]但实际上,权利位阶论更为关键的构成是如何确定不同权利的大小,对此并无成熟的排序,“权利的位阶秩序并没有整体的确定性,不可能形成

---

〔1〕 王利明:《人格权:从消极保护到积极确权》,载《甘肃社会科学》2018 年第 1 期。

〔2〕 程啸:《论大数据时代的个人数据权利》,载《中国社会科学》2018 年第 3 期;杨立新:《个人信息:法益抑或民事权利——对〈民法总则〉第 111 条规定的“个人信息”之解读》,载《法学论坛》2018 年第 1 期;吕炳斌:《个人信息权作为民事权利之证成:以知识产权为参照》,载《中国法学》2019 年第 4 期。

〔3〕 参见方新军:《一项权利如何成为可能?——以隐私权的演进为中心》,载《法学评论》2017 年第 6 期。

〔4〕 韩强:《人格权确认与构造的法律依据》,载《中国法学》2015 年第 3 期。

〔5〕 参见王庆廷:《新兴权利渐进入法的路径探析》,载《法商研究》2018 年第 1 期。

〔6〕 张平华:《权利位阶论——关于权利冲突化解机制的初步探讨》,载《法律科学(西北政法学院学报)》2007 年第 6 期。

像'化学元素表'那样先在的图谱……需就个案进行具体的价值衡量"。[1] 从上述两条路径来看,面对日益纷繁的权利化诉求,无论是走上权利化的道路还是在权利体系内部的排序,其实都依赖于司法实践中的权衡、判断,这是不易觉察,但其实非常重要的一点。至少说明,权利化路径并不是终局性的。

3. 权利化的困难与出路

正当利益转化为立法中的权利,强化权利与法律之间的关联,企业名称权就是该种方式的典型产物。而企业名称权在法律体系中的弱势地位、进退失据上文已有揭示,应该反思的一般性问题为权利化路径,这恰恰是本书认为法理须认真对待的问题。

法律,不仅内容,包括其规范社会的方式,都应与社会基本面相适应。权利本位与现代工业社会共同崛起,两者具有内在的一致性。在价值上,权利通过赋予主体意志力,从而实现对人的尊崇;在功能上,权利明确利益的归属与利用,界定权益边界。但是,后工业时代,甚至是信息社会的运行环境有了根本改变,这对于权利及建基于其上的权利本位构成挑战。

无论学者如何对社会转型进行分类,信息时代都是公认的一次社会大转型。[2] 从权利的角度观察信息社会所带来的变化,开放性、风险性是其显著的特征。工业革命已经打破了农业时代的社群封闭,信息时代更进一步扩大了社会的开放性。一方面,信息传递更为便捷,突破时空的成本几乎可以忽略不计。企业名称如果以前更多只是在产品辐射范围内有影响力,这使得限制其效力具有现实基础,现在则是可能被全世界检索与知晓。由此,北京的公司才会因字号侵权起诉黑龙江的餐厅,[3] 镇江

---

〔1〕 林来梵、张卓明:《论权利冲突中的权利位阶——规范法学视角下的透析》,载《浙江大学学报(人文社会科学版)》2003 年第 6 期。

〔2〕 参见李尧远:《正在进行的"工业革命":次第与主题之辩》,载《读书》2018 年第 3 期。

〔3〕 参见《省法院发布 2013 年度全省知识产权诉讼十大典型案例》,载黑龙江法院网 2014 年 4 月 28 日,http://www.hljcourt.gov.cn/public/detail.php? id=3959。

的制药企业认为吉林企业的字号相似也会产生混淆。[1] 另一方面，信息社会将人、物本身数字化、信息化，“由于远程具现之类技术的进步，我们正在逐渐脱离我们的肉体并变得无处不在”。[2] 同时，信息代替实物成为重要的交易对象。元宇宙更是规划了一个与现实世界平行的网络存在。社会学家吉登斯用了一个词形容这种社会变迁——“脱域”，“社会关系从彼此互动的地域性关联中，从通过对不确定的时间的无限穿越而被重构的关联中‘脱离出来’”。[3] 当权利本身被界定为一种法律关系时[4]，信息技术对时空的突破从而带来关系的解构无疑影响深远，“地方性”的企业名称权在信息时代的无所适用是一个例子，但其实更多的权利正处于脱域之中，如最为典型的民事权利——债权，电子合同的制度需求也大不相同。贝克的风险社会虽然是针对工业社会的界定，但其所强调的风险的泛在，即所有主体皆面临风险的无差别存在在信息社会更为明显，并且风险类型更多且更难以识别，“在事物、时间、空间方面根本不相关的各种条件之间，有着不可见的因果关系”。[5] 信息时代的开放性和风险性与权利的属性构成了内在冲突。权利是主体间利益的界定与归属，但网络社会模糊时空界限从而将主体空间性无限放大，信息检索与网络操作的匿名、便利也带来新的风险，如当下热议的网络暴力其实讨论的是对他人生命权、名誉权的侵害。

从权利本身考察，权利化也面临着不确定性。回到权利的起点，利益是主体与客体之间关联的表现，是客体对于主体的一种正向的价值属

---

〔1〕 参见镇江唐老一正斋药业有限公司诉吉林一正药业集团有限公司、一正集团吉林省医药科技实业有限公司、江苏大德生药房连锁有限公司、江苏大德生药房连锁有限公司镇江新概念药房不正当竞争纠纷案，载《最高人民法院公报》2011年第12期。

〔2〕 [美]休伯特·L. 德雷福斯：《论因特网》，喻向午、陈硕译，河南大学出版社2016年版，第63页。

〔3〕 参见[英]安东尼·吉登斯：《现代性的后果》，田禾译，译林出版社2011年版，第18页。

〔4〕 “权利的本质是一种法律关系”。参见王涌：《私权的分析与建构：民法的分析法学基础》，北京大学出版社2020年版，第121页。

〔5〕 [德]汉斯·约阿斯、沃尔夫冈·克诺伯：《社会理论二十讲》，郑作彧译，上海人民出版社2021年版，第414页。

性。随着科学技术的发展,源自主体或者与主体相关的客体种类在不断增加,如数据、基因、信息产品、环境、人格构成等。新型客体与传统客体具有明显区别,传统客体一般处于主体的支配之下或者本身与主体不可分离,而新型客体与主体的距离在变长。一方面技术将原认为并无关联的主客体建立了联系,如环境、基因;另一方面主客体间的关系链条加长,有第三方主体的实质性参与建构,从而使得权利的构成更为复杂。典型的如个人信息,虽然数据源是个体,但数据的收集整理多由公共机构与商业公司完成,即使主张个人信息权也必然走向"超越个体权利思维的局限"。[1] 此外,快速变化的现代社会与新兴利益沉淀形成稳定权利存在内在冲突。权利的形成需要时间,权利的各要素需要在实践中进行打磨,而产生合适的案例并经由司法与学理的提炼更需要时间,在这方面隐私权提供了较好的个案。说到底,权利在法律上的成立须具有社会共识,"从本质上看,'权利'存在于社会共识之中,即只有人们就权利是否存在形成一致肯定意见,权利才能存在"。[2] 就此而言,对存在于特定领域,并且高度依赖技术或相应外部条件的利益诉求是否应权利化不无疑问。

权利化的困难还与现代社会的组织体相关。从产生之日,民事权利一直以自然人为预设主体,人身权自不待言,财产权也同样如此。权利的结构、行使与救济都围绕自然人展开,而这些内容一旦适用于组织就会产生违和感,如法人财产权、[3]法定代表人越权担保的效力、法人的精神损害赔偿。"团体现象直接冲击了传统私法上的私法人、私人财产权以及合同制度。"[4]本书认为,组织与权利的内在张力分为两个阶段,即

---

〔1〕 张珺:《个人信息保护:超越个体权利思维的局限》,载《大连理工大学学报(社会科学版)》2021 年第 1 期。

〔2〕 [美]詹姆斯·S. 科尔曼:《社会理论的基础》(上),邓方译,社会科学文献出版社 1999 年版,第 65 页。

〔3〕 "法人财产权"曾在 20 世纪 90 年代的法学界引起经久不息的讨论,权利的定性、内容各种观点纷呈。参见吴宣恭:《论法人财产权》,载《中国社会科学》1995 年第 2 期。

〔4〕 叶林:《私法权利的转型——一个团体法视角的观察》,载《法学家》2010 年第 4 期。

工业化阶段与信息时代。工业阶段产生了大量组织体,大型公司主宰了商业世界。组织被认为是目的性的理性产物,是个体意志的集合,巴纳德给组织的定义是“一种人与人之间有意识、经过协商和有目的的协作”。[1] 组织区分了个人与组织两个层级。从权利角度而言,个人意志汇集成组织意志,组织责任与个人分解往往都是法学上的难题。信息时代情况虽有转变但问题依旧。一般认为,信息时代趋向个体化,组织处于解构过程之中。虽然该判断成立,但问题的复杂性在于,个体并未退回农业时代的孤立状态,而保持着与组织若即若离的关系。平台公司是信息时代组织的典型代表,个体虽然回归但已经无法离开组织。这使得权利体系中源自个人与组织关系的劳动权利处于调整升级状态。此外,信息时代组织的形式更为多样灵活,组织强度降低、边界更为模糊,但涉及的人员规模却可能更大,如有限合伙、各类资管计划。

企业名称权是自然人权利嫁接于组织的典型,正受到信息时代开放性所带来的挑战。面对现代社会大量利益的权利化诉求,主要依靠行为规制方是应对之道。权利化与行为规制作为不同的规制手段,在本书讨论企业名称权中已经得到展示。权利保护的优点在于明确,主体可依据权利者身份行事,有助于主体人格的完善。但优点的反面就是缺陷,本为定分止争的权利在一个开放动态的世界中可能力有不逮,而权利体系的扩张也必然有止步的边界。主张行为规制模式的部分原因在于借助权利完成主体塑造的任务已基本完成。虽然人之权利的完善没有止境,但必须承认,从文艺复兴以来人只能作为目的已成公认,争议的问题多集中于如何实现人的权利。换言之,权利的价值使命已大部分达成,行为规制模式可以更好完成新阶段的使命。事实上,行为规制如同暗流涌动,在法律发展中已运行多时。昂格尔在论述法治的解体时,指出了两个趋势:“在立法、行政及审判中,迅速地扩张使用无固定内容的标准和

---

〔1〕[美]W. 理查德·斯科特、杰拉尔德·F. 戴维斯:《组织理论——理性、自然与开放系统的视角》,高俊山译,中国人民大学出版社 2011 年版,第 31 页。

一般性的条款”;“从关注形式公正向关心程序或实质公正转变”。[1] 我国《民法典》制定过程中的法典化与去法典化之争,民法内容安排上的一般条款与具体制度的设计显示了昂格尔判断的准确,一般条款与实质公正更多倾向的是行为规制。当然,行为规制需要更多的法律资源,企业名称的反不正当竞争法保护依靠司法进行个案的权衡与判断,妥当性结果的获取对司法人员的要求更高。但这是一种无法避免的成本,上文论述应对权利化诉求的两条路径最终都依靠于司法人员的判断与裁决。权衡而言,面对权利扩张后的权利冲突及司法压力行为规制更加直接有效。归根结底,行为规制模式是否成立的关键在于司法质量。我国经过改革开放以来的法治建设,司法队伍已经过专业化阶段,负责任的司法管理体系与法律方法的裁决运用两者结合保障了结果公正性。此外,本身作为信息时代的构成,大数据、信息共享、案例监督等也参与建构行为规制。

4. 企业(公司)名称保护的法理启示

在权利体系中,企业名称权并不是新成员。衡诸自然人姓名权,在企业法人已成为市场主要主体的现代社会,该权利具有自然法意义上的正当性,这是该权利在我国民事立法中地位岿然不动的原因。但价值上的必然并没有转化成行使中的顺畅,企业名称权在现实法治中的遭遇不断拷问其是否为完整意义上的权利。在实然与应然之间的巨大落差既不是因为其不重要,事实上企业对名称非常重视,也不是因为它甚少发生纠纷,名称权与商标权之间的争议已为法理上的显著议题;根本原因在于其自身基因的某种不足,在注册登记与商业环境的内在张力中,企业名称权以对抗力受限为条件获得权利地位,这是该权利一切问题的渊薮。把世界拉平的互联网拆除了地域间的樊篱,这在放大企业名称权效力不足的同时还放大了其与其他权利冲突的概率。

相对于古典时代,权利是与现代世界共同出现与成长的价值表达与

---

〔1〕 参见[美]R. M. 昂格尔:《现代社会中的法律》,吴玉章、周汉华译,译林出版社 2001 年版,第 187 页。

制度工具,伴随现代化成就的是权利体系的建立,其典型代表是德国潘德克吞体系。借由权利表达,人成为真正意义上的主体,并以权利作为基本构成要素建构出涵盖营利与非营利的生活场域,从而权利化亦成为利益诉求的当然路径。时至今日,面对不断涌现的新兴利益,权利化仍作为论证主题,新兴权利体系不断发展壮大。权利化作为价值诉求虽然居功甚伟,但作为制度最终仍需回归到利益分配的现实。这恰恰是权利化的"软肋",权利类型的不断膨胀不可避免导致权利冲突的增多。更加严肃的考验在于,工业时代的权利模式是否可无差别运用于信息时代,这至少是权利价值属性之外值得认真考虑的问题。企业名称权的非完满状态展示了权利运用的重要性,或者说权利设置的非终局性。

其实,面对利益保护诉求,行为规制模式应该得到应有的重视。正如世界存在代表性的法系,如果说大陆法系的典型特征是权利世界,则判例更具有行为规制的特征,进而言之,现代各国法律多兼有传统两大法系的特征。企业名称权更多依赖反不正当竞争法获得保护,突破了权利本身的局限性,体现了行为规制的长处。只是,行为规制并非一种简单的方法,在企业名称权场合的运用需要司法人员在具体情境中进行利益衡量与比对,侧重于在个案中实现利益分配的妥当性。行为规制对司法人员的素质、司法解释学、案件处理流程,包括案件信息的公开都提出了相对高的要求,而这正是我国法治建设已逐步满足的条件。

就企业名称保护从权利向行为规制的转变所获得的法理意蕴是一般性的,它意味着信息时代将带来法律规制模式的转换。但权利思维依然是普遍的思维模式,只是越来越多的观点针对信息时代的客体与命题采用了新的规制方式,如对新兴利益——数据保护直接主张采用行为规制,[1]更有观点主张传统权利向行为规制转变。[2] 在公司外显型诸要

〔1〕 参见刘志鸿:《企业公开数据法律保护范式选择——从赋权论的证成到否定》,载《中国流通经济》2022年第6期。

〔2〕 参见丁文杰:《论著作权法的范式转换:从"权利"到"行为规制"》,载《中外法学》2022年第1期。

件中,企业名称经由民事权利获得了独立的法律地位,较之于地位暧昧不清的住所、法定代表人,可以说企业名称获得了最好的法律待遇。但信息时代给一切都带来了改变。对于公司外显型四要件而论,消解所带来的法律应对各不相同,名称保护的行为规制并不能平移到注册资本、法定代表人与住所,但共同之处是信息技术前置到规则设计,技术要求与法律规则的边界在模糊,而经由信息公示构建信用体系也是制度的系统应对。

第四章　公司住所的功能分析与应对[1]

公司住所的消解，本书已于第二章对相关制度进行了分析，展示了“坚硬”的公司住所处于消解过程之中。在公司世界中，住所是一项基础性制度，横跨多个部门法，包括民商法、经济法、行政法。即使在司法实践中，住所也可扮演重要的考量角色，如在判断公司人格混同中，住所重合往往成为重要支撑。更不用说在离岸公司、海外上市、国际私法等场合对住所的依赖。与传统住所制度的波澜不惊不同，信息社会给公司住所带来了明显影响，网络空间已然成为与实体空间平行的存在，其间市场主体熙熙攘攘。于此情形下，住所如何确定，有何意义，则成为不可回避的问题。本部分将从住所扮演的制度功能角色切入，进一步详细展示实践中公司住所正在发生的显著变迁，并分析变革的原因，评估其对制度的冲击，以求得对公司住所相对清晰的认识，探索制度变革的可能进路。

---

〔1〕 本章主要内容以《公司住所的功能、挑战与制度应对》为名发表于《北方法学》2022 年第 2 期。

第一节 公司住所功能概论

公司住所属于公司制度中的边缘地带,不但体量小而且理论含金量似乎也不高,甚少吸引研究者的关注。这与它在实践中受到的重视颇不相称。对于实体公司而言,住所的意义十分重大,选择合适的住所是公司重大的决策,与经济利益甚至公司发展息息相关。一些热门公司的住所亦成为新闻关注的焦点,甚至是各地政府关注与争取的对象。例如,小米造车究竟设立在哪个城市就曾引发持续关注,[1]小米总裁称"落地地点是一个复杂问题"。[2]

对于法人——公司而言,"住所"属于借鉴自然人制度的概念。自然人的居住是基于基本的生理活动,而公司住所的设定更多是基于法律拟制和管理的需要。这种借鉴具有语言发生学上的便利性,但毕竟不是专属于公司的制度,因此其概念天然具有一定的模糊性。"居住之所在"是自然人一个可以客观判断的地点,对于公司可能就有多种解释可能。对此常见的反驳是,公司位于何处仍是客观事实。其实不然,在判断标准上,可以侧重于事实标准,即公司究竟位于何处;也可以侧重于登记标准,即公司在何处进行登记。[3] 对我国涉及住所的各项制度分析,事实标准与登记标准的区分与取舍一直是困扰制度制定与实施的问题,一般而言,登记标准为通用。这一方面是因为事实标准具有不确定性,需要个案裁断;更重要的是,公司位于何处并不总是可直观判断的,尤其是公司具有多个运营场地时更不易判断。明确公司住所在词源上的不确定性是讨论公司住所的起点,也是各项制度比较分析的基础。

---

〔1〕 参见周菊:《小米造车的属地之争》,载《经济观察报》2021 年 8 月 9 日,第 25 版。

〔2〕 《小米总裁回应造车进展:落地地点是一个复杂问题》,载百度网 2021 年 8 月 26 日,https://baijiahao.baidu.com/s?id=1709122235798458488&wfr=spider&for=pc。

〔3〕 其实对于流动的自然人也存在这个问题,并因此带来制度上的相应需求。

从功能角度分析公司住所是较为方便的角度，也一直为学界所采用。功能角度是从公司住所发挥的作用入手，考察公司住所制度。法人属于公司的上位概念，对于法人住所的功能界定可视为总括性观点。《民法典》第63条系关于法人住所的规定，其功能被解释为"对于确定法人主要办事机构所在地和诉讼管辖地、破产清算地等具有重要意义。此外，法人住所地的确定也可以在涉外法律关系上，决定准据法的适用"。[1] 在商法领域，公司住所的意义被归纳为4点：据以确认诉讼管辖及司法文书的送达；[2]据以确认登记、税收及其他管理关系；据以确认合同的履行地；据以确认准据法。[3] 郭富青教授对企业住所的功能概括与此类似。[4] 上述观点概括了公司住所的一般功能，但存在不足。最为明显的是，论述采用的是列举方式，将住所较为常用的场域展示出来，而这必定是不全面的，更为关键的是没有对住所功能进行概括与类型化。在《公司法》中，住所最初出现的场合是公司设立，它是支撑公司人格得以成立的要件。一家公司不能没有住所，公司可以将上述列举的各功能通过协议、委托等方式通过间接方式实现，如它可以委托商务秘书来接受文书、办理业务，但它仍需要具有住所。住所，就如同转移了所有权能后仍被权利主体所持有的所有权一般，超越于这种列举式的功能之上。

为了尽可能掌握公司住所的功能全貌，还原住所作为一项制度的地位，需要本于实体法的规定，将相应观点建立在实体法的规定之上。用"住所"全文检索北大法宝法律法规，共得到法律139部，行政法规256

---

〔1〕 黄薇主编：《中华人民共和国民法典释义》（上），法律出版社2020年版，第118～119页。

〔2〕 事实上，住所消解的直观表现就是司法执行中的送达难。《法制日报》报道中，"因'当事人不好找''送达花费时间过长'等原因造成的'送达难'，却是影响审判质效提升的一大羁绊"。参见徐伟伦：《"一站式"集约送达中心破解"送达难"》，载《法治日报》2022年7月28日，第5版。

〔3〕 参见施天涛：《商法学》（第5版），法律出版社2018年版，第131页。赵旭东教授对公司住所的意义归纳与此相似，参见赵旭东主编：《商法学》（第3版），高等教育出版社2015年版，第90页。

〔4〕 参见郭富青：《我国企业住所制度及改革的法理检讨与前瞻性构想》，载《上海政法学院学报（法治论丛）》2020年第2期。

部,部门规章6993项。[1] 虽然这里包含了已经修订更替的重复法律法规,但“住所”在整个法律体系中的普遍存在是不争的事实。对法律法规的内容做初步的分析,可以发现不同法律法规中的作为制度元素的“住所”汇集成了一项制度,且“住所”具有以下功能:

1. 实体功能。住所源自自然人的居住,本就是指“稳定的连续的居住”。[2] 公司住所在法律中的含义也包括地点与场所的意思,并发挥着其作为地理位置与物理空间的本来功能,如文书送达的地点、公司将财务会计报告置备供股东查阅的场所。

2. 管理功能。易于被忽视的是住所在行政管理上的功能,但这恰恰才是今日住所功能最为显著之处。囿于公私法的区隔,在论及住所功能时多只是提及登记、税收与诉讼管辖,并未深入我国行政区划的实际,从而凸显出住所的意义。

3. 人格功能。作为住所最为本质的功能就是“主体性要素”,“是企业法人格塑造的必要构成要件”,[3] 这一功能突出体现在各类型主体成立时都以住所为要件。前述住所的实体功能与管理功能体现了住所形而下的一面,但其主体功能具有形而上的抽象意义。

上述住所的三项功能呈现出逐渐抽象的趋势:住所的实体功能直观可见,管理功能与相应制度密切关联,而主体功能则存在于观念层面。三项功能形成完整的结构,不但支撑了住所制度,而且是整个法律体系的有机组成部分,绝非可有可无的小制度。这种功能体系的住所制度是在工业时代形成的,面临着时代的挑战。住所的功能类型化并非满足于对已有法律文本的解读与归纳,而是基于如下目的:一是系统梳理住所的制度内容。前文已述及,对于住所的系统研究较为缺失,从制度层面勾勒出住所具有必要性。二是发现住所不同规定之间的矛盾与不协调。

---

〔1〕 法律法规数据库为北大法宝法律法规,http://www.pkulaw.cn/,查阅时间为2021年8月27日。

〔2〕 李永军:《民法总论》,中国政法大学出版社2008年版,第97页。

〔3〕 参见郭富青:《我国企业住所制度及改革的法理检讨与前瞻性构想》,载《上海政法学院学报(法治论丛)》2020年第2期。

住所发挥如此广泛的功能,其内部却具有规定的不一致、实施的不统一等不足。三是探讨住所各项功能在当下所面临的挑战。这才是本书系统化住所功能最为重要的目的。最近 40 年改革开放与信息时代的叠加,给我国带来了深刻的变迁,公司住所亦不例外,三项职能的作用领域、作用方式都经历了或正在经历变动,这是我国法律建设所需要认真思考与应对的。

第二节　住所实体功能的新发展

住所的实体功能最为显性,属于对"住所"的文义解释。我国法律法规中使用住所该种功能的不在少数。《公司登记管理条例》(已失效)第 12 条规定,"公司的住所是公司主要办事机构所在地"。该处的住所显然是实体意义上的地点。对此有观点认为,"法学上通常将住所定义为'一个人生活关系之中心所处的地方或者其空间上之重点所处的地方'。这个'地方'不是指建筑物,而是指该建筑物的坐落处所"。[1] 该种观点区分了地点与建筑物,但理解上并不完整。从法律对住所的定义判断,法律上作为实体的住所既包括地理意义上的位置,也包括物理意义上的建筑。地理意义的住所诸如送达的地址、登记注册的门牌号码,较为常见;但物理意义上的住所也确实存在,如上市公司公布相应法律文本就应当位于建筑物内;又如下文要讨论的住宅是否可以作为住所登记,权衡的也是房屋的使用属性。既有地理位置含义又有物理房屋属性的住所因此具有了广泛的外延,并在多个法律部门得以适用,这是导致住所概念与适用含混不清的原因之一。实体意义上的住所面临确认的难题,主要办事机构所在地、注册登记地、经营场所等究竟以何者为准,本书对此不展开辨析,而仅是揭示作为法律概念的"住所"具有丰富的理论内

---

〔1〕 陈耆贵:《"住所地",还是"住所"》,载《人民司法(应用)》2010 年第 3 期。

涵。问题是理论上严整的住所在我国遇到了挑战,物理意义上的住所面临属性之争,而地理意义上的住所更是有虚拟化趋势。

民商分立在我国贯彻最好的应该是城市土地与房屋领域,我国城市土地从规划阶段开始就区分为经营性用途与生活性用途,两者泾渭分明。不同性质土地上的房屋建成之日即在相应领域发挥作用,或作为工业、商业用房,或作为住宅用房。公司作为典型的营利性主体,住所自然是工商业用房,以区隔于住宅小区。在 2013 年商事登记制度改革中,为了促进大众创业,降低商事登记门槛,住宅是否可以登记为住所?该问题前文第二章有简单揭示,本处做一详细分析。对此,从《物权法》(已失效)到《民法典》采用的都是有限许可的立场。《物权法》第 77 条规定,业主将住宅改变为经营性用房的,除遵守法律、法规以及管理规约外,应当经有利害关系的业主同意。如果检视《民法典》立法前各省关于"住改商"的地方规章,可以发现有 4 种模式:(1)对将住宅登记为住所的作出原则性规定。例如,湖北省规定,城乡居(村)民住宅可以用作从事"安全、环保、不扰民"行业市场主体的住所(经营场所)。但即使如此,仍需要提交居(村)民委员会、业主委员会或利害关系人出具的同意使用的书面意见。(2)对将住宅登记为住所的作出正面规定。江西省提出有条件地允许住宅登记为住所,列举了"电子商务、设计策划、文化创意、软件开发和信息服务、翻译服务等"不存在安全生产隐患、污染环境、影响居民正常生活秩序和身体健康、生命财产安全的市场主体,允许其将住宅登记为住所,并且办理工商登记时免于提交业主委员会或居民委员会出具的相关证明材料。(3)对将住宅登记为住所的作出负面规定。广西壮族自治区采用该种做法,规定了两个不得:不得违反小区管理规约;不得从事存在安全隐患和消防隐患、产生声光污染和油烟污染以及影响小区生活环境、治安管理的生产经营活动。此外应经有利害关系的业主同意。(4)对将住宅登记为住所的作出负面列举。江苏省的做法是对"住用商"实行禁止类行业清单管理。可以看出各地都有突破"住改商"的内在冲动,只是采取的措施各有不同。

《民法典》采用了更为严格的规定,将“有利害关系的业主同意”修改为“有利害关系的业主一致同意”。“一致同意”实质上将“有利害关系的业主”这种临时性团体界定为合伙,增加了房屋改变性质的难度。对此,学理解释一般为:营业活动干扰了住宅区域环境,并带来安全隐患。《民法典》与各省的具体规定间的内在逻辑是一致的,即比较权衡住宅改为商事用途之后,商事利益与相关住宅业主的权利,并未进行“一刀切”式的允许或禁止。从公司住所的角度判断两种规制模式,《民法典》不但规定较为模糊,如“有利害关系的业主”的界定,而且在要件上也过于严格。特别是,《民法典》似乎并未深入商事场景之中,而将住所、营业场所、店铺等概念混为一谈。现有制度对于房屋属性的变更采开放立场,未来的制度可对住宅的商业运用作出更细致的规定,如从维护住宅业主相邻权的角度作出规定。

地理意义上的住所面对的是互联网时代的到来。网络消解了时间与空间的固有含义,将大量商事合同的缔结迁移至网上。这促使大量网上商事主体与超级交易平台的诞生。电商既有传统商事主体借助于网络展开经营,也有越来越多自始便采用网络经营的主体。对于前者,住所依靠已有的登记制度;但对于纯粹网络经营的电商,我国曾争论是否要求其进行注册。[1]《电子商务法》第10条规定,电子商务经营者应当依法办理市场主体登记。住所的要求内置在注册登记的事项之中。即使如此,标识地理位置的住所与虚拟的网络空间仍显得格格不入。较之网址,住所地址不受重视。网络时代的地址几乎都是网址,而与实际地址相联的住所往往被忽视。《电子商务法》第15条要求电子商务经营者应当在其首页显著位置持续公示营业执照信息,但该条规定几乎被经营者、平台、监管者共同忽视。经营者较少如法律所要求的在网页上显示

[1] 参见赵旭东:《电子商务主体注册登记之辩》,载《清华法学》2017年第4期。

营业执照信息，对此在涉及网络销售的诉讼中消费者多有提及。[1] 消费者起诉案例涉及各大平台，可见平台对公示营业执照显然也执行不积极。市场监管机构在多地所做出的市场监管领域首次轻微违法行为不予行政处罚事项清单中，违反《电子商务法》第 15 条的行为多列举其中。[2] 这种对于公示营业执照的态度其实反映出营业执照所载事项与网络交易的“代沟”，基于互联网的交易与工业时代营业执照所载信息关联度在降低。

住所本来是定位主体的地理信息，但是在虚拟的网络世界中，现实的地理信息或者没有意义，或者给予重视反而会带来结果上的不公平。例如，住所公认的功能之一就是确定纠纷管辖地，我国民事诉讼法表述为“原告就被告”。但这一彰显住所基本功能的原则在网络交易中被推翻，因为网络交易纠纷的原告往往是消费者，依照固有规则，起诉商家应到对方住所法院，其不经济、不合理、不公平显而易见。对于此类案件，世界通行的规则为“消费者住所地管辖规则”，2015 年最高人民法院颁布《关于适用〈中华人民共和国民事诉讼法〉的解释》（已被修改）第 20 条规定：“以信息网络方式订立的买卖合同，通过信息网络交付标的的，以买受人住所地为合同履行地；通过其他方式交付标的的，收货地为合同履行地……”虽然这一规定不够彻底，但向消费者住所地转变的趋势却非常明显。[3]

住所的实体功能与地理、物理因素相关联，具有坚固的内核，但在时代的冲击前都面临着变革的压力。民事主体泛商化投射到现实之中就是房屋的民事用途与商事用途难以完全区分，公司住所向住宅的扩张亦在所难免，法律制度应在此前提下进行规则设计，将住宅商用纳

---

〔1〕 参见湖南省长沙市中级人民法院民事判决书，(2019)湘 01 民终 10932 号；浙江省杭州市中级人民法院民事判决书，(2020)浙 01 民终 4289 号；广东省深圳市中级人民法院民事判决书，(2019)粤 03 民初 4320 号。

〔2〕 例如，山东省、福州市、长春市、成都市、武汉市等。

〔3〕 参见刘学在、郑涛：《网购纠纷诉讼中的消费者住所地管辖规则》，载《理论探索》2015 年第 5 期。

入合适的轨道，而不是一禁了之。互联网消解了地理信息的意义，却迫使合同履行、纠纷解决的属地向消费者转移，这可以合理解释电子商务中商家登记信息普遍不受重视。即使如此，仍需坚持住所的实体功能，这是住所的坚实基础与制度改革的出发点，而不应成为否定住所的理由。

第三节　住所的管理功能与挑战

在民商法分析范式下，住所发挥的管理功能较易被忽视，因为行政管理以住所为连接点展开，这一般被认为属于行政法领域。但正是对住所管理功能的忽视直接影响了该制度在民商法体系，甚至整个法律体系中的地位。因为公司住所在行政法规中广泛存在，从上文列举的相应行政法规与部门规章的数量就可见一斑，并且这种连接反转对于实体运行具有重要影响。

住所与行政管理最为密切的关联体现在税收管辖权上，各级政府对其辖区内的公司享有税收征缴权限。企业设立登记之际办理税务登记就采用属地管辖，税务登记与注册登记为同一层级的行政机构，这一管理模式延续到各税种的缴纳与日常的税务管理中。《企业所得税法》第50 条第 1 款规定："除税收法律、行政法规另有规定外，居民企业以企业登记注册地为纳税地点；但登记注册地在境外的，以实际管理机构所在地为纳税地点。"依照《企业所得税法实施条例》第 124 条的规定，企业登记注册地是指企业依照国家有关规定登记注册的住所地。因此，在税收缴纳中，企业住所决定了税收管辖权。《增值税暂行条例》第 22 条规定，固定业户应当向其机构所在地的主管税务机关申报纳税。税收登记与企业注册登记联动的另一个后果就是登记机关的层级制。长期规制公司登记的《公司登记管理条例》对公司登记依据机构层级作出了明确规定,并将登记机关的层级投射到公司之上。[1] 该种制度模式即使在《市场主体登记管理条例》中依然得以延续,该条例第5条规定,“国务院市场监督管理部门主管全国市场主体登记管理工作。县级以上地方人民政府市场监督管理部门主管本辖区市场主体登记管理工作,加强统筹指导和监督管理”。由国家市场监督管理总局制定的《市场主体登记管理条例实施细则》基于实施的要求进一步明确了该种分层登记,[2] 事实上延续了原有的做法。

我国税收体制20世纪90年代开始分税制改革,中央与省级、省内部各层级都实施税收分成,但在分成比例相对固定的前提下,税收总量的增大对于各地肯定是有利的。而当税收的征缴与公司住所息息相关之时,住所的重要性就凸显出来。其实对于地方政府而言,住所的意义还不局限于税收,公司住所一般联动公司办公场所、生产场所,与房地产、就业、公共建设等整体关联,一家大公司的落户就可以显著拉动地方整体的发展水平。以杭州市为例,该地政府推行绩效考核,“根据本行政区域的发展目标和绩效责任单位履行的职责设定绩效目标,实施日常监控,并对目标的完成情况和实际效果进行综合考核评价,以达到绩效不断提升的全过程管理”。[3] 将公司住所置于“住所—税收征管—地方财政收入—地方经济社会发展—地方绩效考核”该行政链条的考量之下,就不难解释为何地方各级政府对公司住所的重视。

公司住所对于地方政府的意义决定了政府利用各项权能吸引企业,造成了我国特定类型公司扎堆的现象。例如,为了鼓励创新创业,有限合伙企业作为股权投资机构大量注册于天津滨海新区、深圳前海新区。霍尔果斯影视公司扎堆的现象是公司与地方关联最好的个案。霍尔果斯经济开发区于2010年设立,实行特殊经济优惠政策,由此吸引了大量

[1] 参见《公司登记管理条例》(已失效)第2章。

[2] 参见《市场主体登记管理条例实施细则》第3条、第4条。

[3] 参见《杭州市绩效管理条例》(杭州市第十二届人民代表大会常务委员会公告第57号)。

的公司前来设立,尤其是影视类公司。但2018年开始政策调整,其中举措之一就是将住所做实,“公司法人、财务必须要去当地进行拍照,实名认证,必须要有实地办公地点,且一个地址只允许一家公司存在,而且要有办公设备、办公人员,以及有工作人员在当地缴纳社保”。〔1〕由此开始,大量影视公司注销。而随着海南开发的进展,影视公司又大量注册于该地,形成新的公司聚集现象。住所与税收等优惠犹如公司这种“飞禽”的两翼,从一个地点迁往另一个地点,住所与优惠相互关联,相互影响。

在我国治理体系之下,公司住所承载的管理功能非常明显,且处于不断演化之中。本书以两种企业形态为例,进一步揭示公司住所的管理功能。

一是总部经济。从2007年开始,各地纷纷出台支持总部经济的规范性文件,〔2〕“总部经济政策一般包含认定方式、奖励措施、配套政策与服务三项内容”。〔3〕总部经济一时蔚然成风。以深圳市为例,总部经济的实质就是“发挥深圳地理位置、市场体系、营商环境、国际营销网络等方面的优势,以大珠三角、泛珠三角地区为重点,在加快推进重点领域区域合作的基础上,积极引进国内外大型企业来深设立总部或地区总部”。〔4〕为支持企业总部落户,深圳市设立总部经济发展资金专项、拓宽企业融资渠道、实施积极的土地支持政策等多项企业最为需要的政策。站在商法立场上需要追问的是,何为总部经济?这个不见于《公司法》与商法经典教科书的企业究竟是什么?仍以深圳市为例,《深圳市总

〔1〕张智:《影视公司扎堆海南,明星的又一个避税天堂?新政策对“霍尔果斯第二”说不》,载百度网2021年6月4日,https://baijiahao.baidu.com/s?id=1701602659748797116&wfr=spider&for=pc。

〔2〕在北大法宝“法律法规”数据库以“总部经济”进行检索,可以获得地方规范性文件136项,地方工作文件47项,两者的内容基本都是某地支持发展总部经济。检索时间为2021年8月30日。

〔3〕张海霞、吴小丽、王泽芬:《粤港澳大湾区城市总部经济政策分析》,载《特区经济》2021年第2期。

〔4〕《深圳市人民政府关于加快总部经济发展的若干意见》(深府〔2008〕1号)。

部企业认定办法(试行)》(已失效)[1]第5条规定,申请总部企业认定的企业,应具备以下基本条件:(1)注册地在深圳的企业法人;(2)符合深圳市产业发展政策;(3)营业收入中来自下属企业的比例不低于30%;(4)本市外下属企业不少于3个。住所的联系是第一位的,产业与辐射能力等为在此之后的要求。也有研究者指出,总部经济使"企业组织结构出现了一些新的特征——企业总部与加工制造基地在空间上实现分离,即企业总部向中心城市聚集、加工制造基地则向成本较低的区域集中"。[2] 以公司法的视角而言,总部经济是企业集团的现代版。

二是飞地企业。与总部经济将特定企业吸引至本行政辖区相较,飞地企业正好相反,将企业或其组成设立于注册地之外。[3] 飞地企业是飞地经济的产物,飞地经济也是我国近年支持的发展模式之一。2017年,国家发展和改革委员会等八部委发布《关于支持"飞地经济"发展的指导意见》,对该模式作了原则性规定。以浙江省第一个跨行政区建设的"创新飞地"——衢州海创园为例,企业地理位置在杭州,但注册地可在衢州,企业享有两地的企业运行优惠。"杭州纽顿科技公司总经理冯某,'85后',原来是杭州一家三甲医院的脑外科医生,带领生物医学团队入驻衢州海创园,将公司注册地放在衢州。"[4]这属于完整意义上的飞地企业,也有部分意义上的飞地企业,企业将研发中心、试验场所等放置于

[1]《深圳市总部企业认定办法(试行)》(深府办〔2008〕95号)。

[2] 周先品:《论总部经济的涵义与发展总部经济的条件》,载《现代商贸工业》2011年第16期。

[3] 目前,各地的飞地做法存在不同模式,且仍处于探索阶段。但相当部分地方将飞地作为招商引资的一种利益平衡机制:引入的项目无法在本地落地,便转介到他地,两地通过合作分享经济利益。本书认为,这种模式不属于飞地企业的典型范畴,而只是应对各地招商引资任务的一种做法。

[4] 董吕平:《杭州未来科技城里为什么有个衢州海创园?》,载杭州网2018年6月13日,https://hznews.hangzhou.com.cn/jingji/content/2018-06/13/content_7018951.htm。

中心城市,而生产基地等在飞出地。[1] 从公司法的角度来看,飞地企业属于在注册地之外另设经营场所,依照企业登记注册的规定,这需要办理分公司登记。但这些公司注册登记的问题并未见于有关飞地企业的探讨。从中央到地方文件讨论较多的是"地区生产总值、工业总产值、固定资产投资额、进出口额、外商投资额等经济指标"的计算与不同地区之间的分配。学者归纳出"解决'飞地'税收分成和 GDP 统计等问题,是'飞地'建设的关键性因素"。[2] 从飞地企业的建设历程来看,与公司住所再一次紧密关联的不是企业登记注册规则,而是属地税收与经济社会发展指标。

公司住所管理功能也体现在特定类型公司管理的归属中,如金融类公司、医疗类公司、涉及高度危险作业的公司。现代政府履行市场监管职能,而这一职能必须分解至各级政府完成,所依据的标准也是住所。经常被提及的依据住所确定纠纷的管辖法院其实也属于这一类型,只是它涉及的是司法权限的配置。

公司住所与属地管辖的税收紧密关联,更进而与我国各级政府的经济建设指标相关,由此确立了其于行政体系受到的重视远高于其在商法理论中的地位。但颇为意外的是,行政管理体系并不纠结于商法中的住所、营业场所、分公司等区隔要素,而是从经济利益的实质入手确立公司住所;商事法律对行政管理中与住所的关联因素,如税收、社保缴纳等并不关注,至于新近发展的总部经济、飞地企业更缺乏兴趣。两者相安无

---

〔1〕"浙江人才大厦先导区块已入驻来自 9 个山区县的 11 家创新型人才企业;衢州海创园入驻企业达 59 家,涵盖衢州市全部 6 个山区县;杭州丽水数字大厦累计引进企业 80 家,覆盖丽水市所辖全部 9 个山区县"。曾福泉、唐骏垚:《高能引擎助山区"起飞"——山区 26 县"科创飞地"密集落户杭州城西科创大走廊》,载《浙江日报》2021 年 8 月 30 日,第 1 版。

〔2〕包海波、谢芳:《"飞地经济"助力长三角深度融合》,载浙江新闻网 2019 年 12 月 25 日,https://zjnews.zjol.com.cn/zjnews/zjxw/201912/t20191225_11509832.shtml。又如,"目前,长三角大部分飞出地均要求企业在飞出地注册公司,税也缴纳在飞出地。这在很多人看来,很容易被认为是外地借'飞地'来大城市'招商挖墙脚'"。宋彬彬、竺佳:《小乡镇跑到大都市建飞地 长三角科创朋友圈越来越大》,载新浪网,https://news.sina.com.cn/zx/gj/2024-02-20/doc-inaismae6959356.shtml。

事，从而导致住所功能的认识弱化。

第四节　人格功能与挑战

住所的本质功能是塑造公司人格。公司是典型法人，具有法律上的独立性，而该种独立性的来源之一就是公司具有住所。“当今世界，多数国家奉行成立要件主义，未经登记不得成立商事主体。”[1]在进行登记之际，住所为法定的要件之一，《公司法》第32条规定的公司登记事项包含了住所。不仅商法人，农民专业合作社(《农民专业合作社法》第16条)、社会团体(《社会团体登记管理条例》第10条)等都规定了设立登记的住所要件。相较于出资、管理机构等设立要件，住所是公司人格的外显型要件，是交易相对人可以从外部识别的主体要素。郭富青教授指出“住所是企业法人格塑造的必要构成要件”，强调了住所在要件中的“必要”性，这对住所是非常恰当的定位。[2]

法人是抽象概念，但这并不意味着法人是没有实体基础的，恰恰相反，法人是基于社会实存上的一种法律构造。有学者认为组织的人格有三个要素，即行为机关、责任体、身份条件，“名称与住所即构成人格化组织的身份条件”。[3] 从发展历程分析，法人源起于工业时代，对于各类社会组织与工商业合作体，法律对这些组织体赋予主体资格。而这些实存的社会组织体无一没有现实所在，也就是抽象为住所的法人条件。与住所相对存在的主体是流动摊贩，同样作为经营活动的主体，因为流动摊贩处于一种不确定状态，字号、住所等作为商法人的外显型要件缺乏，

〔1〕 赵旭东：《电子商务主体注册登记之辩》，载《清华法学》2017年第4期。

〔2〕 参见郭富青：《我国企业住所制度及改革的法理检讨与前瞻性构想》，载《上海政法学院学报(法治论丛)》2020年第2期。

〔3〕 冯珏：《法人概念论》，法律出版社2021年版，第145页。

故而其在各国都处于身份认定的模糊地带。[1] 我国《市场主体登记管理条例》并未将流动摊贩列入市场主体的范围，而是授权省一级政府作出相应的规定。

判断住所对公司人格的功能，更直观的是从否定方面入手，对此本书第一章对公司人格否认制度进行了分析。具体到住所在人格混同中的功能，最高人民法院在一则判决书中指出，“财产混同是公司人格混同的重要考察因素，依据《中华人民共和国公司法》第三条第一款规定，公司独立财产是公司独立承担责任的物质保证，也是公司独立人格的集中体现，财产混同外在表征主要有公司经营场所、主要办公场所以及财务等方面的混同，其本质则是财产混同情形违背了公司财产与股东财产相分离、公司资本维持和公司资本不变的基本原则，严重影响公司对外清偿债务的物质基础”。[2] 可见在判断混同时，住所、经营场所等扮演了重要角色，在排序上甚至于财务之前，这主要在于住所、经营场所的判断较为直观，在证据上也易于获取。

虽然住所在判断公司人格否认中扮演了重要角色，但不足之处在于司法多将住所作为公司的财产要素，这使得住所对公司的人格功能需要做出论证。人格与财产是民法展开其内容的两条线索，两者各自包含着庞大的内容，似乎平行且无交集。但人格与财产具有内在的关联，对于公司尤为如此。尹田教授考察，“无论公司、社会团体或者各种基金会，其法律人格与其广义财产无不存在内在联系。凡有法律人格，便必然有一广义财产；凡有广义财产，则必然有一法律人格”。[3] 自然人历经启蒙运动，将人格建立于绝对价值之上，而法人人格却有待证成。在法人内部，通过法人机构形成独立的意思是人格的实质条件，但作为独立的主体，法人需要向相对人承担民事责任，这不是仅有内部意思就可以的。

---

〔1〕 我国2020年对于城市流动摊贩的管理模式发生了变动，但囿于该种经营模式，无法授予其主体身份。

〔2〕 最高人民法院民事判决书，(2020)最高法民终1084号。

〔3〕 尹田：《无财产即无人格——法国民法上广义财产理论的现代启示》，载《法学家》2004年第2期。

公司资本三原则即奠基于该经济关系之中。虽然现代公司法逐步废除了对注册资本的要求,但在现实逻辑中,资本、资产皆无的公司有效开展运营依然难以完成。这就是公司设立条件中,既有组织性要件,也有财产性要件的原因。因此,对于住所而言,即使一般将其归入财产的范畴,但并不妨碍在抽象的意义上其作为人格的要件。

在法人格否认的语境中,住所与人格相联系的实质基础在于其实体功能,即住所的物理与地理属性,这在前文已有详细阐述。面对网络社会住所的诸种发展,如电子商务经营者带来住所的虚拟化,其人格功能面临重新建构的任务。2013 年商事登记制度改革推出"一址多照"等系列改革,这进一步挑战了住所与主体的关联性,从而间接影响到住所的人格功能。在 2015 年国务院文件中,开始较多出现住所改革的举措,"支持各地结合实际放宽新注册企业场所登记条件限制,推动'一址多照'、集群注册等住所登记改革,分行业、分业态释放住所资源"。[1] 一个地址可为多家公司用于住所登记,将公司与住所间长期存在的一一对应打破,住所本身虚拟化。集群注册更是将住所登记与商事服务联系起来,将大量企业集中于特定地点,属于"一址多照"的商业化转化。[2] 由此可以看出,时代发展对住所的冲击,必将影响到住所最为根本的功能——人格功能,这需要理论解释与制度应对。

---

〔1〕《国务院关于进一步做好新形势下就业创业工作的意见》(国发〔2015〕23 号)。类似表述见于《国务院关于大力推进大众创业万众创新若干政策措施的意见》(国发〔2015〕32 号)、《国务院办公厅关于支持农民工等人员返乡创业的意见》(国办发〔2015〕47 号)、《国务院办公厅关于推进线上线下互动加快商贸流通创新发展转型升级的意见》(国办发〔2015〕72 号)。

〔2〕如在 2021 年较为热门的星地通事件中,有两家企业注册地址就是同一地址。"宁波鸿孜与宁波星地通办公地点处于同一栋楼则是因为所有在梅山当地注册的公司,注册地址都是由梅山管委会统一提供,租赁合同由宁波梅山管委会统一提供,且多数公司通过代理代办的方式进行注册,因此很多注册在梅山的公司注册地皆在'梅山大道商务中心十一号办公楼'"。这里所叙述的应该就是集群注册。参见梁冀:《实地探访:隋田力两关联公司仍在运营》,载经济观察网 2021 年 8 月 23 日,eeo. com. cn/2021/0820/499479. shtml。

第五节　住所的制度构建

在信息时代,公司住所制度如何构建？面对散布在大量行政法规、行政规章中的住所,住所制度的设计绝非一个小问题,而是显然具有重要的理论与实践价值的。为了设计住所的相关制度,首先需要界定住所与另一个标识公司经营地点的词“经营场所”的关系。

我国实体法对住所与经营场所的区分内在地形成了一个标准,即两者适用于不同主体:住所多为法人所适用,而非法人主体则适用“经营场所”。《个人独资企业法》第8条列举个人独资企业的设立条件包括“有固定的生产经营场所和必要的生产经营条件”,《合伙企业法》第14条对合伙企业的设立条件的规定也包括“有合伙企业的名称和生产经营场所”。《个体工商户条例》(已失效)第8条规定,申请登记为个体工商户,应当向经营场所所在地登记机关申请注册登记。在《公司法》与《公司登记管理条例》中,则直接使用“住所”。《农民专业合作社法》第12条列举的农民专业合作社的设立条件包括“(四)有符合法律、行政法规规定的名称和章程确定的住所”。本书将该种经由实际使用而约定俗成的模式称为“主体区分模式”。[1] 对此的合理化解释是,住所源于自然人,是主体性要素;非法人企业的最终责任主体或为自然人或为法人,可追索到最终的住所。《市场主体登记管理条例》在该问题上采用了模糊立场,因为该法规涵盖了法人与非法人市场主体,其关于市场主体的一般登记事项用语为“住所或者主要经营场所”。但该表述至少仍是将住所与经营场所放在同一层次、替换的意义上使用。

学理上对于住所与经营场所的关系,郭富青教授的观点具有代表

---

〔1〕 当然,这也并非绝对如此,如在已失效的《个体工商户条例》中也使用了“住所”一词。但该种区分的界限大致存在。

性,即主张将住所与营业场所从功能的角度进行分离。“我国企业法应重新定义企业住所为‘联系企业,确定法律文书送达和管辖的地址’,促使其与经营场所分离,并对企业住所实行申报登记制,对经营场所则实行备案登记制”,该种观点被命名为“企业住所与经营场所分制”。[1] 本书将该种观点称为“平行区分模式”。“平行区分模式”具有简洁的力量,采用了法学通常的类型化区分方法,将住所与经营场所一分为二,二者功能不同,各自适用不同的规则。

虽然现行立法的主体区分模式不可取,但平行区分模式也难称妥帖。因为该种模式忽视了住所已经承载的功能,将其不当简化为“联系企业,确定法律文书送达和管辖的地址”,也就是只注重上文所举功能中的实体功能,而且只是其中的地理位置。事实上,住所制度改革必须关注其管理功能,审视经由住所达成的地方政府与企业之间密切的经济关联,保证庞大的行政管理体系依靠住所所形成的不同主体之间的利益平衡。简化住所为联系地址的做法,势必削弱公司与属地之间的联系,比照离岸公司注册模式,这是以公司税负等经济关联脱钩为条件,而这在我国目前的行政架构中不能实现。

本书认为,住所制度的改革与重构应坚持整体原则,有效接续现有制度功能,在此前提下进行相关制度、内部要素的区分与重组,并做出适应信息时代的改革。

整体原则即住所的三项功能应得到一体运用。住所作为市场主体的设立登记要件须保留,这是确立其人格功能的关键。值得探讨的是《市场主体登记管理条例》的表述,将住所与经营场所放置于并列的位置,具有主体区分模式的遗留。该种表述亦容易造成住所与经营场所的混淆。作为人格功能的体现,可以将“住所”一体适用于法人、非法人的市场主体。非法人主体并不会因为使用了“住所”一词转变性质,而是可

---

〔1〕 参见郭富青:《我国企业住所与经营场所分离与分制改革的法律探析》,载《现代法学》2020年第2期。

以突出其作为市场活动主体的地位,由此统一住所的使用范围。在人格功能确立的前提下,住所的管理功能方有存续的基础,税收等行政管理关系才得以发生。

具体到经营场所,在住所的三项功能中,实体功能中的物理属性可以剥离,适用营业场所的管理规则。这符合当下正在进行的住所制度改革旨趣,满足信息社会的内在需求。从制度趋势来看,不断放宽对住所的限制性规定为大方向,剥离物理属性可以容纳住所承诺制、"一址多照"等新型做法,更重要的是淡化住所的物理属性,释放各类房屋的住所注册功能。

在上文列举住所面临的各项挑战中,需要制度进行回应的有两个方面:(1)我国登记注册实践对住所开放;(2)新技术条件带来的变化与影响。

纵览我国行政登记机关对住所的开放,可发现其内在的逻辑为"但求企业归属,不问企业地属",较为典型的是飞地企业,追求的是归属于地方的经济利益。各地用优惠政策吸引企业注册于当地,至于企业是否在当地开展业务并不是重点,这才产生大量影视公司成规模迁移的现象。由此带来的问题是,企业住所与住所所在地的分离。《公司法》第8条规定,公司以其主要办事机构所在地为住所。该条显示的立法本意是建立公司住所与主要办事机构的关联,而不是将住所"空壳化"。但目前各地的实践做法有将两者分离的趋势。这导致了《公司法》第8条裁判效力的问题,即当住所发生争议时,可否做出推断:当注册地与实际办公地址不一致时,应当以实际办公地认定为公司住所地?《最高人民法院关于适用〈中华人民共和国民事诉讼法〉的解释》第3条第2款规定:"法人或者其他组织的主要办事机构所在地不能确定的,法人或者其他组织的注册地或者登记地为住所地。"因此,在司法上是以主要办事机构所在地为优先判断标准的。这导致行政管理上的创新有可能面临司法否定的风险。因此,需要体系化行政登记相关规定、公司登记规定、公司法的相关规定,内在协调住所的法律意义与裁判功能。本书认为,应该顺应公司登记改革的趋势,适度开放公司住所的选择自主权。

新技术对公司住所的影响体现于电子商务等领域。《市场主体登记管理条例》第11条第2款规定,电子商务平台内的自然人经营者可以根据国家有关规定,将电子商务平台提供的网络经营场所作为经营场所。这一规定允许电子商务主体以虚拟地址作为住所,但只局限于自然人,这是其显著不足。在公司设立条件不断放宽的情况下,自然人以公司身份参与电子商务非常常见。网络经营场所注册为住所并无法律障碍。更进一步的是,允许公司将网络经营场所注册为住所需协调相应的法律法规,如税务规则、管辖规则,也就是注重住所管理功能的发挥。

住所是公司与世界现实联系的点,牵动着多个法律部门的神经,深深嵌入我国行政管理体系。商事登记制度改革、信息技术带来的网络世界都使得住所加速消解,并由此对法律的改革提出了体系化的要求。

第五章 法定代表人的消解与制度完善

作为公司外显型要件，法定代表人属于公司的人格化存在，对外代表公司完成具体的公司行为，无疑具有重要的意义。《民法典》第 61 条第 1 款规定，依照法律或者法人章程的规定，代表法人从事民事活动的负责人，为法人的法定代表人。该条将法定代表人定位为负责人，一方面彰显了其地位的重要，另一方面“负责人”并非严格的法律词汇，也显露出法定代表人界定在法解释学上的困难。[1]

法定代表人制度在公司法学上受到较为激烈的批判，“多年来，学界对我国法定代表人制度多有异议和诟病，并历数其与公司自治原则冲突、法定代表人权力过于集中、容易发生损害公司利益行为等弊端。对其进行制度改革甚至取消的呼声

---

[1] 一个显见的困难在于，代表是一种向外的职权定位，而负责更多意味着内部管理，内外部的冲突已经显现在定义之中。

始终不断"[1]。其"法定"属性被认为与公司自治不符,改革、消解法定代表人为主流的呼声。但实务中,法定代表人主要面临涤除、挂名法定代表人、临时变更以逃避责任等具体问题。2023 年《公司法》修订并未取消法定代表人,而是适度放宽法定代表人选任范围,以法定代表人辞任补选规则解决挂名法定代表人问题。对此,将法定代表人置于公司外显型要件之中进行分析为合理的理论进路。

第一节　法定代表人的学理批评

2005 年《公司法》对法定代表人制度做出调整,扩充了可担任法定代表人的人选范围,这可以看成是对学界批评法定代表人的制度反应。但该次修改并没有平息理论的批评之声,2023 年《公司法》修改启动以来,法定代表人制度又成为一大热点理论,相应观点对我国现行法定代表人制度基本持否定评判,对法定代表人的批评更为激烈。下文对学理批评做出梳理,同时也归纳出法定代表人的消解理由。

一、有违公司自治理念

对法定代表人最为集中的批评在于其法定属性,限制公司自主决策的空间。有学者详细考证了法定代表人的"法定性",[2]作为法律名称的"法定代表人"的最初法律表达出现在 1981 年颁布的《经济合同法》中,随后在立法与行政管理进程中不断被明确与强化,法定代表人被全面适用于全民所有制企业、乡村集体所有制企业。1993 年《公司法》是

[1] 赵旭东:《再思公司经理的法律定位与制度设计》,载《法律科学(西北政法大学学报)》2021 年第 3 期。

[2] 参见曹兴权、荣振华:《公司代表人制度"法定性"的弱化——法律与社会良性互动视角的分析》,载《北方法学》2013 年第 1 期。

"法定性"的典型,该法第 45 条第 4 款规定:"董事长为公司的法定代表人。"[1]对于"法定"二字的解释应为法律规定了代表人的范围、权限,尤以担任代表人的范围为主。对于 2005 年《公司法》所做修改,学者依然认为公司自治受到限制。"现行法定代表人制度似乎亦是由公司自行选任,但给公司限定了极其狭窄的选任范围——董事长(执行董事)或经理,且要求公司在公司设立时即选定一人,而公司不能根据其具体事宜而另行委派代表,尤其是不能委托或选任参与或熟悉相关决策的决策人员或经办人员作为代表,使得公司无法针对客观情况的变化而作出调整。"[2]

法定代表人的唯一性是从选任范围中派生出来的属性,"而'法定性'的核心内容是'唯一性'"。[3] 法定代表人由公司董事长、执行董事或经理担任,而这些主体都为自然人,因此法定代表人为唯一自然人,有学者称之为"公司法定唯一代表制"。唯一代表制抑制了公司自主安排的可能,"这种代表制过于僵化,它既不利于当事人根据自身需要作出合理安排,也不利于对善意第三人的保护"[4]。

二、不利于公司治理规范

法定代表人作为对外代表公司的主体,其实与公司治理密切关联。回到民商法领域,意思自治为不可动摇的基本原则。意思的形成与表达对于自然人而言是生理过程,但对于法人却显然不是。法人是模仿自然人而建构的,因此法人势必也凭借意思自治开展对外交往,这本就是法

---

[1] 在公司登记中,法定代表人的权限被具体化。《企业法人的法定代表人审批条件和登记管理暂行条例》(1990)(已失效)第 2 条规定,代表法人行使职权的主要负责人是企业法人的法定代表人;第 4 条规定,法定代表人应在国家法律、法规以及企业章程规定的职权范围内行使职权,履行义务,代表企业法人参加民事活动,对企业的生产经营和管理全面负责,并接受本企业全体成员和有关机关的监督。

[2] 袁碧华:《法定代表人的制度困境与自治理念下的革新》,载《政法论丛》2020 年第 6 期。

[3] 李培根:《法定代表人法律地位之再思考》,载《中国法律评论》2023 年第 4 期。

[4] 参见王毓莹:《公司法定唯一代表制:反思与改革》,载《清华法学》2022 年第 5 期。

人主体性确立的标志。问题在于,法律如何解决法人的意思自治?一般认为,法人的意思表示分为意思形成与意思表示,“一类是公司内部意思形成之法律行为;另一类是公司意思外部表示之法律行为”。[1] 公司内部的股东会、董事会、经理人被认为归属于公司意思形成,而法定代表人则处于公司意思外部表示。该种两分法在获得理论上的清晰之余,也切割了公司内外部的联系,而事实上公司内部的决议具有对外效力,而公司对外表达也不可能仅依赖于法定代表人。

强调法定代表人的对外代表权,则抑制了公司内部治理机制的功能。无论公司采用股东会中心主义还是董事会中心主义,其内部决策都由相应的公司机构实施,而法定代表人对外代表公司。理论上,法定代表人应实施公司决议,但两者的权限划分并不能泾渭分明,公司决策实施时也总是有自由裁量的空间,更加之法定代表人可能在缺少公司决策甚至违反公司决策的情况下对外行为,在法律坚持法定代表人行为须由公司负责的情况下,则公司内部治理机制效力存疑。在股权集中的背景下,公司董事长与法定代表人的重合将极大抑制分权制衡的治理机制发挥作用,以董事会为例,一般董事的地位与作用不明,对董事长缺乏约束力。“通过法定代表人所进行的代表表意机制,对建立在分权制衡基础上的公司治理机制具有明显的负面影响:与作为治理核心的董事会产生了执行代表权的冲突。”[2]这方面最为显著的司法问题为法定代表人越权对外担保的效力问题。

除了法定代表人与公司内部机关分工上的冲突,法定代表人的权力是对公司治理最为显著的影响因素,而这也是我国法定代表人的突出特点。在公司运行中,法定代表人的权力过于集中一直是该制度被诟病之处。之所以会产生权力集中,其实与上文的第一点直接相关,即法定代

---

〔1〕 蒋大兴:《公司组织意思表示之特殊构造——不完全代表/代理与公司内部决议之外部效力》,载《比较法研究》2020 年第 3 期。

〔2〕 刘斌:《公司治理视域下公司表意机制之检讨》,载《中国政法大学学报》2021 年第 2 期。

表人由董事长或经理担任，身份重合导致法定代表人实际上享有了内部治理职权，并对外实施代表行为，“可以认为，我国公司法上的法定代表人的职权，借助董事长或者经理的身份而实现充盈”。[1] “目前法定代表人制度却呈现出‘一人独大’的局面。部分公司的法定代表人是大股东兼任董事长和总经理，垄断公司意思形成和表达，在此情形下，董事会和监事会成为法定代表人的合法外衣，其他股东、董事的意见无法有效表达，监事会制度有名无实。”[2] 有学者将法定代表人的职权描述为“超级权力”、[3]“罕见的权力怪物”，[4] 较为温和的表述是“权责核心”。

三、公司行为不便利

当法定代表人垄断了对外代表公司的职权之后，一方面提高了公司对外交往的效率，降低了交易相对人识别的难度；另一方面在法定代表人与公司分离之际，公司维护自身权益则陷入行为不被承认的困境。

在股东代表诉讼建立之前，公司改选法定代表人，原法定代表人对此不予认可并控制着公司的实物象征，如公章、合同专用章，则公司如何对有权机关主张权利都构成障碍，我国实务中的公章抢夺纠纷与法定代表人制度具有直接的关联。即使在公司法采用股东代表诉讼之后，法定代表人变更之诉依然是司法中较受关注的主题。[5]

对于我国法定代表人制度，学界主流持批评意见，“法定的唯一法定代表人制度无论是对公司和代表人自身来说还是对债权人来说都是危

---

〔1〕 刘道远：《公司法定代表人的角色、制度渊源及其完善》，载《比较法研究》2022 年第 4 期。对于身份的重合，有学者认为，“我国公司法上并没有对法定代表人与董事长、执行董事或经理在身份和责任上的‘统合’与‘分离’进行科学的界定或区分”。笔者认为，该种分离可能更多具有理论上的意义，在现实中并不容易达成规范目的。参见梁开银：《我国公司法定代表人规则的重塑》，载《法商研究》2023 年第 1 期。

〔2〕 王毓莹：《公司法定唯一代表制：反思与改革》，载《清华法学》2022 年第 5 期。

〔3〕 刘道远：《公司法定代表人的角色、制度渊源及其完善》，载《比较法研究》2022 年第 4 期。

〔4〕 蔡立东：《论法定代表人的法律地位》，载《法学论坛》2017 年第 4 期。

〔5〕 参见韦某兵与新疆宝塔房地产开发有限公司等请求变更公司登记纠纷案，载《最高人民法院公报》2022 年第 12 期。

险的而且十分不利于交易的便捷和对善意第三人的保护”。[1]“法定代表人的必设性、唯一性与固定性等制度设计在实践中表现出日益明显的缺陷。这既可能导致公司利益受损，也与公司自治理念背离。”[2]“我国法定代表人制度实践正如上文所述，可谓乏善可陈，问题纷呈，包括制衡缺失、公司内部缠斗激烈等。”[3]事实上，今日讨论的有关法定代表人制度的弊端在2010年的一篇博士论文中即已有归纳：我国公司代表人制度“法定性、唯一性”的特点在实际运作中存在诸多弊端：“以人治企”的理念导致个人集权而使现代企业制度中权力制衡的治理结构无法实现，企业治理结构僵化；法定代表人的法定性严重禁锢了公司意思自治原则；相应配套规定的缺失使代表人应承担的法律责任不明确；法定代表人应诉制度的确立，特别是对法定代表人的诉讼以及公司特定情形下的诉讼，因原法定代表人未丧失代表权而相应代表主体在法律上未取得相应法律地位直接导致诉讼上的困扰，使当事人、审判机关在诉讼的提起、答辩和裁决上缺乏相应的法律依据；公司代表的法定单一性，使董事会的作用无法发挥出来，导致董事会和其他董事的权力被架空，决策的科学民主无法实现，分权、制约机制形同虚设并造成法定代表人权利与责任的不对称等。[4]

对于法定代表人上述不足的原因归纳，学界意见也较为一致，主要包括以下几个方面。

1. 制度生成中的行政因素

法定代表人制度被认为是具有中国特色的制度，在比较法上缺少直接的借鉴对象。但对于法定代表人在我国制度中的出现，理论的归纳较为一致，认为其源自国有企业的厂长负责制。在企业管理上，从红色苏

---

〔1〕 张昭庆：《关于完善中国公司代表权制度的思考》，载《河北学刊》2010年第4期。

〔2〕 袁碧华：《法定代表人的制度困境与自治理念下的革新》，载《政法论丛》2020年第6期。

〔3〕 刘道远：《公司法定代表人的角色、制度渊源及其完善》，载《比较法研究》2022年第4期。

〔4〕 参见焦娇：《公司代表人制度研究》，西南政法大学2010年博士学位论文，第4页。

维埃时开始,国有企业学习苏联的一人负责制,这被认为是法定代表人制度的源头。[1] 该行政属性贯穿了法定代表人制度的成形史。[2]

1986 年《民法通则》较为系统地规定了法定代表人并沿用至今。该法第 38 条规定,“依照法律或者法人组织章程规定,代表法人行使职权的负责人,是法人的法定代表人”;第 43 条规定,“企业法人对它的法定代表人和其他工作人员的经营活动,承担民事责任”。[3] 此后,强化法定代表人行政属性的规定不断,如 1988 年《全民所有制工业企业法》第 45 条第 1 款规定:“厂长是企业的法定代表人。”1991 年《城镇集体所有制企业条例》第 31 条规定:“集体企业实行厂长(经理)负责制,厂长(经理)对企业职工(代表)大会负责,是集体企业的法定代表人。”这就是厂长经理负责制,被认为是 1993 年《公司法》的董事长任法定代表人的制度基础。值得注意的是,国有与集体企业中的厂长是一种行政职位,源自上级任命,与公司制中资本多数决的制度逻辑不同。厂长制中的行政职能也传导到了公司的法定代表人制度中。

在公司中获得特定的位置后,法定代表人作为公司机关即成为相关制度规定公司的抓手,如公司登记、民事诉讼,甚至刑事责任,关于法定代表人的规则不断增多,并形成了独立的系统,烘托出法定代表人的重要性。“这个规范群体尽其所能地为法定代表人制度披盔挂甲,以彰显法定代表人在企业及公司中的特殊地位,并将法定代表人推致极端。”[4]

---

[1] 参见张昭庆:《关于完善中国公司代表权制度的思考》,载《河北学刊》2010 年第 4 期。

[2] 其中一个重要的制度承接环节是我国过渡时期的“一化三改”。“‘一化三改’运动过后,我国将行政管理层面上的‘一长制’延伸到企业管理中。‘一长制’的嵌入意味着企业的‘首长’成为企业负责人,对内代表最高权威,对外代表企业并对企业经营负最终责任。”参见李洪健:《论公司法定代表人的制度功能与定位修正》,载《中国矿业大学学报(社会科学版)》2019 年第 4 期。

[3] 《民法典》第 61 条较为明显地承继了《民法通则》的规定。

[4] 曹兴权、荣振华:《公司代表人制度“法定性”的弱化——法律与社会良性互动视角的分析》,载《北方法学》2013 年第 1 期。

可以将法定代表人的行政属性归结为:产生之际的任命制,这一点至今国有企业仍有保留,公司法定代表人的法定模式与此有关;对外作为公司唯一代表的职权集中;公司与各法律制度的连接点,法定代表人普遍存在于行政监管系统中。

2. 理论选择中的法人实在说

对于法人本质理论,我国民法学坚定地采用法人实在说,将其视为法人理论发展的成果,法人拟制说不被采用。学说的选择在具体的制度上具有深远影响,法人实在说直接导致了代表理论。法人实在说的根本立场是法人作为实实在在的主体,具有自己形成与表达意思的能力,这带来两个制度上的安排:第一,法人毕竟无法自己从事现实的民事法律行为,其必须通过自然人开展对外的活动。构建法人与代表法人的自然人之间的关系成为重要的制度安排,代表理论就此登场。第二,传统上解决两主体间一方为另一方利益而行为的代理理论无法得到适用,因为代理人与被代理人为独立的双方主体,双方之间具有代理关系。以代理理论解释法人与代表法人的自然人削弱甚至否认了法人实在性,因为法人意思表示的功能被否认,而这属于法人实在说重要支撑的法人行为能力。“公司的行为能力与法人代表机关的行为效力就是一个问题的两个方面。”〔1〕

代表制是法人实在说所推导出来的一种制度安排,可以区分代表人与代理人。以德国法为例,公司具有代表机关,同时公司也通过代理主体从事活动,关键的是相应的代理主体也为公司内部人员。“在德国公司法中,代理处于机关层次之下,除全权代办人外,经理人以下者才适用代理权。”〔2〕区分两者的根据在于,代表是一种概括性的基于职位的全权委托,代表人为行为并不需要公司的专门授权,而代理则刚好相反。所以虽然同样是对外为公司利益而行为,代表与代理所基于的制度并不

〔1〕 李建伟:《公司法学》(第5版),中国人民大学出版社2022年版,第90页。

〔2〕 王毓莹:《公司法定唯一代表制:反思与改革》,载《清华法学》2022年第5期。

相同。所以持法人实在说的大陆法系国家一般坚持代表说,并在公司具体制度中限制代表公司的主体。兹举两例,法国对有限责任公司规定为:在与第三人的关系中,经理管理人享有代表公司在各种场合开展活动的最广泛的权利,但法律明确规定专门赋予股东的权利除外;经理管理人实施的法律行为,即使不属于公司宗旨的范围,亦使公司承担义务。[1]《日本公司法》明确区分经理的代理权(第11条)与董事的代表资格。对于代表,该法第349条规定:董事代表股份有限公司。但另行规定代表董事及其他代表股份有限公司的人的情形除外。……代表董事有实施有关股份有限公司业务的一切诉讼内或诉讼外行为的权限。[2]而对法人实在说并无如此坚持的英美公司法不采用代表理论而是一体适用代理理论。"英美法系国家远没有如此详细的划分,公司董事、经理等高级雇员及一般雇员均可成为公司的代理人,其行为的效力并无不同,亦不存在代表和代理的区分。英美法系国家并未形成代表权制度。"[3]英美更常见的模式是规定董事义务,通过忠实、勤勉等义务要求从权力行使的内在属性上对董事作出要求,这与赋予代表人全权代表权形成鲜明的对比。

正因为代表理论对法定代表人的内在支持,批评法定代表人的观点一般都会溯源至代表与代理的区分,并否认两者区分的有效性。对代表理论的否定有两种理论进路:一种认为代表与代理区分并无实益,"二者虽存在相异的法律构造,但经由比较法层面的研究与拆解不难发现,两种理论实属殊途同归,在维护交易安全的底层逻辑上高度共通";[4]另一种则否定代表制的可行性,"代表理论的同一主体、同一人格的逻辑只能解释部分现象,却不能解决代表制度面临的所有问题,进而如果人格上的同一性无法贯彻,代表制度就丧失了立论基础,从而导致代表和代

[1] 参见《法国公司法典》(上),罗结珍译,中国法制出版社2007年版,第78页。

[2] 参见吴建斌编译:《日本公司法:附经典判例》,法律出版社2017年版,第187页。

[3] 王毓莹:《公司法定唯一代表制:反思与改革》,载《清华法学》2022年第5期。

[4] 王毓莹:《公司法定唯一代表制:反思与改革》,载《清华法学》2022年第5期。

理的区别无法贯彻，两者无法进行实质区分”。[1]

3. 股权集中的公司现实

我国讨论公司制度的一大盲区是公司的实存状态，制度的讨论从理论到理论，在解释学中达成周延。法定代表人制度在我国出现或许可以归为国有企业改革所致，但公司法、民法历经修改保留法定代表人制度，则一定有其实践理由。本书认为支撑法定代表人制度的真实原因是我国的股权集中。为了证明我国公司存在股权集中的特征，特意从上市公司入手，因为上市公司更易于股权分散，从而采用两权分离的公司治理体系。但我国的上市公司也存在明显的股权集中现象，国有上市公司姑且不论，此处单论民营上市公司。一项 2012 年对我国上市公司的研究认为，民营上市公司的股权结构不合理，第一大股东平均持股比例仍然较高，第一大股东拥有控股地位由此导致大股东控制股东会，并进而影响公司决策、利益分配与信息公示。[2] 以 2013 年至 2019 年在沪深两市交易的 A 股上市公司为样本，第一大股东持股比例的均值为 35.2%，中位数为 33.3%，最大值为 89.1%，第一大股东持股比例超过 50% 的公司占样本总数的 18.27%。[3] 该数据在分行业的分析中也能得到证实，如纺织业上市公司大股东基本能够对公司造成重大影响。[4] 即使在较大型的金融类企业中也同样存在股权集中的现象，如在证券公司中，“券商公司总体股权集中度相对较高。股权制衡指标平均值表明第一大股东平均持股比例是第二至第五大股东持股之和的 3 倍”。[5] 上市公司经历公开发行，股权尚且如此集中，数量占据绝对多数的非公开有限责任公司股权状况或事实上的股权状况当更为集中，这也符合一般的经验

---

〔1〕 殷秋实：《法定代表人的内涵界定与制度定位》，载《法学》2017 年第 2 期。

〔2〕 参见张华、叶小玲、万武：《民营上市公司内部治理结构对会计信息披露影响分析》，载《财会通讯》2012 年第 9 期。

〔3〕 参见邹晓丹：《股权结构与现金股利政策研究》，载《中国总会计师》2021 年第 12 期。

〔4〕 参见毛连宸、宋露：《资本结构对经营绩效的影响——基于纺织行业上市公司的研究》，载《产业创新研究》2022 年第 11 期。

〔5〕 郑凯璐、黄英杰：《股权制衡与控股性质对于我国上市证券公司经营绩效的实证研究》，载《现代商业》2023 年第 1 期。

感知。

股权集中当然会影响公司对外代表权限的设置与行使。在股权集中公司,大股东倾向于对内管理公司并对外代表公司,即将公司控制于自己之手。对此,衡量公司治理绩效的一个小窗口是董事长与经理职位的重合情况,即两职合一。仍以我国上市公司为例,“非国有上市公司,自2002年放开管制之后,其两职合一率从最低点的14.10%逐步上升到2018年的39.24%,增长了近两倍”。〔1〕一人兼任董事长与经理,这与公司法中的法定代表人职权已较为接近,更重要的是,这是市场主体的自我选择行为。具体到上市公司法定代表人的情况,以2023年8月31日为统计时点,上市公司共5504家:其中董事长任法定代表人的共1708家,占31.03%;总经理任法定代表人的共1524家,占27.69%;法定代表人同时具有总经理和董事长身份的共1371家,占24.91%;另有901家任职情况不明。〔2〕从该数据可以看出法定代表人与董事长的高度重合,公司法所允许的经理担任法定代表人的占比并不高。

股权集中便利于法定代表人的唯一性,两职合一、董事长担任法定代表人的制度现实正是股权集中的反映,同时也满足了股权集中后对公司代表主体的要求。

第二节　法定代表人的现实运行问题

理论上对法定代表人法定性、唯一性的批评,对应的现实图景似乎应该是法定代表人大权在握,各方争抢。但实务中与法定代表人相关的争议并非如此,而是表现为如何脱离法定代表人身份、变更相关登记等,下文做一归纳。

---

〔1〕林卉、刘峰、肖泽忠:《两职合一还是分离?——制度因素对领导权结构演进的影响分析》,载《当代会计评论》2020年第3期。

〔2〕本数据统计法人信息来自天眼查数据库,任职信息来自希施玛数据库。

一、挂名法定代表人

公司登记中名实不副将产生挂名主体，最为常见的是股东名实不副，从而有显名股东与隐名股东之分。作为法定登记事项，法定代表人也存在登记主体并非履行相应职责之人的情形，即挂名法定代表人。挂名法定代表人的产生主要有以下几种情形。

1. 自然人接受他人委托，登记为法定代表人。这多出现在公司实际控制人不愿或不能登记为法定代表人的场合。例如，朋友委托小詹，挂名担任朋友开设的公司的法定代表人，每年可以获取一笔费用，不用参与日常工作，小詹听后感觉很划算，便应允同意。[1]

2. 公司产生了新的法定代表人，并未办理变更登记。例如，2014 年 4 月 20 日，某公司与黄某签订聘用协议书，约定该公司聘用黄某担任公司法定代表人兼业务经理，并进行了登记。在黄某离职后，公司未进行改选，该登记事实一直持续。[2]

3. 也有综合上述两种原因，因为接受委托而担任法定代表人，结束后公司并未进行变更登记的情形。例如，2010 年，小杨入职苏州一家管理公司从事文员工作，后来在公司大股东以及时任公司法定代表人的要求下，担任公司的法定代表人及执行董事。2012 年，小杨离开了管理公司，到 2018 年，小杨发现自己还在管理公司担任法定代表人及执行董事的职务。[3]

在未经他人同意的情况下将其登记为公司法定代表人，这种情况也存在。“乡村不经常外出的老人、身份证丢失的人、在校学生、公司实际控制人的亲戚朋友等，此类人员被登记为挂名法定代表人通常是公司实

---

〔1〕 参见张晓霞：《险成“背锅侠”，挂名担任法定代表人风险重重》，载澎湃网 2023 年 7 月 27 日，https://m.thepaper.cn/baijiahao_24011828。

〔2〕 参见方淑敏、吴绍梅：《法定代表人不能“想不当就不当”》，载《云南法制报》2023 年 5 月 31 日，第 3 版。

〔3〕 参见孙艳：《离职多年　为何仍“担任”前公司法人及执行董事》，载荔枝网，http://news.jstv.com/a/20230402/87aa2f3e836445079505619db6311ca1.shtml。

际控制人为了转嫁自身的法律风险、利于办理各类业务。"[1]虽然该类主体在分析时也被置于挂名法定代表人的名下,但因为登记为法定代表人并非出于其意愿,应称为"冒名法定代表人"。

将法定代表人视为权力怪物,与将法定代表人委托他人甚至找个毫无关联的自然人来担任,这中间貌似具有巨大的鸿沟,其实具有内在的一致性。实际控制人之所以放心让他人担任法定代表人,并不是奉行两权分离的公司治理理念,而恰恰是因为其对公司的控制程度使其有信心将法定代表人职位委诸他人,这也对应了上文所说的股权集中。

二、法定代表人涤除

挂名法定代表人会产生众多法律问题,显见的法律需求是被挂名主体要求不再担任法定代表人,并变更公司登记,即法定代表人的涤除。涤除源自经由登记的法定代表人的对外权限,即本书所称的公司外显型要件的功能。在司法审理涤除法定代表人时,涉及三方关系,即公司、法定代表人与审判机关。依照法定代表人产生的自治理论,则法定代表人的变更当然属于公司自治范围,由此司法介入需要具有正当理由,此为需要解决的第一层问题。在判断是否解除法定代表人任职并变更时,涉及对法定代表人实质内涵的判断,此为需要解决的第二层问题。

就第一层问题而言,我国法院长期认为法定代表人的选任、变更由公司负责,法院不应代替公司作出经营决策。此一貌似有理的立场其实与我国挂名法定代理人大量存在的事实相去甚远,有违实质正义。最高人民法院在2020年认为该种类型案件属于法院审理范围,将其定性为"被委任的法定代表人诉请终止其与公司之间的委任关系并要求公司办

---

[1] 李晓庆:《被公司登记为法定代表人后官司缠身,如何脱困?》,载百度网2023年4月24日,https://wenku.baidu.com/view/d122e5465a0102020740be1e650e52ea5418ce17.html。

理法定代表人变更登记属平等主体之间的民事争议”。[1] 最高人民法院该判断颇值赞成，直接对法定代表人与法人的关系作出界定。但由此也带来一个问题，即法人实在说下将法定代表人与法人视为同一主体的观点被削弱，法人拟制说更适合该种情形。

就第二层问题而言，则更为复杂。在面对是否变更法定代表人时，法院面临的判断为谁是法定代表人，或者法定代表人应该具备何种条件？我国法院发展出了法定代表人的实质要件——实质利益关联，即认为法定代表人应与公司具有实质性的利益关联。根据贵州省高级人民法院发布的2022年商事审判十大典型案例中的相关内容，法院在“余某华诉徽源公司、硕徽投资、浙逸投资、陈某敏请求变更公司登记纠纷案”中认为：法定代表人系代表公司对外行使公司权利、履行公司义务的特殊主体。在余某华实际已未履职长达3年的情况下，仍由其担任徽源公司法定代表人在对外公示效力上代表公司，并不适当。[2] 该判例认为法定代表人为特殊主体，但没有直接回答法定代表人的条件。山东省邹城市人民法院对此作出回答：法人性质上属于法律拟制人格，其对外开展民事活动主要是通过其法定代表人进行，因此要求法定代表人与其所代表的法人之间应当存在运营、治理上或其他实质关联性，如无实质关联性，其对外不具备代表法人的条件。挂名担任法定代表人实质上就违背

---

〔1〕 必须注意该案适用条件的特殊性，其是在原法定代表人已无其他救济手段的前提下允许司法介入，即穷尽公司内部救济原则，所以一般认为法院受理法定代表人涤除应以法定代表人变更陷入“僵局”为条件。在此对最高人民法院的判决予以引用：“王某廷所称其自2011年5月30日即已从赛瑞公司离职，至今已近9年，足见赛瑞公司并无自行办理法定代表人变更登记的意愿。因王某廷并非赛瑞公司股东，其亦无法通过召集股东会等公司自治途径，就法定代表人的变更事项进行协商后作出决议。若人民法院不予受理王某廷的起诉，则王某廷因此所承受的法律风险将持续存在，而无任何救济途径。故，本院认为，王某廷对赛瑞公司办理法定代表人变更登记的诉讼请求具有诉的利益，该纠纷系平等主体之间的民事争议，属于人民法院受理民事诉讼的范围。”参见最高人民法院民事裁定书，(2020)最高法民再88号。

〔2〕 参见《贵州高院商事审判十大典型案例》，载网易网2023年4月12日，https://c.m.163.com/news/a/I255A9300514N30B.html。

了2018年《公司法》第13条[1]的立法宗旨。[2]有实务界人士通过案例检索将本处的实质关联归纳为两点：法定代表人应参与公司的经营管理；法定代表人应与公司之间存在特定的利益关系。而特定的利益关系是"在法定代表人任职公司董事长、执行董事或经理等职务"。[3]

上述山东法院得出实质关联的法律依据是2018年《公司法》第13条，这也获得了相关案例的支持，但该条在学理上备受批评已如上所述，公司自由选任代表也成为学界的共识，则司法判决与学术观点之间的张力颇值讨论。秉持公司自治理念，扩大法定代表人的选任范围是逻辑自足的学术观点，司法实践对此也有支持的案例。例如，云南省安宁市人民法院认为：董事长、执行董事或经理是公司内部决定的事务，按照公司章程规定，可由公司职工担任，也可直接选任其他人担任。所以，就算黄某不是云南某建材贸易有限公司股东和员工，也不影响其担任法定代表人。此外，虽然黄某仅挂名而不实际参与云南某建材贸易有限公司经营管理，但这不是其主张涤除法定代表人登记事项的理由。[4]但在挂名法定代表人客观存在，且为数不少的情况下，以公司自治为由拒绝法定代表人的变更则显得与现实格格不入，且有违实质正义。以云南省安宁市人民法院处理的案件为例，则已不愿且实际上并未担任法定代表人的黄某如何救济自身利益呢？

三、法定代表人的变更登记

事实上，阻碍法院作出涤除的一个现实考虑是办理登记。实务中将法定代表人变更与法定代表人变更登记视为两个问题。以2022年3月

---

〔1〕 对应2023年《公司法》第10条第1款。

〔2〕 参见《涤除挂名法定代表人登记事项应如何认定？——彭某丽诉山东德麦科技发展有限公司、麦某等请求变更公司登记纠纷案》，载邹平市人民法院网2022年6月30日，http://www.sdcourt.gov.cn/jningzcfy/386500/386501/8596424/index.html。

〔3〕 贾士红、王唯：《法定代表人如何顺利退出公司》，载百度网2022年6月30日，https://baijiahao.baidu.com/s?id=1737065702279339216&wfr=spider&for=pc。

〔4〕 参见方淑敏、吴绍梅：《法定代表人不能"想不当就不当"》，载《云南法制报》2023年5月31日，第3版。

1日《市场主体登记管理条例》实施为分界点，法定代表人登记在此之前适用《公司登记管理条例》与《企业法人法定代表人登记管理规定》，法定代表人姓名为公司登记事项。《企业法人法定代表人登记管理规定》(已失效)第6条规定，企业法人申请办理法定代表人变更登记，应当向原企业登记机关提交下列文件：(1)对企业原法定代表人的免职文件；(2)对企业新任法定代表人的任职文件；(3)由原法定代表人或者拟任法定代表人签署的变更登记申请书。依照《市场主体登记管理条例》第24条的规定，市场主体变更登记事项，应当自作出变更决议、决定或者法定变更事项发生之日起30日内向登记机关申请变更登记。由此可以看出，法定代表人登记有相对独立的规范体系，登记机关关注的焦点是公司作出变更的意思表示。原法定代表人请求法院变更时，并无公司相应决议，否则也无须诉至法院。“但在现实生活中，存在公司或其他股东完全不理会法定代表人的卸任请求、变更登记请求的情形，如何卸任、如何将卸任一事进行工商变更登记是难点。”[1]故法院作出涤除决定时，势必考虑执行问题，即公司登记是否可以变更。

《人民法院报》曾刊载案例对此做出专门讨论，存在三种观点[2]：(1)不能判决变更登记。变更公司法定代表人登记的前提是公司有此意思表示。法定代表人的更换属公司内部治理事项，法院应对此力行谦抑，即在不能证明公司已作出变更法定代表人的决议或相关安排发生变化的情况下，不应直接判令公司办理变更登记。(2)可以判决变更登记。依据《民法典》的规定，在原法定代表人不持公司股权，不再参与公司经营，也无法通过公司自治途径推动公司就变更法定代表人作出决议的情况下，应通过判决变更。(3)平衡各方利益。该种观点肯定可判决变更法定代表人但认为应谨慎，需实质地探究法定代表人与公司之间的关

[1] 方淑敏、吴绍梅：《法定代表人不能“想不当就不当”》，载《云南法制报》2023年5月31日，第3版。

[2] 参见张宏博：《公司法定代表人请求变更公司法定代表人登记的认定》，载《人民法院报》2021年7月8日，第7版。

系,区分不同情形审慎处理,防范公司经营异常时法定代表人借此规避责任。三种意见都具有一定的合理性,登记机关却必须作出决定。有律师专门分析了变更登记的执行情况,并不乐观。“目前该类判决的执行情况并不理想,大部分案件虽取得胜诉判决,但在执行阶段仍遇到障碍。……判决难以执行的主要问题在于无继任法定代表人的情况下,工商行政部门无法直接变更法定代表人。”〔1〕

2022年最高人民法院在韦某兵、新疆宝塔房地产开发有限公司等请求变更公司登记纠纷案中,明确了法定代表人变更登记的条件,“就公司内部而言,公司和法定代表人之间为委托法律关系,法定代表人行使代表人职权的基础为公司权力机关的授权,公司权力机关终止授权则法定代表人对外代表公司从事民事活动的职权终止,公司依法应当及时办理工商变更登记”。该案判决将变更登记的责任主体定为公司,“故韦某兵请求宝塔房地产公司办理工商变更登记,依法有据,应予支持。至于本案判决作出后,宝塔房地产公司是否再选任新的法定代表人,属于公司自治范畴,本案不予处理”。〔2〕就登记机关而言,问题依然没有完全解决。

四、法定代表人的实然地位

《民法典》第61条第2款规定,法定代表人以法人名义从事的民事活动,其法律后果由法人承受。法定代表人貌似“垄断”了法人对外行为的能力,但事实并非如此。学者归纳了对外代表公司的主体,包括立法上规定的股东代表诉讼、公司设立登记,也包括司法中的例外,如董事会享有授权第三人办理的代表权、监事会享有聘请会计师事务所协助工作

〔1〕 花泽鹏:《涤除法定代表人登记纠纷办案精要》,载网易网2022年5月1日,https://m.163.com/dy/article/H69KF73D0534BL67.html。

〔2〕 最高人民法院民事判决书,(2022)最高法民再94号。

的代表权等。[1]

事实上,对于法定代表人的权限,也可以从反面来考察,即当其不履行职责时法律如何救济。在公司并购或股权发生变动之际,公司已按照法律和章程规定就法定代表人的人选形成了有效的决议或决定,而原法定代表人拒不配合办理变更登记义务的,公司股东有权提起诉讼请求公司履行法定义务。[2] 对此,诉讼程序予以放行,《最高人民法院关于适用〈中华人民共和国民事诉讼法〉的解释》第50条第2款规定:"法定代表人已经变更,但未完成登记,变更后的法定代表人要求代表法人参加诉讼的,人民法院可以准许。"由此可以看出,在公司意思明确的前提下,法定代表人仅凭登记并不足以对抗公司及变更后的法定代表人。

法定代表人与公司是否适用劳动关系?对此一般认为,法定代表人的基础身份董事或经理都可以与公司形成劳动关系,公司职务与劳动者身份并行不悖。"股东或法定代表人与公司之间是否存在劳动关系不可一概而论。依据不同的法律,同一个人在用人单位中会形成不同的身份,是否存在劳动关系,还要根据劳动法和劳动合同法等相关法律规定,从劳动关系的特征综合分析判断。"[3]

此外,法定代表人系公司之代表,其个人对法定代表人的身份并无处分权限。在一则案例中,公司法定代表人因涉嫌受贿罪被公安局监视

---

〔1〕 参见李培根:《法定代表人法律地位之再思考》,载《中国法律评论》2023年第4期。对于法定代表人与公司之间的诉讼,上海市高级人民法院在2007年作出规定:担任法定代表人的股东或董事,与公司发生纠纷引发诉讼时,由于股东或董事、公司同为案件当事人,如果允许股东、董事继续以公司法定代表人身份代表公司诉讼,将形成股东或董事"自己告自己"的诉讼表象,并可能导致股东、董事个人利益与公司利益发生冲突。为确保案件审理的正常进行,依法维护公司的合法权益,法院应当明确告知股东或董事在诉讼中不得同时代表公司参加诉讼,并要求公司另行确定诉讼代表人。参见《上海审判实践:关于担任公司法定代表人的股东、董事与公司之间引发诉讼应如何确定公司诉讼代表人问题的解答》,载豆丁网2017年9月26日,https://www.docin.com/p-2023123747.html?docfrom=rrela。

〔2〕 参见谢佳超:《公司控制权争夺——法定代表人变更之诉的裁判规则研究》,载北大法宝网2023年3月14日,https://ahlx.pkulaw.com/lawfirmarticles/ed05fd839d7405e67d6b3833de2f8682bdfb.html?way=textRightFblx。

〔3〕《徐州法院发布2019年度劳动者权益保护十个典型案例》,载澎湃网2020年5月2日,https://www.thepaper.cn/newsDetail_forward_7235577。

居住,其出具了一份《授权委托书》,委托公司董事代其行使公司董事长、法定代表人职权。对此,最高人民法院认为,“董事长因故不能履职时,理应通过法定程序让渡权力或者进行改选,而不能通过个人总体概括授权的方式让渡董事长职权”。[1]

不同于理论上对法定代表人的归纳,实践中的法定代表人往往意味着责任大,风险高。公司律师在为公司提供建议时往往是从法定代表人责任的角度进行讲解,包括民事、刑事、行政责任,也包括限制或惩戒。其中对个人影响最为普遍的是限制高消费,这其实反向限制了担任法定代表人的意愿。从个体风险厌恶角度出发,能实际控制公司并有效规避相关风险无疑是最佳选择,这有效解释了挂名法定代表人的存在。

第三节 法定代表人改革的学理观点

理论上对法定代表人的批评已如前述,但较少引起关注的是法定代表人制度应该如何修改完善。2023 年《公司法》修订时关于法定代表人的理论讨论激烈,本书对相关理论观点做一收集整理。“法定代表人概念的理解可以从‘法定’与‘代表’两个方面展开”,[2]这其实也是法定代表人制度的内在构成,故下文从法定代表人选任与职权两方面进行归纳分析。

一、法定代表人选任

在代表人选任方面,具有代表性的观点是弱化法定性,将选任自由交还给公司,但不同观点所主张的公司权限大小存在区别。有观点概括

[1] 最高人民法院民事判决书,(2019)最高法民再 35 号。

[2] 李洪健:《论公司法定代表人的制度功能与定位修正》,载《中国矿业大学学报(社会科学版)》2019 年第 4 期。

性地主张,允许当事人用章程来约定代表权的行使主体与行使程序。[1]“允许当事人通过章程扩大代表权的主体,约定代表权的行使条件与程序。在公司自治理念下进行革新,因为公司才是自身利益的精准掌舵人。”[2]相对于将法定代表人选任自由概括性地交给公司,也有观点更为具体地设计了公司选任代表人的规则,即由董事会享有选择代表人的权限,可以选择职业化的代表人。如此实现“通过代表人任免权限的配置进行规制,而非通过对代表人选任范围进行规制”。[3]对于代表人的构成,有观点认为应采用“原则+例外”的模式,原则即以代表董事为公司代表人选任的默认规则,例外为公司章程可以做出选择,如采用共同代表制。[4]

赵旭东教授认为,在坚持法定代表人法定性的同时对其唯一性作适度突破,即采取双法定代表人制度、确认经理为公司法定代表人。[5]该观点实质上是将法律所规定的从董事长(执行董事)与经理中选择法定代表人的模式转为同时担任法定代表人。但该观点提出的理论出发点是如何扩大经理代表权,似不构成对法定代表人制度的整体改革设计。

二、法定代表人职权

对于法定代表人职权,较为一致的观点是将其归为对外代表公司的权限。梁开银的观点具有代表性,设计的法定代表人改革从厘清公司各构成机关的权责入手,以明晰权责为目标,构建“双重或多元代表”。改革的前提是作为公司机关的法定代表人与董事长、经理明确各自不同的

---

[1] 参见张昭庆:《关于完善中国公司代表权制度的思考》,载《河北学刊》2010年第4期。

[2] 王毓莹:《公司法定唯一代表制:反思与改革》,载《清华法学》2022年第5期。

[3] 刘斌:《公司治理视域下公司表意机制之检讨》,载《中国政法大学学报》2021年第2期。

[4] 参见李洪健:《论公司法定代表人的制度功能与定位修正》,载《中国矿业大学学报(社会科学版)》2019年第4期。

[5] 参见赵旭东:《再思公司经理的法律定位与制度设计》,载《法律科学(西北政法大学学报)》2021年第3期。

身份、职权和责任,主要解决的问题是董事长与法定代表人在身份、权责等方面的严重混同。改革的方案为:改变单一的自然人担任公司法定代表人的模式,从自然人机关代表转向集体机关代表,从单一法定代表制转向机关与机关成员相结合的多元代表制,从而实现公司意思表示与意思执行职能的统合与分离。[1] 该理论的分析起点具有意义,但其归因与解决方案却偏离现实,不具有可行性。必须明确的是,该观点所反对的法定代表人与董事长职权合一并不是制度设计的结果,而是我国公司股权集中的必然反映,事实上也无法通过制度的规定人为予以分开。

与学理上主张公司自主选任代表人不同,现有观点对于代表人的职权多主张通过法律方式予以明确。有较为笼统的设计认为应从公司治理机制出发通过法律明确法定代表人的授权。[2] 有观点主张在公司法中设置对代表人的授权性规范,明确权利范围与界限,从而"使得法定代表人履行职务行为时有请求权基础"。[3]

与代表人权限密切相关的是其义务,对此学理上多主张明确代表人的信义义务,[4]这也是应对选任自由后果之举。"在扩大公司代表人的选任范围之后,从义务内容上而言,代表人义务应当涵盖其代表职权范围内的注意义务与勤勉义务等范畴,进而为事后救济提供规范基础。"[5]此种义务系代表人对公司的责任,为其承担责任的基础。

法定代表人为公司登记事项,2018 年《公司法》第 13 条规定法定代表人应依法登记,变更时应办理变更登记。虽然 2023 年《公司法》第 10 条取消了"依法登记",但《市场主体登记管理条例》第 8 条明确规定法定代表人为登记事项,我国公司营业执照一直也列示法定代表人。值得注

---

〔1〕 参见梁开银:《我国公司法定代表人规则的重塑》,载《法商研究》2023 年第 1 期。

〔2〕 参见刘道远:《公司法定代表人的角色、制度渊源及其完善》,载《比较法研究》2022 年第 4 期。

〔3〕 王毓莹:《公司法定唯一代表制:反思与改革》,载《清华法学》2022 年第 5 期。

〔4〕 参见王毓莹:《公司法定唯一代表制:反思与改革》,载《清华法学》2022 年第 5 期。

〔5〕 刘斌:《公司治理视域下公司表意机制之检讨》,载《中国政法大学学报》2021 年第 2 期。

意的是，对于公司登记中包含法定代表人事项，学界的意见多为反对，认为应该修改法定代表人的登记。有观点将登记界定为强制登记，由此将其设定为任意记载事项就成为选择。[1] 也有观点并不彻底否定登记，而是细究登记的效力，公司内部决议是代表人的生效要件，而登记只是对抗要件，由此否定登记的生效主义立场。对于现行登记制度的反对主要理由为：登记是民事权利的公示，不应强制；[2]登记固化了代表人，从而带来垄断权。[3]

有观点综合了以上数点，认为应"将'法定代表人'更名为'代表人'；赋权股东来决定代表人的人选；取消法定代表人必须登记的强制性规定"。[4] 也有表述为，"一是去'必设性'，用代理制取代代表制，由公司决定公司代理人是否登记，实行公司代理人选择范围的自治；二是去'唯一性'，由公司决定代理人人数；三是去'固定性'，实行公司代理人的动态选任自治"。[5] 一言以蔽之，主流的观点就是将法定代表人的选任交由公司。

其实对于我国法定代表人制度，也有观点为其辩护。对于广受批评的法定性、唯一性，有观点认为，公司可以决定代表权的产生、消灭等，代表人其实是意定的；公司董事会、经理享有当然的、概括的代理权，法定代表人也不是唯一的。[6] 对于主流观点所强调的代表与代理的实质等同也有不同意见，该不同意见强调代表在主体制度中的重要意义，认为用意定代理完全替代代表不可行，"对相关法律强制性规定的合理性不

---

〔1〕 参见王毓莹：《公司法定唯一代表制：反思与改革》，载《清华法学》2022 年第 5 期。

〔2〕 参见张昭庆：《关于完善中国公司代表权制度的思考》，载《河北学刊》2010 年第 4 期。

〔3〕 参见袁碧华：《法定代表人的制度困境与自治理念下的革新》，载《政法论丛》2020 年第 6 期。

〔4〕 曹兴权、荣振华：《公司代表人制度"法定性"的弱化——法律与社会良性互动视角的分析》，载《北方法学》2013 年第 1 期。

〔5〕 袁碧华：《法定代表人的制度困境与自治理念下的革新》，载《政法论丛》2020 年第 6 期。

〔6〕 参见殷秋实：《法定代表人的内涵界定与制度定位》，载《法学》2017 年第 2 期。

加以甄别而彻底自由化缺乏合理性”。[1]

第四节　法定代表人制度的修改方向[2]

对于上文所归纳的法定代表人改革的主流观点,即以公司自治代替法律规定,由公司自由确定代表人的选任、人数,取消强制登记,将法定代表人放置于公司外显型要件进行考虑,则上述观点难言妥帖。法定代表人制度并非不需要修改,但却不能基于纯粹理论假设的自由主张,不能脱离我国国情与历史轨迹,不能不考虑制度的可行性与效率。概言之,法定代表人制度的修改应该秉持现实主义进路,回应社会现实问题,构建完整高效的制度体系。

一、完全自由化的代表人制度不可行

本处不可行主要是实践意义上的,并非理论意义上的。在我国现有公司中推行去必设性、唯一性、固定性的代表人制度貌似奉行私法自治,实际上不具有可行性,或者会导致运行中的混乱。

对于自由化观点,仔细审视各方观点,其内容与实施路径并不一致:有将该权利赋予公司,也有将其赋予公司董事会;对于选任的人员有不设任何限制的建议,也有建议在董事中选择代表人。这说明即使采用代表人自由化立场,其制度内容与路径也没有相对固定的下来,各方观点相距甚远,差异显示了各方所主张自由度的大小不一。完全将代表人选任的权限交由公司,无视我国公司的股权结构,不仅过高估计了我国公司的治理水平,还未顾及我国公司法定代表人的实务问题。

---

〔1〕 李培根:《法定代表人法律地位之再思考》,载《中国法律评论》2023 年第 4 期。

〔2〕 本部分写作于 2023 年《公司法》修订之前,以法律修订内容检视本部分内容两者并无违和之处。故将有关法定代表人内容列于此处,一方面是保证体系的完整,另一方面更是展示从外显型要件角度考虑相应问题可能的观点与认识。

公司由单一主体对外实施代表行为，不但在制度规定上极为坚固，而且在社会运行中也广被接受，其实质的理由是有限责任公司的股权高度集中。控股股东对外代表公司不但具有合理性，而且简便易行，舍此而采用其他主体即使可行，也势必导致高昂的交易磋商成本。

我国公司治理水平不高，不但有限责任公司如此，作为公众公司的上市公司也屡屡暴露治理漏洞，如康美药业造假数额与持续时间之长不断拷问公司治理机制的有效性，而其后实际控制人成了绕不过去的存在。观察我国公司自治理念运行状况的一个窗口是公司章程。2005 年《公司法》与 2013 年《公司法》改革的取向都是鼓励公司经由章程享有更多的治理权限，但章程模板始终是绝大多数公司的选择，真正通过章程采用适合自身机构设置或权力分配的公司几无所见。有限责任公司的治理结构更为简单，董事会或有或无，股权更为集中，两职合一更为常见。法律赋予该种公司自由设定代表人的权利，是保护了公司自由，还是可能危及债权人利益？

挂名法定代表人、代表人涤除等实务问题不是代表人自由化的一种表现吗？至少，挂名法定代表人在代表人设置自由之后可以合法去掉“挂名”二字而享有代表人之实，则现存挂名代表人制度是合法化还是禁止？

所以主张法定代表人自由的同时往往要求明确法定代表人的职权，董事、经理列举职权效果不彰在前，法定代表人的职权可以规定清楚吗？寄希望明确代表人职权来对冲自由化之后的不可控，制度成本与制度收益是否成正比，更重要的是是否可行？将法定代表人完全自由化的观点只是基于理论假设的制度推演，并没有充分考虑我国的制度实情，实际上对公司法中各项制度推进状况也置若罔闻。

当然本书的主张都是立基于数量绝对优势的有限责任公司，在规模较大、治理较为规范的股份有限公司是否可以推行自由的代表人制度可以另行研究。在我国公司法未针对不同公司类型作出区分性的制度规定之前，该种观点应该慎行。

二、法定代表人的内在合理性

法定代表人在我国公司法制度中的长期存在，具有内在合理性，对此有不少学者也有论述。法定代表人最明显的制度功效是简化公司对外代表主体，从而满足市场交易的效率追求。对于公司而言，明确对外代表的主体可以免去公司内部决策流程，同时避免由多数主体对外代表公司所带来的协调成本，当然也就最大限度避免了挂名代表人存在的可能。而对于市场交易主体而言，则可以方便地识别交易对方并从事交易行为，借助于归责条款完成交易过程。在这一点上存在相反观点，认为法定代表人阻碍了公司效率，主要理由是现代社会公司事项繁杂，将代表权集中于一人，其势必无法高效处理各事项。必须承认该理由有存在的合理性与空间，但其主要是针对具有一定规模的公司，对于中小公司该种不利并不存在。可以认为代表人数量与公司规模之间具有正比关系，在忽视公司规模的前提下单纯否定单一代表制并不全面。有观点认为法定代表人的功能在于安全，"法定唯一代表制具备安全的优点，却也因此缺失了便捷性"。[1] 此为误判，效率与安全之间具有内在的紧张关系，一项制度应该只偏于其中一个维度。法定代表人实质要义在于公司与外部主体交往中的效率，并非在于公司内部安排的安全。

以实务中颇具威力的限高令展示法定代表人的功能。根据《最高人民法院关于限制被执行人高消费及有关消费的若干规定》的规定，在作为单位的被执行人未按执行通知书指定的期间履行生效法律文书确定的给付义务的，法院可采取限制消费措施，被执行人及其法定代表人、主要负责人、影响债务履行的直接责任人员、实际控制人不得实施相应的消费行为。限高令的存在是挂名法定代表人申请涤除的重要原因。限高令其实质理由为单位与法定代表人具有实质相联，否则该种突破法人独立性的规定无从进行合理性说明。值得注意的反而是，实践中质疑对

---

〔1〕 王毓莹：《公司法定唯一代表制：反思与改革》，载《清华法学》2022 年第 5 期。

法定代表人实施限高令的并不多,反而是通过变更法定代表人逃避限高令引起了广泛的注意。[1]

考诸比较法,由特定自然人担任公司代表不乏其例。以大陆法系的韩国为例,有限责任公司的公司代表为业务执行人,一名为常态,但公司章程可以规定多名业务执行人。股份有限公司设立代表董事,也可以设数名代表董事。[2] 我国台湾地区"公司法"更具有代表性,其第108条第1款规定:公司应至少置董事一人执行业务并代表公司,最多置董事三人……董事有数人时,得以章程特定一人为董事长,对外代表公司。因此有论者表示,"各董事均有代表权模式虽更为灵活,但其也会激化代表权滥用问题,反而存在矫枉过正的风险。相较而言,在代表董事模式下,公司可以根据自身情况选择一名或多名董事,如此便可规避代表权滥用问题"。[3]

在地理位置上同处东亚的韩国与中国都选择了有限的自然人享有公司代表权,这是一个饶有趣味的问题,反映了法定代表人与文化的深层关联性。前文已述及,现有检讨法定代表人的理论都将该制度的起源回溯至苏联影响,并经由国有企业而强化,更有观点断言法定代表人"产生与发展与我国公司发展没有历史上的渊源"。[4] 虽然公司制度移植而来,但其必然受到文化影响,尤其是在公司治理领域。一个显著的例子是我国家族观念、制度与公司形态的结合,深刻影响了我国公司的实际运行。就法定代表人而言,其独享对外代表公司的权限与家长制具有

---

〔1〕 参见《最高人民法院关于在执行工作中进一步强化善意文明执行理念的意见》第17条第2款规定,"单位被执行人被限制消费后,其法定代表人、主要负责人确因经营管理需要发生变更,原法定代表人、主要负责人申请解除对其本人的限制消费措施的,应举证证明其并非单位的实际控制人、影响债务履行的直接责任人员。人民法院经审查属实的,应予准许,并对变更后的法定代表人、主要负责人依法采取限制消费措施"。

〔2〕 参见王延川、刘卫锋编译:《最新韩国公司法及施行令》,法律出版社2014年版,第26、79页。

〔3〕 李洪健:《论公司法定代表人的制度功能与定位修正》,载《中国矿业大学学报(社会科学版)》2019年第4期。

〔4〕 焦娇:《公司代表人制度研究》,西南政法大学2010年博士学位论文,第2页。

同构性,我国清朝引进公司时有“主人”之存在。1904 年清政府《公司律》第 53 条规定,“经理人由主人选任,在营业所中代主人除审判以外的行为”。[1] 事实上,我国基于儒家文化的“家国同构”经由不同的方式投射到了公司之中,国有公司负责人与家长制不但在观念形态上支撑了法定代表人,还在今天的现实层面上得到了呈现,甚至很多时候还在强化。

三、法定代表人制度的再分析

在列举了学理上对法定代表人的猛烈批评之后,又陈述其合理性,并不是为法定代表人“翻案”,而是要将公司代表人制度建立在更为理性的分析之上。

首先,现行法定代表人的症结何在?代表人的唯一性其实并不是问题关键之所在,上文已述,这与公司规模直接相关。对于中小公司而言,复数主体的代表人并不一定合理,可能推高代理成本,引发代表人之间的关系调处问题。就本书层层的剖析,法定代表人累加了股权集中、董事长或经理人对公司的控制,在此基础上独享对外代表公司的权限可能给公司带来损害,这是各方关注的焦点,也是法定代表人制度设计应解决的问题。对此,将对外代表权交由公司选择,弱化法定性,甚至去除目前法律规定的选择范围并不能有效解决问题,最大可能是催生出合法的“挂名法定代表人”。对于该问题,治本的方法是对有限责任公司与股份有限公司构建不同的制度体系。在治本方法不被采用时,法定代表人改革重点并非选任,而是应将重点放置于公示、涤除、责任等后端制度设计,由此防范兼任公司数职或为公司实际控制人的法定代表人掏空公司。

其次,董事会合适担任代表人吗?在对外代表公司的设定上,英美法系采用代理理论,“在英美法系国家,董事会负责公司的业务决策和经

---

[1] 陈俐文:《清末〈公司律〉中的公司治理结构探索》,中国人民公安大学 2022 年硕士学位论文,第 21 页。

营管理，但具体事务的执行都落实在董事身上。董事是当然的代表公司做出意思表示的人员”。[1]《德国股份公司法》第78条规定，“董事会在诉讼上和诉讼外代表公司”。与主张公司治理的董事会中心主义相一致，我国亦有观点认为应该将对外代表公司的权限交由董事会或董事享有，如主张“在解释论上董事会作为公司机关仍然应该享有对外代理公司的当然权限”。[2] 强调董事会的地位、作用应该与公司形式相对应，有限责任公司董事会难以实质性承受公司治理重任。即使在股份有限公司，也存在董事会成员来源复杂的问题，如独立董事、国有企业的专职董事等，不加区分地赋予董事对外代表公司的权力并不妥当。

最后，法定代表人的公示应该取消吗？必须承认，我国法定代表人公示的作用不仅限于程序层面，而且具有实体意义，“法定代表人真正的独特之处在于其配套的登记制度”。[3] 正因为公示的实质存在，故不少观点认为法定代表人并非私权设置，并主张是否登记应交由公司决定。该主张没有看到从清末公司制度引入以来的登记公示传统，忽视了登记制度的重要性，并且混淆了登记的管理属性与登记效力之间的区分。公司事项需进行登记，为市场环境构建的管理需求；法定代表人越权代表时，合同有效性的判断应取决于相对人的善意。事实上，相对人的知情与否与登记制度具有直接的关联。与法定代表人相关的难题，并不是源自登记，更可能是源自公司登记与公示的不足。

私法自治应该是市场交易全景式的自治，而不应只是局限于公司内部的自治，否则外部交易成本可能陡增。这正是本书认为自由化法定代表人制度不可取之处。

四、我国法定代表人制度的设计

法定代表人制度的设计必须注意其承担着公司外显的功能，即本书

---

〔1〕 何建：《公司意思表示研究》，复旦大学2014年博士学位论文，第210页。

〔2〕 殷秋实：《法定代表人的内涵界定与制度定位》，载《法学》2017年第2期。

〔3〕 殷秋实：《法定代表人的内涵界定与制度定位》，载《法学》2017年第2期。

所称的外显型要件。市场交易的理想状态是交易各方可以方便地识别对方,并尽量便捷、无法律顾虑地从事合同签订等交易行为。基于此目的,可以对法定代表人制度做出如下设计。

(1)代表人人数以一人为常态,公司可通过章程自行加以约定。该种模式兼顾了我国公司实情与公司治理所需。一般公司登记一名自然人为公司代表人,该自然人通常担任公司董事长、经理等管理之职,这即为我国现行的法定代表人制度。但为了弱化法定性,可以授权公司于章程中作出专门约定,规定公司代表人人数与任职条件、选任程序,从而兼顾不同类型公司的需求。

(2)完善代表人相关登记规定。在商事登记中,代表人登记应为必须登记的事项,变更登记亦同,这实际上是法定性弱化,代表人相对自由后必需的保障措施。在理论上值得明确的是登记的制度效力,“从目的上看,合适的结论应是第三人可以信赖登记所记载的法定代表人身份,而不需再进行特别调查。这也是不少学者肯认并在司法实务中得到实践的观点”。[1] 实际上,代表人须为对外行为,其代表人职权的登记公示事关交易相对人善意判断,故公司章程的登记和公示与此密切相关,《市场主体登记管理条例》已将章程作为登记备案事项,如何公示须进一步完善。

(3)确立代表人涤除制度。从司法实务来看,代表人涤除实践中问题较为突出但却存在制度空白,需作出补充。经由司法,公司内部代表人涤除的判断规则已发展较为完善,制度需将司法判决与登记进行联动,构建整体性的涤除制度。

(4)明确代表人责任。在保留代表人的同时,应对其做出责任设定。虽然在身份上有重合,但对代表人、董事长、经理有不同的权责要求,依据权责一致原则设定代表人责任具有合理性。唯需讨论的是,代表人的义务是否亦为包含注意义务与忠实义务的信义义务,在此应有所不同,

---

〔1〕 殷秋实:《法定代表人的内涵界定与制度定位》,载《法学》2017 年第 2 期。

以适配对外代表的权责。

以上述内容检视2023年《公司法》修订过程中的草案,列出表5-1。

表5-1　2023年《公司法》草案法定代表人条文一览表

2023年《公司法》修订草案	条文序号	内容
《〈公司法〉修订草案》	第10条	公司的法定代表人按照公司章程的规定,由董事长、执行董事或者经理担任;依照本法规定不设董事会的公司,由董事或者经理担任
二次审议稿	第10条	公司的法定代表人按照公司章程的规定,由代表公司执行公司事务的董事或者经理担任
三次审议稿	第10条	公司的法定代表人按照公司章程的规定,由代表公司执行公司事务的董事或者经理担任
修订稿	第10条	公司的法定代表人按照公司章程的规定,由代表公司执行公司事务的董事或者经理担任

比对最终立法修订稿与各审议稿,立法者坚持法定代表人制度,但放宽了选任范围,允许公司章程作出规定。另外《公司法》对法定代表人辞职选任的规定意在解决挂名法定代表人问题,而明确法定代表人的行为效力则属于整体制度性完善。就此而论,《公司法》基本完成了法定代表人的制度建构,颇值赞许,但制度内涵仍有赖实践与司法的完善。

第六章　注册资本的消解与重建：基于功能的视角

资本是一个过于常见、宏大、层次丰富的概念，可惜我们总是在不加区分地进行使用，从而使得各种观点都有合理的成分。本书只是在公司法领域注册资本的界定下使用资本，放弃资本在宏观社会层面的含义，这是一种理论定位的自觉，同时有助于讨论的清晰化。[1] 对于公司来说，注册资本构成运营的基础，是“公司独立主体资格的外

---

〔1〕“资本”作为一种人类历史进步的推动力，往往被放在社会构成的层面进行讨论。例如，穆勒认为，关于资本的基本观点，第一个就是，工业的发展受资本的限制。斯密也认为，资本的增长或减少都会使工业的实际规模、生产资料的数量增长或减少，进而使农产品每年的交换价值、一国的劳动的交换价值、一国居民的真正财富和收入扩大或缩小。伯顿则将资本界定为“人们为了在未来制造财富而从当前消费中留有的部分财富”。参见[美]西奥多·E. 伯顿：《资本的秘密：金融危机与大萧条经济周期的规律》，李薇、邓达山译，陕西师范大学出版社2009年版，第52~54页。对于“资本主义”，年鉴史学大师布罗代尔将其界定为“这个战斗的字眼是暧昧的，可怕地载满了现实意义，也很可能潜含着年代的颠倒”，虽然如此，他还是将欧洲15世纪以来的发展称为“资本主义”。参见[法]布罗代尔：《资本主义的动力》，杨起译，生活·读书·新知三联书店1997年版，第30页。

观要件之一”,[1]即本书所称的外显型要件。

公司法学依据注册资本在公司不同阶段所发挥的作用,一般将注册资本制度分为资本形成与资本维持两部分,[2]本书基于外显型要件的主题要求集中于资本形成中的注册资本,当然也会涉及资本维持相关制度。

第一节　我国注册资本的消解:制度历程与学理解读

我国《公司法》制定于1993年,制定后历经1999年、2004年、2013年、2018年四次修正与2005年、2023年两次修订。从法律修改频率来看,公司法无疑较为频繁,内在原因是法律与经济的紧密关联。公司法不但与经济改革亦步亦趋,而且具有促进经济发展的积极功能,后者尤其表现在注册资本制度上。故而,无论是修正、修订,《公司法》的每一次修改注册资本制度都是重点,由此可见该制度的重要性。

鉴于注册资本所涉及的概念较多,且不同概念在各学说中存在理解上的一定歧义,本书于此先对相关概念做一界定。(1)法定资本制。法定资本制其实有“名不副实”之处,此处的“法”改为“章”当更为合适。法定资本制的核心特征是注册资本于公司设立时确定并由股东缴足或认足,公司资本全部分解为股东的出资责任,以后的增资须经股东会作出决议。(2)授权资本制。与法定资本制相对,授权资本制是指公司设立时资本总额记载于公司章程中,公司只需要认足或募足资本总额的一部分,其余部分授权董事会在认为必要时决定发行。(3)认缴制。相对于实缴制,认缴制是公司注册资本的缴付方式,由公司发起人或股东承

[1] 赵万一:《资本三原则的功能更新与价值定位》,载《法学评论》2017年第1期。

[2] 参见黄辉:《公司资本制度改革的正当性:基于债权人保护功能的法经济学分析》,载《中国法学》2015年第6期。对于资本维持,王军将其称为“资本报偿”,但依然坚持两分法。参见王军:《公司资本制度》,北京大学出版社2022年版,第287~522页。

诺出资义务分期缴付。[1]

下面对历次修法过程中,注册资本的变动内容作出概述,以清晰显示注册资本的消解状态。

1. 1993 年《公司法》的注册资本规定

该法第 23 条规定了注册资本,共 3 款。第 1 款规定了实缴制,“有限责任公司的注册资本为在公司登记机关登记的全体股东实缴的出资额”。第 2 款、第 3 款规定了不同主业公司的最低出资额。第 2 款规定,“有限责任公司的注册资本不得少于下列最低限额:(一)以生产经营为主的公司人民币五十万元;(二)以商品批发为主的公司人民币五十万元;(三)以商业零售为主的公司人民币三十万元;(四)科技开发、咨询、服务性公司人民币十万元。”第 3 款是对最低出资额的补充规定,“特定行业的有限责任公司注册资本最低限额需高于前款所定限额的,由法律、行政法规另行规定”。该法从第 24 条至第 27 条对非货币出资、缴付出资、验资作出了相应规定。该资本制度的特点在于,包含了法定资本制、最低注册资本、实缴制,构建了后来所认为最严格的注册资本制度。[2]

1993 年《公司法》的制定具有相应的时代背景。一方面,国有企业改革进入所有制改革的新阶段。依照经济学划分,我国国有企业改革分为 5 个阶段,改革开放初期(1978 ~ 1984 年)是放权让利阶段,随后实施两权分离(1985 ~ 1992 年),但依然存在较多的问题,[3]这时“所有者缺位”的问题成为改革的重点,公司所代表的现代企业被认为是恰当的解决方案。因此 1993 年《公司法》第一句即为“为了适应建立现代企业制度的需要”。另一方面,1992 年党的十四大确立市场经济路线,公司作为

---

〔1〕 须避免将认缴制仅仅界定为登记环节,与认缴制配合的登记只是认缴制整体制度的一部分,并非认缴制本身。因为有观点认为:“所谓认缴,是针对工商登记而言的,即只登记认缴的注册资本,不再登记实收资本,而并非意味着资本不需要实缴。”参见卢宁:《刍议公司资本形成制度的改革与发展——以“认缴制”的定性为起点》,载《法学论坛》2017 年第 3 期。

〔2〕 值得注意的是,在 1993 年《公司法》中已经使用了“认缴”字样,见该法第 25 条,由此可见“认缴”与“实缴”并不处于完全对立的状态。

〔3〕 参见黄文涛、王大林:《国有企业改革的历史脉络与成效》,载百度网 2023 年 4 月 12 日,https://baijiahao.baidu.com/s?id=1762980919659904230&wfr=spider&for=pc。

世界领域具有示范性的企业类型,成为我国制度学习的对象。“中国《公司法》在诞生之时就担负着弘扬现代企业理念,推进市场经济体制建设的重任。党和国家寄望借助《公司法》推行现代企业组织的一些基本理念,完成国有企业的现代改革和社会主义市场经济构建。”[1]但在公司资本上,1993 年《公司法》仍保留对虚假公司、皮包公司的高度警惕,从而在资本制度的各构成要件上都设定了较为严格的要求。[2]

2. 1999 年《公司法》的注册资本规定

1999 年《公司法》属于较小的修正,只涉及两个条文,与注册资本相关的只有一条,即第 229 条第 2 款规定,“属于高新技术的股份有限公司,发起人以工业产权和非专利技术作价出资的金额占公司注册资本的比例,公司发行新股、申请股票上市的条件,由国务院另行规定”。这一条对应的是 1993 年《公司法》的第 80 条第 2 款,该条款规定,“发起人以工业产权、非专利技术作价出资的金额不得超过股份有限公司注册资本的百分之二十”。1999 年《公司法》对有限责任公司也有相同规定。1999 年《公司法》在出资类型上进行了有限的突破,以高新技术公司融资为目的,将工业产权和非专利技术出资比例提高。

出资类型为资本制度的构成要件之一,本次修改的内容在有限责任公司中也存在,但出资类型的相关规定也在持续地放松之中。

3. 2005 年《公司法》的注册资本规定

2004 年《公司法》经历了修正,但只是删除了“以超过票面金额为股票发行价格的,须经国务院证券管理部门批准”,与本书关联不大。2005 年《公司法》属于法律修改中程度较大的修订,[3]涉及的条文内容较多,

---

〔1〕 范健、李欢:《中国〈公司法〉改革思考》,载陈洁主编:《商法界论集》(第 1 卷),法律出版社 2018 年版。

〔2〕 “考虑到过去一再发生设立公司过滥的情况,草案对公司注册资本作了较为严格的规定。”卞耀武:《关于〈中华人民共和国公司法(草案)〉的说明——1993 年 2 月 15 日在第七届全国人民代表大会常务委员会第三十次会议上》,载个人图书馆网,http://www.360doc.com/content/20/0603/01/26934091_916161528.shtml。

〔3〕 法律的修正与修订意味着修改程度的不一样,修订更为系统全面,修正往往只是就专门、特定的内容展开,通俗的说法一为大修,一为小修。

沈四宝教授将修改内容归纳为六大方面。[1] 具体到注册资本制度，2005年《公司法》作出了如下修改。

首先，调整了注册资本最低限额。该法第26条第2款规定，“有限责任公司注册资本的最低限额为人民币三万元。法律、行政法规对有限责任公司注册资本的最低限额有较高规定的，从其规定”。较之1993年《公司法》，在经济社会长期发展之后，2005年《公司法》统一了各公司类型注册资本最低限额要求，并且在数额上大幅降低。对此，赵旭东教授明确将其归因为立法目标的调整，原有的规定为“限制、约束的立法目标”，而2005年《公司法》所奉行的为“鼓励投资的立法目标”。[2]

其次，采用了有限认缴制。该法第26条第1款规定，“有限责任公司的注册资本为在公司登记机关登记的全体股东认缴的出资额。公司全体股东的首次出资额不得低于注册资本的百分之二十，也不得低于法定的注册资本最低限额，其余部分由股东自公司成立之日起两年内缴足；其中，投资公司可以在五年内缴足”。认缴制在2005年《公司法》中正式登场，但受到两方面限制，一是首次出资的比例；二是出资的期限，相应的内容应该规定于公司章程中。对认缴制的限制可视为立法者在出资股东与公司资本充实性之间做出的平衡。

最后，出资类型一般化。该法第27条对此设定了一般性要求，即非货币财产出资符合“可以用货币估价并可以依法转让”，而不再全部是列举式规定，从而释放了可用于出资的财产类型。[3] 以此为基础，《公司

---

〔1〕 参见沈四宝：《新〈公司法〉的新亮点》，载《时代法学》2006年第1期。

〔2〕 赵旭东：《新〈公司法〉的突破与创新》，载《国家检察官学院学报》2007年第1期。对于此处修改，有学者归结为“负向评价的法与合法的脱法之替代”，即“1993年《公司法》第23条对不同类型公司的注册资本予以不同规定，某些类型的公司注册资本要求高，某些类型的公司注册资本要求低。鉴于此，市场主体会采取挂羊头卖狗肉的方式规避较高的注册资本要求，例如以科技开发名义注册公司却从事商品批发业务。2005年《公司法》第26条取消不同类型公司的资本差异化要求，采取统一的最低注册资本要求”。参见林少伟：《脱法实践下公司规则变迁之逻辑》，载《交大法学》2022年第6期；刘俊海：《建议〈公司法〉与〈证券法〉及三套外商投资企业法联动修改》，载《法律适用》2013年第12期。

〔3〕 参见朱慈蕴：《中国公司资本制度体系化再造之思考》，载《法律科学（西北政法大学学报）》2021年第3期。

登记管理条例》（2005 年修订，已失效）第 14 条第 2 款明确了劳务、信用、自然人姓名、商誉、特许经营权和设定担保的财产不能作价出资。相关规定沿用至今。就出资类型的规制而言，学者一般认为是低效甚至是无效的，王军认为“实务中的很多做法实际上已绕开或突破了管制。出资类型管制在法律条文上的严肃刻板与其实际操作过程中的稀松疲软，形成讽刺性的对照”。[1]

2005 年《公司法》与注册资本相关的修改还包括公司转投资的放开，对一人公司作出明确规定，但 2005 年《公司法》坚持了验资制度。对于 2005 年《公司法》规定的资本制度，有学者认为已超出法定资本制，属于折中资本制，[2]对此应予以辨析。虽然 2005 年《公司法》采用了有限认缴制，但并没有触动资本形成机制，公司资本额设立时须确定并记入章程，资本变动权限为股东会，因此仍属于法定资本制。[3]

4. 2013 年《公司法》的注册资本规定

本书第二章已述及基于营商环境的 2013 年《公司法》修改，特别是与资本相关内容的重大调整，本处作一展开。2013 年《公司法》虽只是修正，但该次修改主要针对的就是注册资本制度，因此在注册资本制度上的改革力度并不比 2005 年的修订小，甚至更大。

首先，取消注册资本最低限额。相较于 2005 年的调整，2013 年《公司法》彻底取消了对公司注册资本最低限额的要求，不但是对有限责任公司取消了注册资本最低限额，对一般意义上的大公司——股份有限公

---

〔1〕 王军：《公司资本制度》，北京大学出版社 2022 年版，第 109 页。对此，刘斌教授持相同观点，“针对出资形式的法律禁止，商事实践中发展出了多种方式予以规避，使得《公司法》和《公司登记管理条例》所施加的限制基本落空，徒具形式。”参见刘斌：《股东出资形式的规制逻辑与规范重构》，载《法学杂志》2020 年第 10 期。

〔2〕 参见沈四宝：《新〈公司法〉的新亮点》，载《时代法学》2006 年第 1 期。

〔3〕 在 2005 年《公司法》修订之初，不少学术观点认为我国公司资本制度已不是法定资本制，但随着概念的澄清、制度的发展与授权资本制的引入，学界主流意见认为，即使引入认缴制，我国公司法资本制度仍为法定资本制。参见范健、王建文：《商法学》（第 4 版），法律出版社 2015 年版，第 138 页；雷兴虎、薛波：《公司资本制度改革：现实评价与未来走向》，载《甘肃社会科学》2015 年第 2 期；卢宁：《我国公司资本“认缴制”的法定资本制性质辨析》，载《财经法学》2017 年第 5 期。

司也取消了最低限额的要求，公司注册资本的数额由公司章程规定，法律、行政法规以及国务院另有规定的，从其规定。

其次，采用完全认缴制。2013 年《公司法》取消了 2005 年《公司法》对认缴制所设定的限制，对于首次出资比例与出资期限法律都不再作强制规定。由此带来的问题是，零首付与超长的出资期限在法律上具有了可能性。

上述两者的联合使用使得股东享有出资的自由，在出资数额、出资期限、出资次数等方面都交由股东相互之间进行约定，这体现在公司章程的内容之中。上述变化在公司登记上也带来了相应的影响，即公司登记机关对实收资本的动态掌握与公示变得困难，实际上 2013 年《公司法》第 7 条就已将“实收资本”项目从营业执照记载事项中去除，2005 年《公司法》第 33 条公司应将股东出资额向登记机关进行登记的义务也被取消，这是一个似小实大的变化。

最后，取消验资。始自 1993 年《公司法》的股东出资须经验资机构验资并出具证明的规定被删除。对此学界认为验资与实缴相关联，在公司法已采用完全认缴制的情况下，验资不但没有存在的必要，也没有存在的可能。而验资的取消也被当作“较少行政干预”立法理念的体现。[1]

对比 2005 年与 2013 年两次对《公司法》的修改，前者只是在最低限额与认缴制等方面做出调整，而 2013 年是在公司资本制度方面的彻底改革。2013 年《公司法》的修改开启了监管机关对公司信息公示的建设，同时修订了《公司注册资本登记管理规定》(已失效)等一系列行政规章。完全认缴制也影响到刑法上与公司出资的相关罪名，采用认缴制的公司将不适用虚报注册资本罪、虚假出资罪与抽逃出资罪。

5. 2018 年《公司法》的注册资本规定

2018 年《公司法》修正对注册资本规定部分的修改只涉及股份有限

---

〔1〕 参见雷兴虎、薛波：《公司资本制度改革：现实评价与未来走向》，载《甘肃社会科学》2015 年第 2 期。

公司的一个法条，赋权董事会决定股份回购，开启了授权资本制的引入。对此立法机构说明，“对公司法有关资本制度的规定进行修改完善，赋予公司更多自主权，有利于促进完善公司治理、推动资本市场稳定健康发展”[1]。这似乎可以作为1993年以来公司法资本制度历次修改的理念总说明。

6.2023年《公司法》的注册资本规定

2013年修订《公司法》以来，我国政治经济环境不断改革优化，公司立法进入新的修订周期，[2]2023年修改被界定为“大修”。[3] 全国人大常委会于2021年12月发布《公司法（修订草案）》进行征求意见，草案实质新增和修改条文70条左右，修改的内容涉及7大方面，其中一个就是完善公司资本制度。作为该次修订的重要环节，立法机关于2022年12月、2023年9月先后公开发布《公司法（修订草案二次审议稿）》《公司法（修订草案三次审议稿）》征求意见，并最终于2023年12月29日通过该次修订。概括而言，公司资本的修改内容可依有限责任公司与股份有限公司分为两部分，内容较为丰富。本处对2023年有限责任公司的注册资本修订内容做一简单介绍。

首先，为认缴出资设定期限。作为该次修订最引人注意之处，法律对认缴出资设定了期限，《公司法》第47条第1款规定，“有限责任公司的注册资本为在公司登记机关登记的全体股东认缴的出资额。全体股东认缴的出资额由股东按照公司章程的规定自公司成立之日起五年内缴足”。检索该规定系《公司法（修订草案三次审议稿）》才列入法条的，

---

[1] 《全国人民代表大会常务委员会关于修改〈中华人民共和国公司法〉的决定》（2018年10月26日第十三届全国人民代表大会常务委员会第六次会议通过）。

[2] 参见《〈公司法（修订草案）〉全文、说明及修改对照》，载百度网2021年12月28日，https://baijiahao.baidu.com/s?id=1720392358210677089&wfr=spider&for=pc。该说明将修法的必要性归纳为四点：深化国有企业改革、完善中国特色现代企业制度；持续优化营商环境、激发市场创新活力；完善产权保护制度、依法加强产权保护；健全资本市场基础性制度、促进资本市场健康发展。

[3] 参见李小健：《公司法大修：打造更具活力的中国市场》，载《全国人大》2022年第3期。

为立法最后阶段的增补。该规定修改了2013年所确立的完全认缴制，在公司资本制度中具有重要意义，并且因为涉及存量公司认缴资本的处理问题，其作为立法条款体现出立法机关巨大的勇气。但在学理上、在立法讨论中，以及在法律颁布后都引起了激烈的争议，赞成与反对的意见同样存在。[1] 认缴期限的实施有待于国务院的具体规章。

其次，增加股东欠缴出资的失权制度。《公司法》第51条、第52条构建了股东失权制度：第51条规定了董事会对股东出资负有核查义务并应在股东未按期足额缴纳出资时做出催缴通知；第52条规定了股东经催缴仍未履行出资义务，董事会经决议可发出失权通知。由此可见，失权既是实体权利的处分制度，也依赖程序的完善。

再次，增加有限责任公司股东认缴出资的加速到期制度。《公司法》第54条规定，公司不能清偿到期债务的，公司或者已到期债权的债权人有权要求已认缴出资但未届出资期限的股东提前缴纳出资。该条系对于理论上争论较多的认缴加速到期的条文化，在意见征集中争议仍较多，最终法律所规定的条件放宽，是对冲完全认缴制风险的制度设计。

最后，强化设立时的其他股东对非货币出资瑕疵的连带责任。相较于原有规定，《公司法》第50条对于公司设立时的出资瑕疵，删除了"应当由交付该出资的股东补足其差额"的规定，直接规定"设立时的其他股东与该股东在出资不足的范围内承担连带责任"。改动虽小，却反映出加重股东责任的倾向。

值得注意的是，2023年修订的上述各规定其实围绕股东的出资责任形成了相互补充的有机整体，认缴期限、加速到期、失权制度都具有矫正

---

〔1〕 在学术讨论中，对于5年认缴期限的设定存在不同意见。此外，值得关注的是，肯定与存疑方都提到了该规定对营商环境优化的影响。对于存量公司中已登记的认缴出资，过渡期为平稳过渡的方式。"自2024年7月1日至2027年6月30日。公司法施行前设立的公司出资期限超过公司法规定期限的，应当在过渡期内进行调整。"参见《市场监管总局关于公开征求〈国务院关于实施《中华人民共和国公司法》注册资本登记管理制度的规定（征求意见稿）意见的公告〉》，载国家市场监督管理总局网2024年2月6日，https://www.samr.gov.cn/hd/zjdc/art/2024/art_f9f3f2d431474f0aa453786a9e5dd5cb.html。

完全认缴制的功能。此外《公司法》还明示股权、债权可用于出资,系吸收了学理与实务发展。至于股份有限公司的授权资本制,将在后文讨论授权资本制时专门介绍。

7. 制度历程的小结

如果将注册资本比喻为公司的物质外墙,则我国注册资本的变迁历程就清晰展现了该外墙的建立、逐步塌陷及至完全消失,然后又有所重建。1993 年《公司法》确立了法定资本制:注册资本最低限额,实缴制;非货币出资评估;验资。可以视为建立了环绕公司的外墙。2005 年《公司法》通过降低注册资本最低限额、有限认缴将该外墙打出了几个大豁口。2013 年《公司法》则彻底取消了最低限额、验资,采用完全认缴制,可以视为将资本外墙彻底拆除,公司与外部世界之间的资本间隔不复存在。始自 2021 年并最终于 2023 年年底修订完成的《公司法》显然系对注册资本消解后果的修补。[1] 即使 2023 年《公司法》对认缴制增设了期限,但 20 年来我国注册资本制度改革的步伐快速且方向明确,注册资本的制度地位不断下降,之所以如此是因为其后有坚定的理论支撑。我国采用法定资本制,资本数额在公司登记之初就已经确定并分配至各股东名下,该制度所带有的静态特征成为理论批判的对象,而最低限额作为设立公司的门槛,其合理性受到广泛质疑,各理论进路汇集成对注册资本的批判体系。对注册资本的理论批判,本书做一个概览式的小结。

(1)价值定位偏重于行政监管

对注册资本最为深层的质疑在于制度价值。批评意见认为法定资本制在于完成行政监管职能,而轻视或忽视了私法自治。以注册资本最低限额为例,赵旭东认为,偏重于监管的法律就主张越高越好,而私法自治的观点就主张尽可能降低,这背后反映的是立法价值选择,“其功能、

---

〔1〕 对于完全认缴制,赵旭东认为,“在注册资本的设定方面就出现了一些非理性的,或者说脱离投资者实际投资能力和公司实际需要的资本数额,乃至所谓的天价注册资本”。参见《解读公司法修订注册资本认缴新规:5 年内缴足并非否定认缴制》,载百度网 2024 年 1 月 8 日,https://baijiahao.baidu.com/s?id=1787534443837196721&wfr=spider&for=pc。

目标绝不仅仅是限制、管理、约束”;“公司法还应鼓励投资创业,推动公司企业的发展,并以此来促进劳动就业和整个市场经济的发展”。[1] 将公司资本交由公司股东决定符合私法自治理念,出资数额、出资期限、出资形式的决定权从法律强行规定转为授权性规定,其内在的根据是股东在作出相应决定时更为理性,更为符合实际情况。

因此,在上述注册资本改革历程中,私法自治既是制度修改的理由,也是法律修改后的正当化依据。如石冠彬认为,“在公司法理论上,公司注册资本自治是股东自治的结果,这是公司合同法理论的应有内容之一”。因此废除注册资本最低限额“属于‘以建立现代企业制度为核心的彰显自治的公司法理论’在立法上的体现,实为当然之理”。[2] 刘斌总结为,“作为我国公司法上资本规制的重要面向,资本数量与资本质量的规范变迁反映了我国公司资本制度的规制与自治强度消长”。[3]

事实上,将法律对出资数额、出资期限的约束归结为行政监管的一个主要原因是公司登记。[4] 因为法定资本制下,公司出资为公司设立条件也是法定登记事项,出资信息记载于章程与出资证明书并公示于营业执照之上。登记、公示的行政行为执行的是公司法规定,被认定为属于行政监管。这从注册资本制度改革后登记事项的变动可以获证。

(2)注册资本阻碍论

作为私法自治缺失的延续,法定资本制相关要求被认为阻碍了公司

---

〔1〕 赵旭东:《新〈公司法〉的突破与创新》,载《国家检察官学院学报》2007 年第 1 期。又如雷兴虎、薛波针对 2005 年《公司法》修改认为,“《公司法》过去近 10 年的实施经验表明,行政权力过多管制和约束了公司法对商事关系的调整空间和适用范围,也抑制了其私法功能的发挥”。参见雷兴虎、薛波:《公司资本制度改革:现实评价与未来走向》,载《甘肃社会科学》2015 年第 2 期。

〔2〕 石冠彬:《注册资本认缴制改革与债权人利益保护——一个解释论视角》,载《法商研究》2016 年第 3 期。

〔3〕 刘斌:《股东出资形式的规制逻辑与规范重构》,载《法学杂志》2020 年第 10 期。

〔4〕 正如 20 世纪 90 年代登记部门对注册资本的认识,注册资本的含义及法律意义:注册资本是公司登记机关依法对公司投资人的出资准予注册的资本,是公司投资人的永久性投资。它集中表明了公司应承担的义务和享有的权利,也标志着公司的实力和信誉。参见杨聪柱、冯振明:《关于注册资本的思考》,载《中国工商管理研究》1997 年第 1 期。

设立,对市场创新创业构成障碍,这突出表现在对注册资本最低限额的批评上。无论是 1993 年《公司法》区分公司业务设定最低限额,还是 2005 年《公司法》大幅调低最低限额,最低限额存在的本身就成为批判的对象,2005 年《公司法》中关于公司注册资本最低限额的规定是整部法律中最受诟病的内容。[1] 最低限额对于准备借助公司开始经营的主体构成实质性要求,从而被认为构成市场准入的障碍;与此同时,最低限额的数额确定缺乏合理解释,这使得其无论如何降低都不能在数额上获得论证。较低的最低限额并不能发挥实际的作用,而如同 1993 年《公司法》规定较高的最低限额,则公司设立对于股东会造成较大的压力,并且相应资金投入公司后往往处于备用闲置的状态。另外在功能上,最低限额并不能对公司债权人构成有效保护,而公司股东也能够较为方便地逃避最低限额的要求,从而使得其处于双重失效的尴尬境地。

(3)资产信用论

前文将注册资本比喻为公司外墙,对应的是公司资本信用功能。公司资本作为公司初始的物质基础,构成公司对外活动的信用保障。但该观点受到资产信用论的有力挑战,标志性的事件就是赵旭东发表于 2003 年的《从资本信用到资产信用》,[2] 自此之后,资本信用几乎沦为无用的代名词。注册资本相对于资产不足的根本原因为其静态属性。注册资本作为公司信用基础只反映公司设立之初的资金状况,具有特定的时点意义,对公司进入运作之后的变动则无力反映。"公司资本不过是公司成立时注册登记的一个抽象的数额,而绝不是公司任何时候都实际拥有的资产。"资本与公司所实际拥有的资产相一致是偶然现象,而公司资本与资产的分离则是常态。在该种区分之下,采用资产衡量公司信用则更为有效,"与其说公司的信用以公司的资本为基础,不如说是以公司的资产为基础"。资产以其实时反映公司财产状况与偿债能力,提倡资产信

---

〔1〕 参见彭晨曦:《注册资本最低限额研究》,载《湖北社会科学》2005 年第 12 期。

〔2〕 参见赵旭东:《从资本信用到资产信用》,载《法学研究》2003 年第 5 期。

用代替资本信用对当时只讲资本的我国公司法界具有振聋发聩的作用，从此公司信用的路径转向，资本制度可以说没落了。

(4)注册资本无效论

注册资本的各项制度构成在实践中催生出了规避手段，从而使得制度沦为失效的状态。"注册资本最低限额+实缴+验资"的制度配置看似严谨，但很容易沦为纸面规定。最低注册资本的要求催生出提供过桥资金的专业服务，这不但使得最低限额失效，而且演化出对其行为性质的认定与落实的法律责任，如是否涉及虚假出资、抽逃出资等。[1] 通过验资保证实缴其实也不现实，我国注册会计师无论是从数量还是质量上都无力承受如此繁重的工作，验资规定只不过将相应风险转移至注册会计师。业界坦陈，"目前我国注册会计师执行的验资业务质量普遍不容乐观，虚假验资的情况十分普遍，验资报告难以反映企业资本的真实情况"，并且原因可归结为"我国注册资本制度的缺陷"。[2] 至于出资形式的规避手段，学者也作出了专门的归纳与分析。[3]

上述四个方面原因相互交织，相互强化，从而使得注册资本的消解具有充足的理论解释与实践原因，并为立法机关所采纳。2005年《公司法》的修改说明中，公司资本制度的修改理由代表了上述观点，"各方面普遍认为这一规定数额过高，不利于民间资本进入市场。要求注册资本一次性全部缴足，也容易造成资金的闲置。同时，从目前公司登记管理情况看，根据公司经营内容分别规定不同的最低注册资本额实际意义不大"。[4]

---

〔1〕 事实上，登记机关对此也处于学理上并不清晰、待查处的量又大的疲惫状态。参见上海市工商局检查总队：《规范公司出资行为的法律适用》，载《工商行政管理》2003年第23期。

〔2〕 杨洪：《完善注册资本制度 优化注师验资环境》，载《湖北审计》2002年第8期。

〔3〕 参见王军：《公司资本制度》，北京大学出版社2022年版，第116~130页。

〔4〕 曹康泰：《关于〈中华人民共和国公司法(修订草案)〉的说明——2005年2月25日在第十届全国人民代表大会常务委员会第十四次会议上》，载《中华人民共和国全国人民代表大会常务委员会公报》2005年第7期。

第二节 注册资本的功能

理论上对资本的不断驳难,公司法中资本相关规则的逐渐取消,使得公司法中的资本地位岌岌可危。其实,以英美法的观点来看,资本是个可以扫入历史垃圾堆的概念。美国学者宣称,“公司的‘法律资本’是一个完全任意的数字,它同与债权人利益密切相关的企业现行经济状况毫无关联”;“但最糟糕的是人们以类似中世纪对神学人物崇拜的态度对待这个制度”。[1] 但奇怪的是,资本制度一直是公司法中的重要存在。以我国2018年《公司法》为例,“资本”单独或作为词组组成成分共出现38次。“注册资本”出现了28次,其出现的频率不可谓不高。在《公司法》的历次修改中,资本制度也是修改的重点领域。

注册资本被不断否定但却顽强生存,一定有内在的理由。其中有历史的原因,公司法在起步阶段即借助了资本概念进行体系建构。以如日中天的“资产”概念及其后的会计概念体系而言,“在今日看来,基础性的、不可或缺的会计学概念在那个时候还没有发展成熟,相关术语还没有确定”。[2] 更重要的原因在于,注册资本在公司法中具有复合型功能。一个不易引起注意的现象是,学术上对资本制度批评的居多,但研究公司法中资本制度功能的却较少,[3]已有观点也存在简单化倾向与不足。叶林将资本功能概括为两项,“融资和信用是公司资本制度的两项

---

〔1〕[美]贝利斯·曼宁、詹姆斯·J.汉克斯:《法律资本制度》,后向东译,载王保树主编:《商事法论集》第12卷,法律出版社2007年版。我国学者有类似的表达,“至于注册资本数额,其只是公司登记机关和公司章程记载的一个历史数据,只体现股东出资时计入公司注册资本的出资数额,既不反映公司的偿债能力,亦不足以证明公司债权人是否受到损害”。参见王军:《抽逃出资规则及公司分配制度的系统性改造》,载《法学研究》2021年第5期。

〔2〕[美]贝利斯·曼宁、詹姆斯·J.汉克斯:《法律资本制度》,后向东译,载王保树主编:《商事法论集》第12卷,法律出版社2007年版。

〔3〕对文章标题包含“资本功能”进行检索,中国知网只查询到34篇文章,属于法学领域的只有1篇,检索时间为2023年8月16日。

预设功能，融资功能是公司资本制度的固有功能，信用功能是法律附加给公司资本制度的特别功能”。[1] 此处将公司资本功能局限于两项限缩了资本的功能，与资本于公司制度中的普遍存在状态不相符。周珺则区分资本对不同主体的功能，包括公司、股东与债权人，并未深入资本与公司运行关系。[2] 有学者归纳的资本功能包括：公司的物质基础；公司债务总担保；股东行使股东权益的基础；股东有限责任之“限额”。[3] 该归纳分析相对完整，但对于资本的概念并未保持同一性，前两者是指公司整体意义上的资本，而后两者当指股东所缴纳的资本，由此整个体系并不在同一层面。本书认为，注册资本的制度功能可归纳为以下四个方面，其中信用功能作用日微，人格功能受到挑战，但于我国现实国情之中，结构功能与辅助功能仍在相当程度上存在，下面分而叙之。

一、人格功能

注册资本的人格功能是指资本在公司人格塑造中的作用。不同于自然人生理性存在的事实，公司作为法人，主体性存在的基础具有两个维度，一是物质维度，二是意思维度。民法将法人分为社团法人与财团法人，财团法人依靠财产获得法律主体身份，而社团法人虽然以社员为基础，但并非单纯意义上的社员，而是具有出资行为的社员，社员出资即构成注册资本，属于公司主体性的物质维度。注册资本的人格功能是抽象与纯粹的。抽象是因为资本与公司法人属性相关联，在此较好展示了“无财产无人格”；纯粹是因为公司若要真正进行生产经营，则资本必不可少，这与法律如何对待资本无关，甚至与法律所关心的债权人利益无关。即使前述否定资本存在价值的美国法学家也构造了原始模型，“‘在公司成立时股东们为其获得的股票向公司支付了多少资产？’无论债权

---

〔1〕 叶林：《公司法研究》，中国人民大学出版社 2008 年版，第 241 页。

〔2〕 参见周珺：《公司资本功能再认识与公司资本制度改革》，载《江西社会科学》2020 年第 4 期。

〔3〕 参见刘迎霜：《资本认缴制：股东出资自由与公司资本自治》，载《政治与法律》2023 年第 8 期。

人对这个问题是否有兴趣，它却是法律资本制度所关注的基础性问题”。[1]

回溯历史，资本对于公司制度与单个公司都具有决定性意义。以1602年成立的荷兰东印度公司为例，它实际上是由几家“先驱性公司”合并成立的，如阿姆斯特丹集团。先驱性公司并没有现代意义上公司的完备特征，是前公司阶段，其已经开始通过商人筹措组建商船队所需的巨额资本。先驱性公司的成员包括两类，相对少数的董事和聚集在其周围的众多的“出资者”群体，一开始出资者是与具体董事发生关联。荷兰东印度公司建立了公司与出资者群体之间的直接关系，这是它与先驱性公司的决定性差异，也是与今日公司相一致的地方。[2] 换言之，今日习以为常的出资概念在历史上也经历了一个从间接到直接的发展，而该种发展在公司主体地位的获得上具有重要意义。就公司制度而言，在19世纪的英国，“《公司法》催生了大批四处筹集资金的企业家，因为他们清楚，投资者只会损失各自投入的资金”。[3] 以美国为例，新泽西州的纽瓦克是1860年领先的工业城市，从传统手工业起家的工匠迎接与适应了机械化，“6个行业的22家企业拥有至少5万美元的资本，雇用超过100名员工，按当时标准已经是大企业了”，[4]从中可以看出在工业化、企业化过程中资本的地位。事实上，强调资本在公司发展中作用的例子俯拾即是，但从本书目的而言，需要进一步明确资本是促进公司生成的重要因素。

回到现实，即使在注册资本广受质疑之时，其对公司人格的塑造功

---

〔1〕［美］贝利斯·曼宁、詹姆斯·J.汉克斯：《法律资本制度》，后向东译，载王保树主编：《商事法论集》第12卷，法律出版社2007年版。

〔2〕本处关于荷兰东印度公司的历史系参考大塚久雄专著《股份公司发展史论》。参见［日］大塚久雄：《股份公司发展史论》，胡企林等译，中国人民大学出版社2002年版，第293～355页。

〔3〕［英］约翰·米克尔思韦特、阿德里安·伍尔德里奇：《公司简史》，朱元庆译，北京大学出版社2021年版，第7页。

〔4〕［美］曼塞尔·布莱克福德：《美国小企业史》，刘鹰、何国卿等译，浙江大学出版社2013年版，第32页。

能仍继续发挥作用,但更多是从否定角度发挥作用,即公司欠缺资本时人格被否定。在注册资本存在最低限额要求时,我国曾以该限额作为公司独立人格的判断标准。最高人民法院于1994年一份批复中,将企业资本是否达到最低限额作为认定法人的条件。[1] 最低限额作为实体法规定,除登记机关进行准入审核外,在司法环节发挥法人资格认定的功能符合制度逻辑。司法实践中的观点可能更为严格,"如果甲公司和乙公司在设立A公司时注册资本金未到位,在设立A公司后,甲公司和乙公司将注册资本金补足,即注册资本金后补到最低限额之上,自该日起A公司取得法人资格,对外独立承担民事责任。但是,对A公司注册资本金到位以前的债务,甲公司和乙公司还应对其承担无限连带责任"。[2] 对于将最低限额与法人资格关联的司法理路,不能接受注册资本最低限额的学者更是进行了猛烈的抨击。[3] 上文论及,在《公司法》的历次修改中,虽然最低限额被逐步取消,认缴制被逐步建立,但资本与公司人格的关联却依然存在。

2005年《公司法》大幅降低了注册资本最低限额,同时引入了认缴制与公司法人人格否认制度,在制度的一进一退之间,资本与公司人格的关联转移到了公司法人人格否认的认定条件上。在法律依据上,2005年最高人民法院1994年的批复依然有效,该批复中的资本不足就成了法人人格否认的理由之一。"2005年《公司法》修改,法人人格否认制度正式引入,但最高人民法院的上述批复依旧在司法实践中发挥重要作用,成为适用'资本显著不足'时的基本判断标准。"[4] 只是此时的制度环境已经发生改变,资本不足作为公司法人人格否认的制度构成间接影

---

〔1〕 参见《最高人民法院关于企业开办的其他企业被撤销或者歇业后民事责任承担问题的批复》(法复〔1994〕4号,已失效)。

〔2〕 刘传慕:《对认定公司法人注册资金几个问题的探讨》,载《法律适用(国家法官学院学报)》2002年第1期。

〔3〕 参见赵旭东:《从资本信用到资产信用》,载《法学研究》2003年第5期。

〔4〕 胡改蓉:《"资本显著不足"情形下公司法人格否认制度的适用》,载《法学评论》2015年第3期。

响公司人格，而与此同时注册资本制度已发生较大改变。取消注册资本的最低限额后，将以何为标准认定‘资本’；不再对注册资本额、缴纳期限加以限制的情况下，如何认定资本‘显著不足’等问题，都成为目前迫切需要解决的现实问题。[1] 对此，该制度适用所涉及的法律要件都被详加检验，如在认缴制下，资本究竟是指注册资本、实缴资本还是净资产，显著不足如何认定。对于“资本”的界定，胡改蓉认为应采用“注册资本”，因为注册资本体现了股东的出资信用，代缴资本可视为公司的远期债权，而净资产并非资本；[2] 薛波等则认为在完全认缴制下，应采用实收资本作为判断依据。“当公司约定了较长的出资期限，而实际投入公司的资金又微乎其微时，公司的注册资本实际上处于静态的虚置状态，注册资本难以担负作为‘资本显著不足’中‘资本’的认定标准。”[3] 这一问题的源头在于完全认缴制的采用，从而使得资本形成具有了时空上的无限可能。从法律概念本身而论，注册资本当更符合本处“资本”的原意；从现实情况考量，则实收资本更具有说服力。本书认为其取舍并不在于概念含义的字面辨析，而在于完全认缴制的走向及配套制度的设置。

制度上的进展是，2019 年最高人民法院《九民纪要》将“资本显著不足”作为股东实施了滥用公司法人独立地位及股东有限责任的行为类型之一，确立了资本与公司人格的关联性。对于“资本显著不足”，该司法文件解释为：资本显著不足指的是，公司设立后在经营过程中，股东实际投入公司的资本数额与公司经营所隐含的风险相比明显不匹配。股东利用较少资本从事力所不及的经营，表明其没有从事公司经营的诚意，实质是恶意利用公司独立人格和股东有限责任把投资风险转嫁给债权

---

〔1〕 参见薛波、刘浩然：《“资本显著不足”情形下公司法人格否认制度适用之变革》，载《行政与法》2015 年第 12 期。

〔2〕 参见胡改蓉：《“资本显著不足”情形下公司法人格否认制度的适用》，载《法学评论》2015 年第 3 期。

〔3〕 薛波、刘浩然：《“资本显著不足”情形下公司法人格否认制度适用之变革》，载《行政与法》2015 年第 12 期。另外参见姚军：《资本不足状态下公司法人人格否认的实务认定规则——王某与腾龙公司、季某某、蒋某某等人委托理财合同纠纷案》，载周海荣主编：《晟典律师评论》2022.10（总第 13 辑），法律出版社 2022 年版。

人。由于资本显著不足的判断标准有很大的模糊性,特别是要与公司采取"以小搏大"的正常经营方式相区分,因此在适用时要十分谨慎,应当与其他因素结合起来综合判断。

为了较为清晰展示注册资本与公司人格之间的关联,本书以中国裁判文书网上的两则案例进行展示。

案例1:龙元建设集团股份有限公司(以下简称龙元公司)与天津君悦房地产开发有限公司(以下简称君悦公司)签订《天津市建设工程施工合同》,龙元公司按期完成建设工程并交付(工程总造价437,341,582元),君悦公司欠付龙元公司工程款数额为86,650,442元及相应利息。龙元公司主张君悦公司的股东承担连带责任。君悦公司系一人公司,其唯一股东为惠州宏福置业有限公司(以下简称宏福公司),君悦公司与宏福公司的法定代表人均为陈某娟。法院认为依照2018年《公司法》第63条的规定,已有证据无法证明君悦公司与宏福公司的财产是否相互独立,财务是否混同,不能达到君悦公司的证明目的。在宏福公司未能提供证据证明君悦公司财产独立于宏福公司自己的财产的情况下,其应当对君悦公司的债务承担连带责任。此外,君悦公司审计报告显示,君悦公司的原股东惠州洪洋置业有限公司仅向君悦公司投入注册资本5000万元,君悦公司的股东变更为宏福公司之后,君悦公司的注册资本并未增加。君悦公司在经营过程中,其股东实际投入公司的资本数额与开发建设涉讼16万多平方米君悦花苑项目所需要的资金相比显著过低。法院判决,宏福公司亦应对君悦公司的债务承担连带责任。[1]

本案的公司人格否认适用了两种情形,即人格混同与资本显著不足,其中资本显著不足发挥辅助性作用。但本案突出特点是针对资本金较大的房地产公司仍适用资本显著不足,即相对于总造价4.3亿元,开发建设面积16万平方米,欠款逾8600万元,法院认为房地产公司注册资本5000万元显著不足。

---

〔1〕 参见天津市高级人民法院民事判决书,(2018)津民初74号。

案例2：山东澳海石油新材料有限公司（以下简称澳海公司）与宜兴汉诺国际贸易有限公司（以下简称汉诺公司）于2011年10月开始购销业务，至2016年4月27日，经双方对账，汉诺公司尚欠澳海公司货款17,889,889.76元未付。该欠款经诉讼执行，公司没有财产可供执行。汉诺公司由吴某群、殷某、吴某仙、马某方于2012年4月28日分别出资25万元共同设立，但在成立仅3个月的时间内，100万元注册资金已被转出98万元，4位股东实际投入汉诺公司的资金仅剩2万元。公司设立时原始股东的股权后多次以0元在家庭成员或原始股东间流转，且公司巨额资金不断流入股东账户，股东账户也接收巨额的公司应收款项。法院认为，汉诺公司与股东之间构成财产混同，从而使公司失去了独立的意思和独立的财产，导致公司人格形骸化。此外，根据汉诺公司仅与澳海公司之间实际履行的合同总额，在三年多的时间就达到了144,251,057.08元的交易金额。汉诺公司成立后资金仅剩2万元，此种情形下，公司资本显著不足。股东实际投入公司的资本数额与公司经营所隐含的风险相比明显不匹配。法院判决公司原股东与现股东对公司债务承担连带责任。[1]

本案的公司人格否认也适用了两种情形，即人格混同与资本显著不足，且后者也属于辅助性作用。本案特点在于公司实际资本与公司业务量及负债之间的差距巨大，超出常理所认可的范围，从而适用资本显著不足。但在公司账户与股东账户混同的情况下，公司资本的作用并不彰显，抽逃出资仅剩2万元并非公司不能偿还债务的原因。

以上两则案例揭示了公司资本与公司人格之间的关联，也充分展示了最高人民法院的界定，资本显著不足的判断标准有很大的模糊性及应当与其他因素结合起来综合判断。在2013年《公司法》采用完全认缴制后，因为登记的注册资本并无上限，而缴纳期限也可以设定为数十年之久，有观点预计由此导致的公司人格否认案例将上升，"'资本显著不足'

---

〔1〕 参见山东省淄博市中级人民法院民事判决书，(2023)鲁03民终323号。

情形下公司法人人格否认制度适用的现实需求急剧增加”。[1] 从实际情况分析,因资本显著不足而否定公司人格的案例并未显著增加,从中国裁判文书网的检索来看,相关案例并不多见,上文所引用的两则肯定性案例是从大量相关案例中挑选出来的。之所以出现这种情况,除了最高人民法院前述的界定,更重要的原因在于,注册资本形成时间与公司人格否认在时间上的非同时性。在认缴制下,注册资本为公司设立之时产生的数值,而公司人格否认通常是公司运营一定时间后,因为债务不能履行而引发的债权人诉求,以便将股东纳入偿债主体。以一个多年前的数据否定现时的公司人格,在证明上与情理上都存在障碍。首先,不能以公司存在债务不能偿还,即主张资本显著不足。[2] 其次,公司人格否认的构成要件要求资本不足与侵害债权人利益间具有因果关系,这比较难以证明。例如,河南省高级人民法院认为,“森源电气公司并未举证证明作为台前卓远公司股东的河南卓远公司、濮阳兴业公司尚未出资的行为导致台前卓远公司财产不足以清偿公司债权人的债权,一审法院仅以股东尚未出资、出资显著不足为由,即否认公司独立人格,未审查和考虑该尚未出资行为是否导致公司财产不足以清偿公司债权人的债权,是对《中华人民共和国公司法》第二十条第三款规定的错误理解和适用”。[3]

综合而言,公司独立财产是公司人格的核心要素。[4] 在公司设立时,出资构成公司的初始财产,由此也支撑了公司的独立人格,这一概括

---

〔1〕 胡改蓉:《“资本显著不足”情形下公司法人格否认制度的适用》,载《法学评论》2015年第3期。

〔2〕 有法院认为,“但由于资本显著不足的判断标准有很大的模糊性,特别是要与公司采取‘以小博大’的正常经营方式相区分,因此仅凭本溪矿业公司某一时期负债数额,没有其他证据佐证的情况下,难以判断本溪矿业公司是否资本显著不足”。参见辽宁省本溪市中级人民法院民事判决书,(2022)辽05民终2213号。最高人民法院认为,“抚昌实业公司未按期偿还中建华夏公司的债务,但据此并不足以认定抚昌实业公司的股东存在滥用股东权利的行为,不足以否定抚昌实业公司的公司人格,要求各股东承担相应的连带清偿责任”。参见最高人民法院民事裁定书,(2021)最高法民申1080号。

〔3〕 河南省高级人民法院民事判决书,(2021)豫民终533号。

〔4〕 参见徐强胜:《我国公司人格的基本制度再造——以公司资本制度与董事会地位为核心》,载《环球法律评论》2020年第3期。

也符合真实历史的发展历程。随着公司制度的成熟,公司运营逐渐与资本相分离,零元公司也得以成立。但资本与公司人格的潜在联系依然存在,通过公司人格否认中的资本显著不足,可以从否定的层面反衬出两者的关联。但不可否认,在具体适用中,资本不足与人格否认的适用具有较大的不确定性与严格的限制。

二、信用功能

信用,是指主体的偿债能力,公司信用即为公司的偿债能力。沟通公司内外部关系最为密切的主体是股东与债权人,但他们的利益诉求刚好相互冲突。美国学者归纳的商事公司三大代理问题,其中之一就是公司自身(尤其包括公司股东)与缔约伙伴(债权人、职工和顾客)之间的利益冲突。〔1〕 股东享有有限责任的保护,在责任限定的情况下,理性的股东希望公司从事较高风险但收益较高的经营行为;而债权人享有优先偿还的地位,但收益相对固定,故理性的债权人希望公司能够保障债权的实现。但公司控制权并不在债权人手中,其只有在公司陷入不能偿还债务的情况下才可能接管公司,而这时公司往往已经债务缠身,积重难返。相较于一般的债权债务关系,公司债务中的股东可能滥用公司的制度特征,从而损害债权人利益。因此,公司制度面临平衡二者的任务,资本制度也承载着该使命,“对公司资本予以规制作为公司股东换取有限责任优势的代价,成为公司资本制度形成的初始动因”。〔2〕 股东通过出资,在经济上付出一定的成本,汇集成为公司财产。公司所拥有的财产其实构成对股东管控公司,运用包括债权人资金在内行为的一般保证。传统理论支持法定资本制的内在根源是认为法定资本制可以有效建构公司信用,从而保护公司债权,注册资本最低限额、出资实缴与审验出资

〔1〕 参见[美]亨利·汉斯曼、莱纳·克拉克曼:《代理问题与法律对策》,载[美]莱纳·克拉克曼等:《公司法剖析:比较与功能的视角》,刘俊海等译,北京大学出版社2007年版。

〔2〕 冯果、尚彩云:《我国公司资本制度的反思与重构》,载《中南财经政法大学学报》2003年第6期。

也都是围绕这一目标的。“公司资本是公司信用的基础,是公司债权人利益保护的最终屏障和唯一担保。”[1]

公司资本的信用功能集中体现在资本三原则之中,即资本确定、资本维持与资本不变。[2] 资本确定主要作用于资本形成阶段,公司资本明确记载于公司章程并由股东缴足或认足,我国1993年《公司法》的资本制度被认为属于资本确定原则的典型体现,同时资本确定原则也是法定资本制的核心。资本维持虽然也作用于资本形成阶段,如不得折价发行、非货币出资评估,但其重心在于公司运行过程,侧重公司分配领域,包括利润分配、股权回购等。资本不变则主要针对程序性规定,公司资本的变动,包括增资、减资都需经法定程序,在法定资本制下主要是股东会决策。资本三原则目的明确,就是为了维护公司信用,防止资本的减少或资本的过剩,从而保障公司债权人利益。[3]

即使资本三原则尽力维持公司资金实力,但一般认为其并不能有效维护债权人利益。根本原因并不在于资本制度的失效,而在于资本制度与债权人诉求不一致。在这一点上,贝利斯·曼宁(Bayless Manning)的分析最为贴近商业实践,他总结了债权人所关注的重点问题:“(1)如果该公司债务人在向债权人举债时及该债务存续期间有充足的财产作为保障,债权人将更加放心;(2)债权人将倾向于限制公司向其他普通债权人举债,以免日后该债权人不得不同其他人一起分配公司有限的财产;(3)债权人希望在公司的财产上没有设定任何担保物权;(4)债权人希望公司拥有足够的资产以保护其债权安全。”即使该四点都达成,最后但并不是不重要的是,“他仍将无从避免债务人公司商业兴衰给他的借款

---

〔1〕 冯果、尚彩云:《我国公司资本制度的反思与重构》,载《中南财经政法大学学报》2003年第6期。

〔2〕 公司法学上是否存在资本三原则存在争议,本书认可通说,认为资本三原则是一种学理概括,具有分析上的价值。质疑的观点参见黄辉:《公司资本制度:国际经验及对我国的启示》,载王保树主编:《商事法论集》第21卷,法律出版社2012年版。

〔3〕 参见施天涛:《商法学》(第5版),法律出版社2018年版,第144页。

带来的风险”。[1] 概括而言，债权人所面对的公司是一个动态的财产综合体，不但与数量有关，而且与其所设定的权利负担有关，并由公司商业运行顺利与否所决定。与此相较，注册资本“构成公司的静态信用、原始信用、抽象信用、价值信用”。[2] 因此资本三原则受到了较为广泛的质疑，[3] 就连其发源地欧盟也对其进行了相应的修改。[4]

但是否因此就一概否认注册资本在公司信用上的功能与作用呢？本书认为并非如此，理由如下：

第一，必须从总体上判断制度功能。资本的作用领域区分为资本形成与资本报偿，它们贯穿公司法始终。在资本形成中，除了前文已述的最低限额、分期出资、出资形式等，出资与股东资格、股东权利及行使的关联仍值得关注，下文将做出论述。即使在资本制度的后端，资本维持仍具有制度功能。以对赌协议为例，我国司法实践长期支持以大股东为回购人的对赌模式，简单否定了公司回购。但学者考察对赌发源地的美国，其内在规则为“PE 投资者的优先股被赎回则须受制于资本维持原则以及清偿能力的双重限制”，[5] 资本维持原则依然在发挥作用。王军所构建的“结合模式”资本报偿规范“应当兼容资本维持规范和实际偿付能

---

〔1〕 [美]贝利斯·曼宁、詹姆斯·J. 汉克斯：《法律资本制度》，后向东译，载王保树主编：《商事法论集》第 12 卷，法律出版社 2007 年版。

〔2〕 李建伟：《公司法学》（第 5 版），中国人民大学出版社 2022 年版，第 163 页。

〔3〕 以瞩目商事事件恒大债务为例。2023 年 7 月 17 日，中国恒大补发了 2021 年年报、2022 年半年报以及 2022 年年报，2021 年、2022 年恒大累计亏损金额超过 8000 亿元，而截至 2022 年 12 月 31 日，中国恒大的负债总金额为 24, 374. 1 亿元，剔除合约负债的 7210. 2 亿元后为 17, 163. 9 亿元。与负债直接相关的就是债权人，截至 2023 年 6 月末，恒大地产标的金额 3000 万元以上未决诉讼案件数量共计 1875 件，标的金额总额累计约 4294. 07 亿元。对于数量庞大的恒大债权人而言，恒大集团的注册资本不值得关注，甚至其资产也无法构成偿债标的。参见《恒大终于补发财报，总负债超 2. 4 万亿，两年净亏损 8000 亿》，载百度网 2023 年 7 月 19 日，https://baijiahao. baidu. com/s? id = 1771814794940497862&wfr = spider&for = pc；李晓青：《中国恒大：决定延期召开债权人会议，让其有时间考虑纽顿认购协议影响》，载澎湃网 2023 年 8 月 16 日，https://www. thepaper. cn/newsDetail_forward_24253346。

〔4〕 参见殷盛：《欧盟的公司资本制度变革》，载《法学》2007 年第 9 期。

〔5〕 刘燕：《对赌协议与公司法资本管制：美国实践及其启示》，载《环球法律评论》2016 年第 3 期。

力检测法的优势”。[1] 当下公司法学界热议的偿付能力检测法姑且不论其实际可行性如何,在理想状态下也需要与公司相关制度配套。上述这些制度与债权人保护都息息相关,一方面,公司资本的流入与资金流出影响着公司的偿债能力;另一方面,诸如 PE 投资人的“股东”其实更接近于债权人,其关注的是资金回报。因此,总体上资本制度在公司信用构建中仍具有不可替代的作用。

第二,必须匹配制度适用的现实。上文举例的恒大为大公司之代表,而实际上作为例证的公司很容易选中大公司,贝利斯·曼宁为了证明“法律资本”是一个完全任意的数字,举例指出,没有任何在今天欲借钱给通用汽车公司的人,会有兴趣知道 50 年前通用汽车的股东是否向公司投了钱、向公司投了多少钱、当时的股票面额是多少等问题。[2]

问题在于,公司法施行的环境并不是以大企业或上市公司为主,而是中小企业[3]占据绝对主体。以第二章所归纳的数字来看,我国公司的主体是中小型民营企业,数量多达 5092.76 万户。在中小型公司的运作环境中,注册资本与信用的关联仍具有现实意义。虽然制度上已是完全认缴制,但民营企业的注册资本并没有出现超理性预期的高额初始资本、超长出资期限。以笔者在杭州某区调查所得数据为例,2017 ~ 2021 年,该区共新设公司 79,353 户,注册资本 10 万元以下的为 5183 户,10 万 ~ 100 万元的为 38,628 户,100 万元以上的为 35,542 户。这个资本结构与该区所有公司的资本结构近似。中小型企业设立时间不长,并且其中大部分存活时间不久,这决定了注册资本并不总是一个遥远时间上的历史数据。更重要的是,中小企业的信用环境并没有完全脱离乡土社会的交易模式,这使得注册资本能够以正向信息公示的方式或者反向股东责任的方式发挥作用。

---

〔1〕 王军:《公司资本制度》,北京大学出版社 2022 年版,第 544 页。

〔2〕 参见贝利斯·曼宁、詹姆斯·J. 汉克斯:《法律资本制度》,后向东译,载王保树主编:《商事法论集》第 12 卷,法律出版社 2007 年版。

〔3〕 因为企业的主要类型构成就是公司,为了用词上照顾到习惯用法,本书通用两者。当然从严格的概念法学分析,两者具有区别,特此说明。

如果公司法立法者与执行者考虑到法律所适用的对象,将根本性地改变制度设计。事实上,公司法区分为有限责任公司法与股份公司法可能是更为可取的立法模式,虽然我国从一开始就没有采用该种模式。

第三,不能神话资产信用。如果说资本信用是一个神话,那么资产信用也没有明显优势。概念而言,资产的优势在于其动态反映公司的经济实力,将其作为公司信用的标识更为准确。“决定公司信用的并不只是公司的资本,相反,公司资产对公司的信用起着更重要的作用,与其说公司的信用以公司的资本为基础,不如说是以公司的资产为基础。”[1]理论上偏好用资产负债表展示会计上资产的力量,但也恰恰如此,资产并非公司信用最佳的衡量标准。资产负债表中的资产是一个集合,数值上等于负债+权益,在类型上包括从流动资产到非流动资产等几十项资产。就债权人而言,并非所有资产类型都可以作为清偿标的,商誉等无形资产固然不可直接偿债,资产所包含的应收账款等同样为债权。概言之,资产只是会计上的计量工具,并不是法学上用于信用建构的工具。[2]对此较好的例证是破产法,提出破产申请的公司应当处于信用不存的状态,学界认为破产条件应为“清偿不能”而非“资不抵债”。资不抵债却屡获投资的高科技企业大有所在,资产不少但因流动性匮乏而陷入问题的企业更是常见。就如同在恒大债务危机中,资产数量也并非各方关注的焦点。[3]

从资产信用成为公司法学界的有力观点以来,法定资本制的要素在不断消解,但对于资产信用却并未看到有明显的制度成果。其中原因既

---

〔1〕 赵旭东:《从资本信用到资产信用》,载《法学研究》2003年第5期。

〔2〕 之所以如此表述,盖因为各资产项都有其独立的计量方法,具有调整空间,并非不变的单一数字。以财务报告经过严格审计与信息公示的上市公司为例,在资本市场中,商誉减值、应收账款坏账准备、存货减值等情况较为常见,这些调整会直接影响公司的资本数值与当期利润。这种通过资产计量方法调整财务数据的做法,构成了一种财务技术。

〔3〕 依照上一注释的逻辑,甚至连净资产也并不能有效作为公司信用的标识。“净资产信用观在强调资产数量的同时忽视了资产的结构和资产的有效性,而后两者往往才是公司偿债能力的保证”。参见杜军:《资本维持原则的再思考》,载王保树主编:《商事法论集》第11卷,法律出版社2006年版。

有资产公示所涉及的复杂市场生态,也有资产本身并非是最佳的信用呈现符号。反思资本,虽然它静态原始,但对于法律制度而言,它具有一个明显的优势就是确定性。法律制度的实施都具有成本,理想状态下信息完全公开的交易将导致制度成本无法支撑,制度能够支持的是简便易行的交易。就此权衡,结合我国绝大部分公司都处于资本较少、业务比较单一的状态,资本作为公司信用的标识从另一个侧面符合经济学的理性要求。当然本书如此表示,并不意味着资本制度无须修改,而只是为已有运行模式寻找合理化解释,并为下一步的制度设计奠定基础。

三、结构功能

不易察觉的是,公司法及其理论研究呈现一种块状分割的特点:公司设立、公司治理、公司终止等,每一块都已被深入研究,但块与块之间似乎分属不同的学科,少见有勾连。这源于公司作为主体,具有自身的生命历程,从而自然产生对不同阶段公司进行制度配置与分析研究。但不可否认,作为线性结构,公司要素在各阶段都发挥一定的作用,从而将各块联系起来,公司资本即是如此,本书将其命名为"资本的结构功能"。

资本是出资者对公司的经济付出,作为对价,出资者获得股东身份,享有具体、份额化的股权,并依据股东身份与股权对公司进行管理,维护自身权益。资本的形成与股东产生并享有股权同步(如图6-1所示),并且股东、股权与公司法众多制度具有直接关系。而资本形成规则的改变将不可避免地影响股东与股权,如完全认缴制会给股东资格与股权计量带来挑战。资本结构决定了是一股独大还是股权分散,而这将直接决定公司治理结构。通过资本、股份、股权这一线条,可以深入抵达公司法的各个部分,该条线是公司法整体性的构成要素,也是将其命名为"结构功能"的原因。

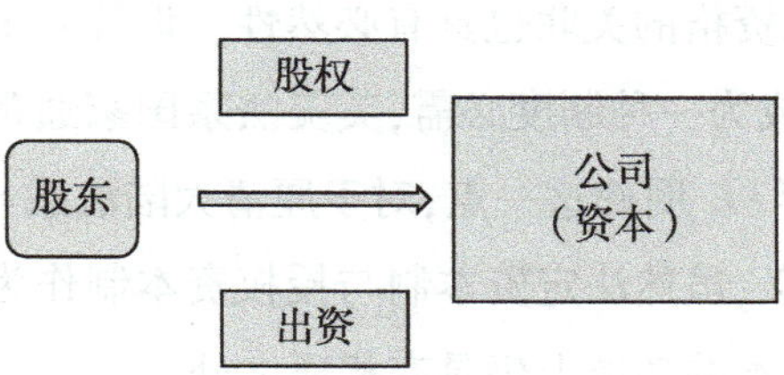

图6－1　股东、股权、资本关系

第一，股东失权制度。

股东资格的获取以出资为对价，违反出资义务的股东在权利的享有上应该减损，直至取消股东资格，此即股东失权制度。股东与公司通过出资相联，本来是直接清晰的关系，但因为公司登记制度，分离了实质出资与形式上的股东。经由公司登记而呈现于公示信息中的股东手持出资证明，但其可能并未出资或者出资具有瑕疵，由此形成形式与内容的分离，这成为公司法中的一个难题。基于商事外观原理，在公示信息未更正的情况下，对公司外部主体应保护其合理信赖，但于公司内部则应设置相应的矫正程序，股东失权填补的就是该制度需求。股东失权是指"股东在一定期间内不履行出资义务，使公司信赖其将不欲履行出资义务并行使对应的股东权利，则对应的股权基于诚实信用原则而丧失"。[1]

股东失权制度在比较法上具有先例。《德国有限责任公司法》第二章专门规定"公司与股东的法律关系"，该部分第21条对延迟缴纳出资的股东设定了失权程序，分为设定宽限期的催缴、声明失权，且失权股东仍应承担对公司因此所遭受损失的赔偿责任。[2]《日本公司法》第36条规定了发起人未履行出资义务，经催告仍未履行则丧失成为股东的权利。[3] 从德日立法例分析，采用法定资本制的大陆法系国家，股东失权制度的构成较为一致。在英美法系国家，虽然出资的决定方式相对自

〔1〕 刘胜军：《论股东除名的事由与程序再造》，载《法学》2023年第3期。

〔2〕 参见《德国商事公司法》，胡晓静、杨代雄译，法律出版社2014年版，第34、35页。

〔3〕 参见吴建斌编译：《日本公司法：附经典判例》，法律出版社2017年版，第17页。

由，但出资与股东资格的关联也具有必然性。设置对未缴纳出资股东的处理程序与后果成为一种制度必需，英美法系国家通常将该内容赋权公司章程作出规定。[1] 明确这一点，对于厘清大陆法系与英美法系出资制度的差异具有意义，虽然法定资本制与授权资本制作为制度标签呈现出差异外观，但在资本的功能上仍具有相通之处。

我国因为股东资格与股东出资的分离在实践中引发了大量纠纷，对股东失权具有内在的制度需求。据考证，以"催缴＋失权"为构成的股东失权制度最早可追溯到1988年施行的《中外合资经营企业合营各方出资的若干规定》(已失效)，[2]但较为公认的制度是2011年《最高人民法院关于适用〈中华人民共和国公司法〉若干问题的规定(三)》(以下简称《公司法解释三》)。2020年修正后，该司法解释第17条第1款规定，有限责任公司的股东未履行出资义务或者抽逃全部出资，经公司催告缴纳或者返还，其在合理期间内仍未缴纳或者返还出资，公司以股东会决议解除该股东的股东资格，该股东请求确认该解除行为无效的，人民法院不予支持。该条款被认为同时规定了股东失权与股东除名，从而在构成要件与责任上存在混淆不清，并且其所适用的情形"股东未履行出资义务或者抽逃全部出资"不但过于狭窄而且易于规避，批评意见较为集中。随着理论研究的深入，2023年《公司法》修订正式采纳了股东失权制度，对此前文已有简单介绍。

本书并非专题研究股东失权制度，而是意在通过该制度展示注册资本与股权、股东资格之间的关联。对于股东失权制度的理论基础有不同的观点：一种观点认为这属于权利失效；[3]另一种观点认为是合同解除，"公司和股东也可以看作出资协议的双方，如果股东根本违约不履行出

---

〔1〕 美国规则的相关内容参见李建红、赵栋：《股东失权的制度价值及其对中国的借鉴意义》，载《政治与法律》2011年第12期；英国规则的相关内容参见葛伟军：《从股东资格解除到股东失权的嬗变》，载《北京理工大学学报(社会科学版)》2022年第5期。

〔2〕 参见王东光：《股东失权制度研究》，载《法治研究》2023年第4期。

〔3〕 参见刘胜军：《论股东除名的事由与程序再造》，载《法学》2023年第3期。

资义务,公司自可以解除合同"。[1] 该两种观点皆有不妥之处:权利失效是后果;公司合同并不是认为股东与公司之间缔结合同,更多的是从公司利益相关者之间的合同关系解释公司。股东失权源自股东的义务违反,失权属于自然而然的法律责任形式,合于自然法理念。

股东失权与除名的比较更易于呈现资本与股权间的关联。一直以来我国对于股东失权与除名都不做清晰的界定,但其实两者之间具有较为明显的差别,最为显著的是两者目的不同,"除名规则的目的和功能在于修补团体人合性因素之裂痕,将可能影响团体存续或对团体利益造成严重危害的个人因素予以消除";"失权规则的目的和功能在于督促个别股东及时足额缴纳出资以确保公司基本出资的充实性,并进而对公司及公司债权人利益予以保障,其基本的立足点依然是公司资本信用"。[2]

事实上,从公司资本视角观察股东失权制度可以发现别样的意蕴。当公司资本制度领域谈论注册资本如弃敝屣之时,股东失权制度的建立却并无任何疑义。在制度功能上,股东失权就是为了促使股东及时出资,从而保障公司资本真实完整,这从我国股东失权所适用的情形可得到清晰反映。[3] 其中原因就在于股权与资本的深刻关联。脱离资本,股权的正当性就存疑,更关键的是,依靠股权行使而展开的公司行为更是无所适从。资本对于公司法整体结构的意义得到一定展示。

第二,分红的计算标准。

在 2013 年《公司法》采用完全认缴制后,资本实缴是否具有意义?2018 年《公司法》使用"实缴"4 次,两次为授权条款,两次出现在第 34 条。该条规定,股东按照实缴的出资比例分取红利;公司新增资本时,股

〔1〕 王东光:《股东失权制度研究》,载《法治研究》2023 年第 4 期。

〔2〕 凤建军:《公司股东的"除名"与"失权":从概念到规范》,载《法律科学(西北政法大学学报)》2013 年第 2 期。

〔3〕 "公司法司法解释将'未履行出资义务或者抽逃全部出资'作为解除股东资格的情形,《公司法(一审稿)》将'股东未按期足额缴纳出资,或者作为出资的非货币财产的实际价额显著低于所认缴的出资额'作为股东失权的情形,《公司法(修订草案二审稿)》将'股东未按期足额缴纳出资'作为股东失权的唯一原因。"参见王东光:《股东失权制度研究》,载《法治研究》2023 年第 4 期。

东有权优先按照实缴的出资比例认缴出资。但是,全体股东约定不按照出资比例分取红利或者不按照出资比例优先认缴出资的除外。[1]

分红在公司制度中具有重要实践意义,股东投资通常就是为了获得分红,对于不控制公司的中小股东尤其如此。本书专门就股东分红比例展开讨论,2018 年《公司法》第 34 条设计的顺序为"按照实缴的出资比例分取红利(常规) + 全体股东约定(例外)"。在常规情况中,实缴出资比例为分红依据,相应排除了按照认缴出资进行分红,可以看出在法益考量上,实缴出资具有制度价值。如果将分红作为阶段性的经营结果,则从出资阶段的认缴制到分红计算阶段采取实缴比例,反映了公司法对资本计算口径的缩小。潜藏在资本计算依据变动后面的是对资本功能的认定。公司法中的股东利益至上的基础仍在于股东出资行为,否则股东与公司并无实质关联,而出资多指实际缴纳出资而不包括认缴出资,只有实际缴纳出资才能形成公司实体,并经由公司运营产生利润。换言之,在公司法中虽然认缴制作为资本形成制度,但在实际上运转的仍为实缴资本,到分红环节实缴资本的价值须得以保护。有观点认为此处体现了股东平等,"根据《公司法》第 34 条规定,有限责任公司股东按照实缴出资比例分取红利,这即是将股东平等原则预设到了利润分配规则之中"[2]。笔者并不赞成该观点,实缴与认缴比例区分实际上是相应股东的区分,如在认缴中占据高比例而实缴较少的股东在分红中就居于劣势。

改变实缴出资比例分红需要全体股东约定,这当然是股东意思与公

[1] 关于分红的规则,《公司法》不采用原来专条规定的模式,将相关内容整合入第 210 条关于公司税后利润的分配中,但实质性内容并未改变。参见《公司法》第 210 条第 4 款规定:公司弥补亏损和提取公积金后所余税后利润,有限责任公司按照股东实缴的出资比例分配利润,全体股东约定不按照出资比例分配利润的除外。

[2] 吴飞飞:《资本维持原则的当下意蕴及其对偿债能力测试的借鉴》,载《政法论坛》2023 年第 4 期。

司自治的体现。但全体股东一致同意不但有难度,[1]而且其本身也包含了对资本多数决的否定。因为这里的表决依据是人数规则,而非资本多数决。因此,即使股东的实缴比例较高,也需要其他股东的同意才能通过相关决议。同时,认缴出资比例较高的股东也不能仅凭借股权比例优势修改分红规则。此外,该规则为强制性规则,其本身不能通过章程予以改变,由此也彰显了法律对常规分红规则的维护。

采用认缴制后,"按照实缴的出资比例"其实在计算中存在困难,盖因为股东实缴的时间点与公司会计核算的时间点并不必然重合,更有各股东实缴时间在一个会计周期的不同日期,在日期相异时如何计算实缴的出资比例就成为问题。有律师对增资情形下实缴的出资比例归纳出三个时间点:利润核算日、分配决策日、增资认缴期限届满日,不同的日期会影响分红结果。[2]

第三,股东表决权。

《公司法》第 65 条规定,股东会会议由股东按照出资比例行使表决权;但是,公司章程另有规定的除外。该条在 2023 年《公司法》修订时除条文顺序有变动,内容并未改变,可以认为理论与实务认可该种表决权模式。该条后半部分的但书条款是 2005 年修订《公司法》时增加的。从内容上看,该条也属于"出资比例行使表决权(常规)+公司章程另有规定(例外)"的结构。

在股东会中心主义之下,公司重要事项皆由股东会决定,一般事项需要简单多数同意,特定事项需要绝对多数同意。因此,股东表决权的计算方式当然具有重要意义,这是股东权利行使的主要舞台,同时是公司治理中公司意思形成机制,并因此是沟通公司要件与公司治理的桥梁性制度。"股东表决权连接公司资本制度和公司治理结构,直接影响股

---

〔1〕 在实务中,财务投资者会追求较高的分红比例,常见于吸引投资者的场合。参见刘婧等:《公司利润分配相关法律问题分析》,载个人图书馆网,http://www.360doc.com/content/22/0810/13/943329_1043249442.shtml。

〔2〕 参见曹承磊、周文星、严月秋:《股东按实缴出资比例分红的操作困境及解决路径》,载搜狐网 2023 年 3 月 28 日,sohu.com/a/660203710-121123759。

东权利的行使,以及相关利益关系者的权利平衡。"[1]在法理上,股东会表决权按照股东出资比例计算正是资本多数决原则的体现。在此,对于"资本"应从两个方面进行解读:一是技术层面,资本数额及各股东出资比例在公司治理中具有技术功能。如果没有资本、出资份额,则公司意思机制将受到动摇。二是价值层面,依照出资比例行使表决权是否会导致大股东压迫的后果,相应机制是否能被公司自治所替代。

事实上,资本及其比例对公司治理的技术功能一直被忽视。在改革注册资本的呼声中,较少看到一体化设计公司治理的相应规则。如果注册资本只是一个"任意的数字",公司治理中的决策制度如何设计呢?完全交由公司章程规定显然是过高估计了市场主体设计治理机制的能力。至少,作为填补股东合同漏洞的公司法须对此提供可选择的方案。

"股东会会议由股东按照出资比例行使表决权"看上去较为简单,这可能也是理论未给予较多关注的原因。但现实是,我国资本形成中的制度特征与相关问题都会在股东会表决中寻找制度解决,问题相当复杂,试举几例:

1. 出资瑕疵的股东是否享有表决权。出资比例约定于章程之中,但实际出资则与约定不完全一致,有部分迟延的,也有全部抽逃的,相应股东如何行使表决权。《公司法解释三》第 16 条许可限制相应股东的财产性权利,但共益性权利并未提及。

2. 公司决议效力。在司法实务中,股东表决权往往并非诉争对象,公司决议效力方为各方争夺的焦点。依照我国《公司法》及其司法解释,股东会、董事会决议的可撤销包含"表决方式违反法律、行政法规或者公司章程"的情形,股东会、董事会决议的不成立包含"出席会议的人数或者股东所持表决权不符合公司法或者公司章程规定"的情形。

3. 出资比例依照实缴还是认缴资本计算。不同于上文分析的 2018

---

〔1〕 李瑞升:《资本认缴制下公司股东表决权的规制》,载《河南师范大学学报(哲学社会科学版)》2018 年第 3 期。

年《公司法》第34条明确股东按照实缴的出资比例分取红利,股东行使表决权所依据的"出资比例"并未加实缴或认缴的定语,依照体系解释,此处应该按照认缴的出资比例计算。[1]

但即使按照认缴出资比例计算,也会带来众多的问题。有学者主张,"表决权的行使应采二层次判断,各股东均未实缴的按照认缴出资比例行使,部分股东实缴其余股东未实缴的,如果是按照章程的未实缴,则以认缴出资比例行使;如果是未按章程实缴,则以实缴出资比例行使"。[2] 但此为学理意见,在司法实务中并未得到支持。事实上,无论是否限制应缴未缴股东的表决权都面临相应的理论难题。

《公司法》第65条但书条款虽然赋权公司采用出资比例以外的表决权制度,但并不意味着《公司法》放弃了资本制度,这从该但书条款的实际用途可以得到证明。同股不同权的典型适用场景是类别股之一的特殊表决权股,也包括重大事项否决权股,都是以资本制度为基础。另外,该但书条款也可用于设定对认缴未缴出资股份的限制,或者采用人数表决规则等。有学者认为,"该条'章程'仅指公司成立之时全体股东制定的章程,不包括事后股东会对章程的修改情形"。[3] 由此,将极大限缩该但书条款的适用范围,因为公司成立时制定的章程与法定资本制都具有初始时的不确定性。

四、辅助功能

就股东出资而言,无论是法定资本制还是授权资本制,出资都可区

---

〔1〕 法院采用的为该观点。例如,厦门市中级人民法院认为:从《公司法》及其司法解释的上述规定来看,利润分配请求权、新股优先认购权、剩余财产分配请求权等自益权原则上应当受到是否实缴出资的限制,表决权等共益权原则上不应当受到是否实缴出资的限制。同时,《公司法》还赋权公司可通过章程等形式作出另行不同规定。参见福建省厦门市中级人民法院民事判决书,(2018)闽02民终1735号。

〔2〕 陈彦晶:《认缴还是实缴:股东权利行使基准的追问》,载《法学》2018年第12期。相似观点参见李瑞升:《资本认缴制下公司股东表决权的规制》,载《河南师范大学学报(哲学社会科学版)》2018年第3期。

〔3〕 许中缘:《论〈公司法〉第42条但书条款的规范解释》,载《现代法学》2021年第2期。

分为承诺出资与缴纳出资,都有认缴在内。我国1993年《公司法》被认为属于典型的法定资本制,但其第25条已采用“认缴”的表述。认缴制拉长了出资期限,从而使得股东的认缴凸显出来。股东认缴须有对象,在公司设立之际认缴为发起人之间的约定,公司设立后增资时的认缴为股东与公司的约定。即使为公司设立的认缴,出资受益主体也是公司。传统观点认为,股东出资构成公司资本,对外形成公司信用。因为资本的静态属性,从而不能构成对债权人的有效偿付手段,这是资本制度受到质疑的基础原因。但如果将股东所认缴出资直接偿付给公司债权人,则可认为资本的信用功能得到间接实现,本书将其命名为“辅助功能”。之所以将其单列,是因为《公司法解释三》中规定了股东对公司债权人的责任。[1] 在最高人民法院发布的相应说明中,督促股东全面履行出资义务、保障公司资本的充实是《公司法解释三》的一个重要目的。为了达成该目的,该司法解释明确并拓宽了请求股东履行出资义务的主体范围,即除公司、其他股东外,赋予债权人直接请求权。“很多情形下也规定了债权人可以提出请求,要求未尽出资义务的股东在未出资本息范围内对公司债务不能清偿的部分承担责任,也可以要求公司发起人与该股东一起承担连带责任。债权人还可以要求抽逃出资的股东承担同样的责任。”[2]

为了合理化债权人对股东的求偿权,一般将其定位为代位权。就股东与公司法律关系而言,股东与公司的权利义务为股东对公司进行出资,享有相应权利,特别是收取公司盈余的权利。在实缴制下,股东完成

---

〔1〕《公司法解释三》第13条第2款规定:“公司债权人请求未履行或者未全面履行出资义务的股东在未出资本息范围内对公司债务不能清偿的部分承担补充赔偿责任的,人民法院应予支持;未履行或者未全面履行出资义务的股东已经承担上述责任,其他债权人提出相同请求的,人民法院不予支持。”第14条第2款规定:“公司债权人请求抽逃出资的股东在抽逃出资本息范围内对公司债务不能清偿的部分承担补充赔偿责任、协助抽逃出资的其他股东、董事、高级管理人员或者实际控制人对此承担连带责任的,人民法院应予支持;抽逃出资的股东已经承担上述责任,其他债权人提出相同请求的,人民法院不予支持。”

〔2〕参见《规范审理公司设立、出资、股权确认等案件》,载《人民法院报》2011年2月16日,第3版。

出资公司才得以成立，股东的义务与公司关联不明显，对于股东与公司的关系理论多以投资关系带过。但在认缴制下，股东出资义务期限被拉长，股东出资与公司成立分离，甚至出现公司已具备解散条件而股东出资仍未到期的现象，由此股东与公司之间的关系成为一个重要议题。理论上多将之定性为债权债务关系。朱慈蕴认为股东出资义务具有双重性质，包括法定性与约定性，[1]但就两者关系而论，约定性应为基本属性。丁勇不但认为股东与公司之间的关系为债权债务关系，更进一步认为公司所持对股东债权为公司资产，由此出发可解决认缴制所衍生的弊端。[2] 通过实缴制至认缴制的变化来认识股东与公司的法律关系，可以清楚呈现股东所负出资义务是债务。比较法上德国学者也持该观点，"原始出资中的最低出资缴付必须在申请登记于商事登记簿之前完成，而剩余的部分则是有限责任公司对股东享有的债权"。[3] 确立股东、公司之间的合同关系后，股东对公司出资瑕疵属于违约责任。《公司法解释三》第13条第2款适用于债权人对股东的求偿，但公司股东与公司债权人之间并无直接的法律关系，为此学术上采用代位权予以解决，"这实际上是债权人在'代位'行使公司对股东的权利，只是维护债权人利益的一项技术性安排，权利的'代位'本质并未改变"。[4] 在不涉及股东出资期限利益的情况下，依照合同法中代位权理论可以合理解释公司债权人对股东的请求权：两项债权请求权都已届清偿期；公司未向出资瑕疵股东进行求偿可认为其怠于行使债权；公司债权人可以自己名义代公司行使对股东的债权请求权。代位权理论依照各方已有的债权关系处理了三方权利义务，并且债权人对股东求偿后果也符合我国代位权制度。

---

〔1〕 参见朱慈蕴：《股东出资义务的性质与公司资本制度完善》，载《清华法学》2022年第2期。

〔2〕 参见丁勇：《认缴制后公司法资本规则的革新》，载《法学研究》2018年第2期。

〔3〕 [德]格茨·怀客、克里斯蒂娜·温德比西勒：《德国公司法》（第21版），殷盛译，法律出版社2010年版，第362页。

〔4〕 胡改蓉：《"资本显著不足"情形下公司法人格否认制度的适用》，载《法学评论》2015年第3期。

股东已认缴但尚未到缴纳期限的出资是否在债权人追偿范围之内？依据代位权理论，此时股东的债务履行尚未届至履行期，故不在债权人追偿之列。司法实践也持该种观点，试举一例：

2012 年 11 月 10 日，吴某兵与冠星公司就教学仪器设备招投标事项达成协议，约定由冠星公司根据中标合同货款的回笼比例给付吴某兵报酬。截至起诉，冠星公司尚欠报酬 364,918.18 元未付。冠星公司名称、注册资本及股东多次变更，至 2014 年 12 月 9 日，将注册资本从 2077 万元增加为 5077 万元，由吉某才认缴，认缴期限为 2023 年 5 月 30 日前。2015 年 3 月 12 日，冠星公司股东吉某才、吉某林、万某兰将各自股权转让给吉某财。吴某兵诉至法院，请求判决冠星公司给付报酬，吉某才、吉某财在认缴及受让出资额范围内承担连带清偿责任。法院认为股东承担补充赔偿责任的前提之一是未履行或者未全面履行出资义务，而判断股东是否履行出资义务是依据其认缴承诺而言的。[1]

对于《公司法解释三》第 13 条第 2 款所设立的债权人请求权，有观点从股东所承担的补充责任入手，认为该制度“并非科学合理”，其理由为，债权人依据代位权与股东承担补充责任之间存在内在的不协调，股东与公司之间不存在补充责任的顺序性，未履行出资义务的股东与公司债权人之间原本不存在任何债权债务关系，股东不享有先诉抗辩权亦无权向公司追偿。[2] 对此，本书认为该制度主要基于实践需求而产生，并获得了相对较优的效果。

最高人民法院通过司法解释将债权人与股东直接关联，其现实基础在于我国出资不实、不足、抽逃出资的出资瑕疵情形较为普遍。为了矫正该种情况，通过司法解释创设债权人对股东的请求权，将股东责任限定在出资瑕疵范围之内，既没有突破公司法人人格，同时引入对股东出

---

〔1〕 参见吴某兵诉江苏省冠星科教设备有限公司等委托合同案，江苏省泰州市中级人民法院民事判决书，(2016)苏 12 民终 2111 号。

〔2〕 参见周珺：《论公司债权人对未履行出资义务股东的直接请求权》，载《政治与法律》2016 年第 5 期。

资的监督矫正主体，具有显著的现实效应。事实上，我国债权债务关系最后往往转变为股东是否按期足额出资，其内在原因即在于此。对此，最高人民法院刘贵祥大法官指出，“从公司诉讼的审判实践而言，债权人与公司发生纠纷，在公司履行能力或清偿能力弱化的情况下，债权人往往偏好或不得不在现行法律框架下寻求其他责任主体，而股东尤其是控股股东首当其冲。债权人请求股东承担出资瑕疵责任、清算责任，请求控股股东承担滥用法人人格责任的，占有较大比例”[1]。

失之东隅，收之桑榆。股东出资瑕疵所引发公司债权人的追索维护了公司资本制度，[2]“股东补充赔偿责任实质是股东出资责任的一种变通履行方式”[3]。依靠公司登记机关对公司资本缴纳进行监管效果不佳，事实上商事制度改革中登记机关放弃了对实缴资本的登记。而有限责任公司股东人数不多，人合性也限制了公司与股东对出资瑕疵的追索。引入债权人作为资本缴纳情况的监督者符合市场竞争思维，显著降低了制度运行成本。

从本书视角来看，债权人得以向出资瑕疵的股东主张请求权，其基础法律关系仍在于股东承担出资义务。而与此同时，公司资本制度以一种曲线的方式达成了目的，维护了债权人利益。

第三节　我国注册资本的制度选择

注册资本为公司外显型要件，是市场交易主体判断公司信用的参考

〔1〕 刘贵祥：《从公司诉讼视角对公司法修改的几点思考》，载《中国政法大学学报》2022年第5期。

〔2〕 黄辉对此有过学理阐述：“实际上，尚未缴付的资本可能比已经缴付的资本对于债权人保护更有意义。前文谈到，已经缴付的资本可能在公司经营过程中损失殆尽，当公司现有资产无法偿付债权人时，股东尚未交付的资本便成了最后的偿付保障。”参见黄辉：《公司资本制度改革的正当性：基于债权人保护功能的法经济学分析》，载《中国法学》2015年第6期。

〔3〕 张其鉴：《论认缴制下股东补充赔偿责任中的“不能清偿”标准——基于回归公司法立场的分析》，载《政治与法律》2017年第3期。

要素。从制度建构的理想状态判断，注册资本制度在公司内部应便于股东出资与公司运行，在外部清晰呈现公司资本状态。我国于2021年启动《公司法》修订以来，注册资本再次成为各方关注焦点，价值取向上理论界多主张“要以激励投资创业、降低公司设立成本、平衡各方利益的规则体系之构建为导向”〔1〕。由于2013年《公司法》取消注册资本最低限额，将公司资本数量交由发起人与股东决定已为定论，故对资本制度的讨论主要集中于授权资本制与认缴制。基于外显型要件的视角，本书对相关制度进行探讨，以求得符合我国国情的完整、可行的公司资本制度。

一、授权资本制

在公司资本制度中，授权资本制与法定资本制作为对立的概念与制度体系而存在。一般认为，授权资本制是指公司设立时章程载明公司发行股份总数，发起人仅须认购部分股份公司即可成立，剩余部分由公司董事会在必要时决定发行。与此相对，法定资本制则于公司设立时资本份额由发起人全部认足，以后资本变动通过增资程序完成。有学者归纳两者的区别为：公司设立出资义务主体确定程度不同；公司新融资时内部决议程序繁简不同。〔2〕授权资本制相较于法定资本制的优势在于自由度更高，这既体现在公司设立时公司股本总额与股东缴纳之间的自由设定，更体现在公司再次发行股份时决策机制的自由。因此，提倡授权资本制，进一步改进我国资本形成规则成为2023年《公司法》修订过程中的主流声音。

因为本书研究的对象为中小型有限责任公司，在我国公司类型两分的格局下，授权资本制是否无差别地适用于有限责任公司与股份有限公司？对于授权资本制在不同公司类型中的适用度，该次《公司法》修订

---

〔1〕 李建伟：《授权资本发行制与认缴制的融合——公司资本制度的变革及公司法修订选择》，载《现代法学》2021年第6期。

〔2〕 参见马更新、安振雷：《重塑资本形成：授权资本制的本土化建构》，载《经贸法律评论》2023年第3期。

前，有学者关注到，[1]但也有观点不区分公司类型主张引入授权资本制，[2]在解释上应是授权资本制一体适用于有限责任公司与股份有限公司。2023年《公司法》对此采用了区分处理的方法：有限责任公司采用法定资本制，股份有限公司采用授权资本制。[3]

有限责任公司是否采用授权资本制是资本制度设计首先需要解决的问题。对此，本书认为《公司法》修订所采的区分模式合理，有限责任公司应保留法定资本制。对于授权资本制，基于授权资本制需要有相应的制度土壤与条件，学界有不同的反对与保留意见：(1)不利于债权人保护。"授权资本制度本身并不能有效防止有限责任制度给债权人带来的巨大风险，所以，授权资本制度对社会信用机制的需求度较高。"[4]该种意见重视社会信用制度，认为授权资本制在信用制度不完善的情况下，将对公司债权人造成较大冲击。(2)不利于股东保护。该种意见认为将股份发行的权力置于董事会，在董事授信义务不发达的情况下，有可能通过发行稀释特定股东的持股比例，从而损害其利益。(3)股份发行机制具有行政色彩。"中国证券发行监管会限缩上市公司授权资本制的实效意义。"[5]

细究授权资本制，发现其核心构成要件并不在于前端，即资本形成阶段的操作，而在于后端需要发行之际董事会的决策与执行。本书认为，有限责任公司不应采用授权资本制，虽然也具有前述原因的考虑，但主要是因为授权资本制对公司董事会的倚重，而这是中小型有限责任公

[1] 如早在2003年，冯果、尚彩云即主张：由现行的法定资本制改采授权资本制或折中资本制，对股份有限公司应有条件地授予公司分期发行股份的权利，对有限公司即使不采用授权资本制或折中资本制，也至少应该允许分期缴纳出资，以便利公司的设立。参见冯果、尚彩云：《我国公司资本制度的反思与重构》，载《中南财经政法大学学报》2003年第6期。

[2] 参见卢宁：《刍议公司资本形成制度的改革与发展——以"认缴制"的定性为起点》，载《法学论坛》2017年第3期。

[3] 股份有限公司采用授权资本制见《公司法》第152条、第153条。

[4] 张小：《授权资本制应当缓行》，载《重庆邮电学院学报（社会科学版）》2004年第5期；任尔昕：《论我国公司资本制度的困惑与出路》，载《兰州大学学报》2004年第4期。

[5] 沈朝晖：《授权股份制的体系构造——兼评2021年〈公司法〉（修订草案）相关规定》，载《当代法学》2022年第2期。

司所“不能承受之重”。公司治理的重要组成是董事会，董事会通过会议决议实现对公司的管理。理论上一般认为公司治理的发展趋势是从股东会中心转向董事会中心主义。我国《公司法》属于较典型的股东会中心主义，明确将股东会定性为公司权力机构，并将公司经营投资、资本变更、公司形式变更等重大事项决定权基本交由股东会行使。因此学者多主张公司法发展与修改的方向应该是“公司权力归属于董事会是公司治理的常态”〔1〕，“重塑董事会经营决策中心”〔2〕。但必须明确，治理中心从股东会向董事会的转移在两者存在区别的情况下才有实际意义。我国有限责任公司为封闭公司，突出特点为股权高度集中，股东与管理层之间重叠。在股东高度集中，甚至具有家族色彩的公司中，董事职务很多时候只是为了应付登记制度而设，董事、监事、经理的人选经常随意变动，如某公司于2014年5月4日成立，黄某系公司执行董事、经理，而2014年7月2日增资后执行董事发生变更；2014年8月19日、2015年3月20日、2015年11月11日发生股权转让，执行董事变更、法定代表人改变等事项，而且监事受让股权后依然担任监事。〔3〕在另一案件中，两位直系亲属的执行董事、监事的岗位对换了4次，公司股东也皆为家庭成员。〔4〕

分析起来，有限责任公司采用授权资本制，将具有以下弊端：

1. 制度运行缺乏基础。此即上文所举的董事会不足以承担所授之责。一方面，如果董事会与股东会成员高度重合，则区分股东会决定与董事会决策的意义并不大；〔5〕另一方面，如果董事会只是部分股东组成的，则小股东利益的保护会成为重要问题。

2. 制度运行可能成本高。授权资本制以自由便利为特点，何以导致

---

〔1〕 梁上上：《公司权力的归属》，载《政法论坛》2021年第5期。

〔2〕 傅穹、陈洪磊：《董事会权力中心的生长与回归》，载《北京理工大学学报（社会科学版）》2022年第5期。

〔3〕 参见浙江省磐安县人民法院民事判决书，（2021）浙0727民初145号。

〔4〕 参见北京市通州区人民法院民事判决书，（2022）京0112民初2399号。

〔5〕 正因如此，法律允许股东人数较少规模较小的公司不用设立董事会。

运行成本高?授权资本制需要系列配套制度以平衡各方利益,这对有限责任公司并无必要。此外,制度规定并不是制度成本全部,放置于真实环境下发生纠纷的可能及进行矫正才是成本的全貌。授权资本制是“高配”的公司治理机制,安装于简易运行的有限责任公司反而容易引起纠纷,[1]或沦为无用,而无用是制度成本高的另一种展现。

3. 制度功能可替代。仅就资本形成阶段,授权资本制与认缴制并无实质区别。对于有限责任公司,完全认缴制已带来众多问题,去留有待讨论,故授权资本制更无引入的必要。

经由比较,法定资本制也并非一无是处,“它更简单,对公司治理的要求低,对董事义务的要求较低。法定资本制满足封闭公司(有限公司)股东人合性需求”[2]。因此有限责任公司仍采法定资本制渐为通说。[3]

二、认缴制[4]

有限责任公司资本制度在放弃授权资本制后,面对的下一个重要问题是认缴制。不同于理论上多有讨论的授权资本制与认缴制并行,[5]本书需单独讨论资本形成中的认缴制。这看上去似乎是一个单纯而简单的法律问题,但实际上却并非如此。《公司法》2005 年修订时引入有限

---

[1] 授权资本制与认缴制的关系就会成为复杂的问题。《公司法》对授权资本制设定了实缴的要求,化解了两者之间的关系。

[2] 沈朝晖:《授权股份制的体系构造——兼评 2021 年〈公司法〉(修订草案)相关规定》,载《当代法学》2022 年第 2 期。

[3] 参见谈萧、叶艳:《授权资本制与认缴制的协调——基于资本形成视角的分析》,载《中国市场监管研究》2023 年第 4 期。

[4] 2023 年《公司法》修订过程中,认缴制的去留与限制一直争论激烈。本处的内容写作于法律定稿之前,也可以作为现行制度的合理性解释。

[5] 参见李建伟:《授权资本发行制与认缴制的融合——公司资本制度的变革及公司法修订选择》,载《现代法学》2021 年第 6 期;冯果:《论授权资本制下认缴制的去与留》,载《政法论坛》2022 年第 6 期;马更新、安振雷:《重塑资本形成:授权资本制的本土化建构》,载《经贸法律评论》2023 年第 3 期;等等。

认缴制，[1]2013 年修正时修改为完全认缴制，[2]从立法资料看，认缴制的引入从一开始并没有被当作公司资本制度的重要修改，其中原因分析：认缴只是资本缴纳方式的变化，在时间维度给予发起人一定的自由，它不影响公司资本数额，也不影响发起人或股东依照认缴额度承担责任，即“认缴不能任性”；[3]认缴是公司登记所要解决的问题，所以立法机关将“认缴”与“登记”联用，称为认缴登记制。

但认缴一旦放开所有条件，其制度影响力就超出了立法机关的预期，正是从 2013 年开始有关认缴制的研究探讨成为公司法的热点。[4]之所以完全认缴制会引发如此热烈的讨论，其实是因为该制度的影响既深又广：深是因为其促动公司债权人利益，在学理上就加速到期等主题

---

〔1〕 检视 2005 年修订《公司法》的立法资料，认缴制进入《公司法》时并未引起足够的关注。在对修订的解读中，全国人大法律委员会的汇报材料目前可检索到三份，分别为洪虎在第十届全国人大常委会第十七次、第十八次会议上的汇报，杨景宇在第十届全国人大常委会第十八次会议上的报告，都未提及注册资本认缴的修改。参见洪虎：《全国人大法律委员会关于〈中华人民共和国公司法（修订草案）〉修改情况的汇报——2005 年 8 月 23 日在第十届全国人民代表大会常务委员会第十七次会议上》，载《中华人民共和国全国人民代表大会常务委员会公报》2005 年第 7 期；洪虎：《全国人大法律委员会关于〈中华人民共和国公司法（修订草案）〉审议结果的报告——2005 年 10 月 22 日在第十届全国人民代表大会常务委员会第十八次会议上》，载《中华人民共和国全国人民代表大会常务委员会公报》2005 年第 7 期；杨景宇：《全国人大法律委员会关于〈中华人民共和国公司法（修订草案三次审议稿）〉修改意见的报告——2005 年 10 月 25 日在第十届全国人民代表大会常务委员会第十八次会议上》，载《中华人民共和国全国人民代表大会常务委员会公报》2005 年第 7 期。

〔2〕 关于 2013 年完全认缴制的采用，立法机关给出的理由比较简单：为了进一步激发中小投资者的创业活力，落实第十二届全国人民代表大会第一次会议批准的《国务院机构改革和职能转变方案》关于将公司注册资本实缴登记制改为认缴登记制的要求。参见宋大涵：《关于〈《中华人民共和国海洋环境保护法》等七部法律的修正案（草案）〉的说明——2013 年 12 月 23 日在第十二届全国人民代表大会常务委员会第六次会议上》，载《中华人民共和国全国人民代表大会常务委员会公报》2014 年第 1 期。蒋大兴称完全认缴制的引入为“非理性而形成”。参见蒋大兴：《“合同法”的局限：资本认缴制下的责任约束——股东私人出资承诺之公开履行》，载《现代法学》2015 年第 5 期。

〔3〕 典型的可参见凌成：《新公司法关于有限责任公司出资规定修改分析》，载《中外企业家》2014 年第 5 期。

〔4〕 以中国知网为例，检索标题包含“认缴制”的论文，2013 年以前总共只有 10 篇，而从 2013 年开始，发文数量明显上升，此处列出分年数据，仅以年份和文章篇数显示：2013 年 6 篇、2014 年 25 篇、2015 年 47 篇、2016 年 47 篇、2017 年 39 篇、2018 年 43 篇、2019 年 41 篇、2020 年 36 篇、2021 年 17 篇、2022 年 26 篇。检索时间为 2023 年 8 月 21 日。

引起了激烈的争论;广是因为该制度搅动了公司法整体,不仅影响资本形成中各方利益,而且影响至公司结构、公司治理等方面,甚至刑法都为之修改。影响之广正体现了本书对资本功能的归纳。为了有效讨论认缴制的未来,先依照本书归纳的资本四个方面功能展示完全认缴制所带来的影响,从而为其利弊得失的分析奠定制度基础。

1. 人格功能

2013 年《公司法》通过将有限认缴制改为完全认缴制,并且取消注册资本最低限额,从而重塑了公司设立时的资本形成制度。从此,0 元实际出资、超长缴纳期限的公司成为可能。虽然从登记机构看该种公司并不多,只是个案,但却挑战了公司主体性的底线。[1]

完全认缴制对公司人格的直接影响是公司法人格否认制度的适用,前文对此有专门的分析。一方面,即使《九民纪要》将"资本显著不足"作为人格否认的原因之一,但其适用的制度环境大为改变,实际发挥作用的空间较小;[2]另一方面,如何解释导致公司人格否认的"资本"概念也有争议,其分歧正是认缴制所带来的注册资本与实收资本的区分。

2. 信用功能

如果说认缴制对公司人格的影响还是隐性的,那么认缴制对公司信用的影响则是显性的。认缴制下,股东可自定出资义务的履行时间,在设定出资义务与实际履行出资义务之间形成出资期限。该期限的本意是股东可依据公司经营实际需要及自身资金状况完成向公司出资,以免

---

〔1〕 如新华网 2015 年报道有公司敛财后跑路,在标题中专门注明:多家投资公司 0 元资金注册取营业执照。登记机关的解释为:"工商登记改革后实际上已经不再对实缴注册资金进行登记,所以'注册 500 万元并不代表公司真的有 500 万元'。"吉林省原工商局相关人士说,企业机读档案显示的"0 元"实收资本有两种可能:该公司在工商部门系统填写实缴为 0 元,或者未填写该项系统显示为 0 元。但该公司真正拥有多少资金,工商部门并不掌握。参见王家乐:《多家投资公司 0 元资金注册取营业执照 敛财后跑路》,载手机央广网,http://m.cnr.cn/news/20150702/t20150702_519044160.html。

〔2〕 有学者认为,"我国司法机关不能仅以'公司注册资本显著不足'为由而根据新《公司法》第 20 条否认公司的独立人格"。这与最高人民法院的精神相一致。参见石冠彬:《注册资本认缴制改革与债权人权益保护——一个解释论视角》,载《法商研究》2016 年第 3 期。

阻碍股东创业,同时避免资金浪费。2013 年《公司法》取消了 2005 年《公司法》对期限所设定的一般公司 2 年,投资公司 5 年的上限,将期限长短完全交由股东决定。[1] 在赋予股东出资期限设定权限时,面对 100 年出资期限的新闻事例学者普遍乐观,只要有一天公司资不抵债,哪怕没到 100 年,你也要提前承担责任。也就是说,如果公司破产,没有出资的股东仍要对他认缴的出资承担责任。[2]

问题在于,股东对合法设定的出资期限享有期限利益,当公司并未进入破产或解散清算时,公司债权人可否要求股东履行出资义务,即出资期限加速到期。对于是否应支持加速到期,学界分为明确的支持方与反对方。李建伟支持加速到期,并列举分析了支持理由:(1)出资期限系公司内部约定,不能对抗外部债权人;(2)相较于破产申请,加速到期的处理救济成本低,效益高;(3)股东认缴相当于对公司承担出资范围内的担保责任,加速到期就是实现该担保责任。在法解释学上,依据债权人代位权理论,周珺认为公司债权人对未履行出资义务股东享有直接请求权,此时股东的出资义务均视为已经到期。[3] 当然也有不依据代位权,而主张债权人享有对股东的直接请求权的观点,如"应从公司法宗旨、资本充实责任、权利义务对等、股东优先责任等方面做理论补充与拓展"[4]。虽然论证债权人可以主张加速到期的观点占上风,但反对的观点同样不甘示弱。刘凯湘的观点较为具有代表性,"期限利益是认缴制

[1] 以笔者所阅读案例中看到的出资期限,当事人一般设定为 20 年至 30 年,以便为自己留下充足的时间余地。

[2] 参见《从"一元注册资本"到"百年认缴期限"》,载中国政府网 2014 年 6 月 11 日,https://www.gov.cn/xinwen/2014-06/11/content_2698939.htm。

[3] 该观点似有为了达成代位权而将出资到期设定为条件之嫌。参见周珺:《论公司债权人对未履行出资义务股东的直接请求权》,载《政治与法律》2016 年第 5 期。同样持代位权观点的刘铭卿认为,加速到期相对于民法债权人代位权的特殊性在于公司对外无法清偿债务,股东待缴义务作为公司债权未届至,未满足民法代位制度中的"到期债权"的要件,但是公司法基于公司发展而给予其特殊照顾。参见刘铭卿:《股东出资义务加速到期研究》,载《政治与法律》2019 年第 4 期。

[4] 张磊:《认缴制下公司存续中股东出资加速到期责任研究》,载《政治与法律》2018 年第 5 期。

赋予股东的法定利益,不应当被架空。在此原则之下,只要出资期限未届满,股东未完成出资不会损害债权人的信赖利益,也不存在债权人代位权适用的空间。此外,为保护债权人利益而创设的实质破产概念,属于不适当地扩张适用公司法人人格否认制度,亦与认缴制的本质相违背"[1]。值得注意的是,对加速到期持保留意见的多为实务界观点。[2]这也较容易解释,因为法官作出裁判时需要实体法依据,而通常不能直接援引法理。《九民纪要》其实偏向于反对意见,只给加速到期规定了两种除外情形。从实证角度看,认缴制将债权人置于相对不利的位置,从而实质性影响公司信用。

基于认缴制的期限利益将股东与债权人的分歧呈现于司法与学理之前,又因为认缴制的普遍推行与公司债权人的泛在性,使得该问题不但具有理论意义,而且更具有实践价值。股东出资加速到期的学理困惑是下文讨论认缴制存废的重要切入点。

3. 结构功能

与资本制度一样,认缴制的影响深入公司内部运行。认缴制将股东出资分为实缴部分与认缴部分,公司资本也就有了实收资本与注册资本的区分。该种资本区分为股东权益的计算与股东权的行使带来困惑,在上文有关"股东表决权"的论述中已有论述。在采用认缴制的场合,当出资期届满但股东仍未出资时,董事或董事会是否负有催缴的义务?依照《公司法解释三》第 13 条第 4 款的规定,董事、高级管理人员的义务包括催缴义务,否则可能承担相应责任。2023 年《公司法》将催缴义务法定化,该法第 51 条规定了催缴及董事责任。虽然在实缴制下也存在出资瑕疵,但认缴所带来的期限影响无疑复杂化了按时出资的要求。对于瑕疵股权,有学者主张,"虽然股东未出资或出资不足并不影响其股东资格

---

[1] 刘凯湘:《认缴制下股东出资义务加速到期之否定》,载《荆楚法学》2022 年第 2 期。

[2] 参见俞巍、陈克:《公司资本登记制度改革后股东责任适法思路的变与不变》,载《法律适用》2014 年第 11 期;王东敏:《公司法资本制度修改对几类民商事案件的影响》,载《人民司法》2014 年第 5 期。

的取得,但基于股权的完整性以及自益权与共益权的不可分割性,对未履行或未全面履行出资义务的股东的共益权应做出必要的限制"[1]。

4. 辅助功能

上文在资本辅助功能中提及的《公司法解释三》第13条第2款常被作为认缴股东承担加速到期责任的依据,目的也是建构公司债权人与股东之间的关联,从而补足公司信用。

认缴制给公司相关制度带来的影响甚至远超前述内容。在会计领域,对认缴而未缴的出资,有观点认为应"根据公司章程或协议,先将认缴资本挂账",即在财务账簿中如实反映认缴资本制。但这仅为观点,从会计科目来看,表彰股东出资的"所有者权益"并不能容纳认缴的出资部分。"根据目前的企业会计准则,公司资产负债表并不反映这一请求权,公司的实收资本(或股本)项目也不会涵盖股东认而未缴的出资额。"[2]客观而言,财务会计制度与认缴制并未充分接轨。

认缴制冲击了与资本相关的刑事罪名。为落实认缴制,全国人大常委会专门对《刑法》第158条、第159条作出限缩解释,即只适用于依法实行注册资本实缴登记制的公司。[3] 让罪刑法定的刑法罪名调整适用,足以看出认缴制的威力之巨大。

除了对债权人利益及公司治理的影响,冯果认为,"认缴制还具有破坏公司权力配置、影响公司独立人格、诱使股东采取投机策略等弊端"[4]。徐强胜认为,"现行认缴资本制度使财产区分原则遭到破坏,作为管理人的董事会的执行机关地位并不明晰,股东会、董事长、经理的地

---

〔1〕 石少侠、卢政宜:《认缴制下公司资本制度的补救与完善》,载《国家检察官学院学报》2019年第5期。

〔2〕 王军:《公司资本制度》,北京大学出版社2022年版,第12页。

〔3〕 《全国人民代表大会常务委员会关于〈中华人民共和国刑法〉第一百五十八条、第一百五十九条的解释》(2014年4月24日第十二届全国人民代表大会常务委员会第八次会议通过)。

〔4〕 冯果:《论授权资本制下认缴制的去与留》,载《政法论坛》2022年第6期。

位和权力被有意无意地加重或扩大"[1]。可以看出，完全认缴制影响深及公司本体，而并非仅为资本形成技术。

为了弥补认缴制所带来的冲击与影响，学者开出了各种"处方"。丁勇的基本立场为股东出资承诺系其对公司的债务，公司享有的出资债权成为公司资产，因此认缴制下资本制度的应对包括：(1)取消由股东事先对出资债权设定期限的要求，交由有限责任公司股东会或股份有限公司董事会决议自治；(2)禁止出资债务免除、延期、更新或替代履行，禁止股东并限制公司抵销出资债权；(3)在股东明显缺乏履行能力或约定出资期限届满时，应对出资债权做减值处理并阻却公司利润分配，回归注册资本责任担保本义。对于股东出资加速到期的难题，在该思路下成为公司对自身资产的处理。[2] 必须承认这是一种很有创新的观点，实现了出资利益的主体转换，但审视其所提出的立场，条条都是对出资及出资处置的限制，这与完全认缴制引入的本意已相去甚远。事实上，在此方案下可合理提出的怀疑是，有必要实行完全认缴制吗？

彭真明对认缴制予以了充分的肯定，但同时指出施行认缴制需要完善的配套制度，包括：(1)加速认缴到期责任须以公司缺乏持续偿债能力为前提，区分对待公司债务总额与净资产相对大小和自愿债权人与非自愿债权人不同情况；(2)公司认缴出资未到期时实施减资，应当从程序性要件和实体性要件分别把握法律规制的尺度，正确厘清减资导致的财务会计变动；(3)股权转让中，发起人未到期的出资比照债务承担方式由新股东继受认缴责任，对可能危及债权人利益的股权转让行为，可以从完善转让程序入手进行有效规制。[3] 之所以将该完善建议较为完整地录入，主要是为了显示该建议的复杂性。仅只为实施加速到期，就需要确定公司债务总额、净资产、自愿债权人、非自愿债权人，在绝大部分为简

---

[1] 徐强胜：《我国公司人格的基本制度再造——以公司资本制度与董事会地位为核心》，载《环球法律评论》2020年第3期。

[2] 参见丁勇：《认缴制后公司法资本规则的革新》，载《法学研究》2018年第2期。

[3] 参见彭真明：《论资本认缴制下的股东出资责任——兼评"上海香通公司诉昊跃公司等股权转让纠纷案"》，载《法商研究》2018年第6期。

单债权债务的经济世界,这些规则是否有实施的可能?或者,实施收益能否赶上实施成本?

上述两位学者对认缴制开出了较为全面的"处方",类似建议不少,在此不一一列举。不同方案无非从两个方面入手:增加对认缴股东的限制,如丁勇的观点;慎重保护债权人等相对人利益,如彭真明的观点。方案或许可以解决认缴制所带来的具体法律问题,但值得追问的是,为何认缴制会给公司制度带来如此深重的影响?[1]

应当承认,认缴制是权利义务配置失衡的制度。在认缴制下,股东自主决定缴纳的数额及分期缴纳的期限,"法定、强制的股东出资行为转化为私人自治的契约安排"[2],而相应后果通过公司却可能影响第三人,最为典型的就是公司债权人。没有相应配套制度约束的认缴制,就是股东享有权利却不承担义务的制度安排。李建伟对股东出资加速到期持支持立场,最为主要的学理理由就是"权利义务对等性的内在要求"[3],股东自定出资期限为其权利,如果不承担任何限制或义务,则权利义务失衡。

2023年《公司法》修法过程中,在有限责任公司领域,对于认缴制有三种选择:保留并优化认缴制;采有限认缴制;废除认缴制。最终法律显然采用的是保留并优化认缴制,本书认为这是路径依赖的表现。决定认缴制去留的评判标准应是该制度的收益与成本,即对制度进行经济分析。[4] 综合分析认缴制的收益与成本,本书认为认缴制并无明显收益,

---

〔1〕 如石少侠、卢政宜认为应"补救"公司资本制度。参见石少侠、卢政宜:《认缴制下公司资本制度的补救与完善》,载《国家检察官学院学报》2019年第5期。

〔2〕 蒋大兴:《"合同法"的局限:资本认缴制下的责任约束——股东私人出资承诺之公开履行》,载《现代法学》2015年第5期。

〔3〕 李建伟:《认缴制下股东出资责任加速到期研究》,载《人民司法》2015年第9期。

〔4〕 黄辉采用成本收益分析法对公司资本制度保护债权人进行分析,得出了肯定结论。"对于2013改革前后债权人保护机制的成本收益分析表明,2013改革引入了债权人保护机制的新范式,而且比改革前的公司资本制度可能更为有效。"此外,他提议,"以后公司法改革应提供成本收益分析的评估报告"。参见黄辉:《公司资本制度改革的正当性:基于债权人保护功能的法经济学分析》,载《中国法学》2015年第6期。

相应制度功能可由其他制度承担，与此同时认缴制的成本非常高，理性的立法选择应该是废除认缴制。

在废除注册资本最低限额后，认缴制在初期出资上并无特定功能，其最为显著的功效是将出资分为不同缴纳期限，预期可以减轻发起人的出资压力，从而便于公司设立。但如果公司运行所需资本较小，则无须设定长达数十年的认缴期限；公司运行需要较大出资，这其实在设定认缴期限时根本无法预计。这就是实践中认缴制的期限不具有合理基础的原因。此外，认缴制在期限上的自由可以由相应制度替代：一是增资。股份有限公司采用授权资本制，将发行股份的权力授予董事会，基于公司自身的理由就是股东大会成本高。这对于股东人数少的有限责任公司并不构成障碍。从实践中屡屡出现公司反向采用减资以规避认缴责任来看，更能证明股东会决策的资本增减制度成本不高，并且针对有限责任公司的资本变动程序可以进一步优化。二是规模较大的有限责任公司确实需要资本分期规划，在公司法对有限责任公司与股份有限公司已无设立条件的差异化后，该类有限责任公司可改采用股份有限公司形式，适用授权资本制，从而享有分期缴纳的制度便利，当然也须遵守相应的规则。

认缴制的制度成本从上文其对公司法整体性的影响已可见。归纳起来，制度成本包括：

1. 资本制度濒于失效。在论证股东出资加速到期时，支持观点对资本彰显信用的实际功效多有提及。正如前文所分析，对于中小型公司来说，多运行于具有某种熟人社会的氛围之中，资本对于信用仍具有相当的意义。认缴制将出资期限拉长后，注册资本与实缴资本几无关联，不仅是公司，其实公司法在设计制度时面对资本的不同内涵也存在无所适从的情况。

2. 公司运行徒增成本。认缴制不仅是资本形成阶段的制度，还会伴随股权进入公司运行，甚至是解散清算。股东表决作为公司治理的基础行为，因为资本认缴而有了多种计算股权比重的可能。虽然法律不是不能一一明确,但意义何在?认缴制下会计计量、股权转让、股东除名的制度难度都会有所增加。

3. 配套制度不尽完善。虽然针对认缴制,学界提出了各种补救方案,前面已有展示,但所设计的配套制度较为复杂,而且已有应对方法并不完善。以股东出资加速到期为例,支持方提出了各种基于价值观的支持理由,也提出了基于实在法的解释学进路,但在预先设定股东享有期限利益的前提下,已有的解决方案都不完善。这正是司法系统并不简单支持加速到期的真实原因。以作为代位权之依据的《公司法解释三》第13条第2款为例,该条款的运行在组织法上其实对公司人格具有不利影响。[1]

面对认缴制如此小的制度收益,以及如此之大的制度运行成本,并且在没有有效方式予以解决的情况下,立法的简便选择是放弃认缴制,改采实缴制,或者对认缴进行实质性的限制,特别是认缴期限。《公司法》将有限责任公司股东认缴的缴纳期限设定为"成立之日起五年内缴足"。该规定被认为是公司法重大修改,在社会及学术界又引起了广泛的争议。[2] 结合上文的研究分析,法律的该种规定颇值支持。

---

〔1〕 "补充责任的财产范围当然地突破了公司独立财产的界限,延伸到了股东个人财产,造成事实上的财产混同"。参见甘培忠、徐可:《认缴制下的资本违法责任及其困境——以财产混同为视角》,载《北京大学学报(哲学社会科学版)》2015年第6期。

〔2〕 相关报道参见黄庆畅:《公司法修订草案进入三审:拟规定股东认缴出资额五年内缴足》,载中国人大网2023年8月29日,http://www.npc.gov.cn/npc/c2/c30834/202308/t20230829_431296.html。以笔者参加的2023年10月在浙江温州举行的2023年中国商法学研究会年会为例,对于该规定不同学者的主张截然相反。对于设定认缴期限,有支持观点,也有反对观点,争论激烈。

第七章 企业信息公示制度[1]的建构

公司外显型要件的消解已为普遍趋势，名称、住所、资本与法定代表人都趋于自由化，传统公司制度所构筑的显性主体边界逐渐消融。单纯依靠名称、注册资本去判断公司实力已不可取，住所的定位功能也不再可靠。与此同时，公司的数量与重要性仍在不断增加，公司作为现代社会的市场主体地位并未动摇，甚至在不断强化。两种趋势间的内在张力日益明显，在公司法的范畴分析就是股东与债权人间的利益失衡，公司要件自由显然更有利于股东，但会将债权人置于不利的地位，对此制度必须提供平衡机制。

公司信息公示是对冲外显型要件消解的最佳方式。外显型要件本就是公司示之于外的公司信息，在法律实质性地放松对各要件的要求后，信息公示的跟进与制度完善成为平衡各方利益的重要方式。事实上，公司信息公示也是2013年商事登记改革以来的建设重点，我国颁布了《企业信息公

[1] 因为在信息公示的制度建设中，我国一直采用"企业信息公示"一词，包含了公司信息公示，本部分依循惯例，采用"企业信息公示"，特作说明。

示暂行条例》,将年检制度替换为年报,建立了全国性平台——“国家企业信用信息公示系统”,并发挥了一定的作用。但我国企业信息公示制度建设与实际进展仍存在较多不足,制度构成不够完备,公示效力未得充分释放。概言之,现有的企业信息公示并不足以“对冲”外显型要件消解所带来的制度影响。因此,对企业信息公示的讨论就成为必要,同时也是外显型要件制度的有机构成。

第一节　外显型要件消解与信息公示

公司各外显型要件的消解前文已经一一做出分析,但其对于现实的影响并未得到全面的评估与分析。外显型要件消解各要素中,资本制度改革所带来的影响最为广泛与深远。以 2020 年全国法院十大商事案例中的“上诉人许某勤、常州市通舜机械制造有限公司、周某茹与被上诉人青岛铸鑫机械有限公司加工合同纠纷案”为例,涉案公司的资本变更如下:

2017 年 9 月 29 日,常州铸仑公司的股东周某茹、庄某芬、通舜公司、常州市吉瑞电梯部件制造有限公司分别将其在铸仑公司的全部认缴出资额 90 万元、60 万元、90 万元、60 万元(出资均未实缴)无偿转让给许某勤。

2017 年 11 月 6 日,常州铸仑公司注册资本由 300 万元增加至 1000 万元。

2018 年 5 月 15 日,许某勤申请注销常州铸仑公司,常州市武进区行政审批局于 2019 年 7 月 3 日对该公司予以注销。

从该案例可以看出公司资本认缴并辅之以增资、减资、注销操作,资本对公司主体的塑造、对公司信用的维持几无用处。案例评析人蒋大兴表述为,如若将资本认缴制改革等同于股东完全逃脱其出资义务,规避法律对公司资本的限制,则不仅背离认缴制的初衷,动摇公司资本三原则的根本,也将致使社会上“皮包公司”“空壳公司”泛滥,对经济交易秩序危害极大。[1] 正因如此,这也是2023年《公司法》修订中注册资本完全认缴制作出调整的内因,但其他外显型要件并未引起重视。

在承诺制、一照多址、一址多照等改革之后,住所与主要办事机构所在地不一致的情形较为常见。例如,在“上海秘塔网络科技有限公司与深圳市智搜信息技术有限公司侵害商标权纠纷案”中,秘塔公司认为其日常经营中每一份合同均以北京市朝阳区某室为联系地址,因此该地址为实际办公经营地址,而不应以登记住所为准。法院对此事实并未否认,而是认为“该地址已跨登记机关辖区,并未在相关的国家行政管理部门进行住所变更登记,该地址并不具有公示公信效力”[2]。在注册住所无法找到公司的案例也不少,如江苏剑牌农化股份有限公司申请IPO时公示了供应商,但实地查找时记者发现“两家供应商都在注册地址查无此企”[3]。

企业名称的案例前面已展示了假央企的有关报道。企业名称的自主申报也创设出众多的“奇葩”名字,屡屡成为新闻热点,如“就不爱上班”[4],长达39字的“宝鸡有一群怀揣着梦想的少年相信在牛大叔的带领下会创造生命的奇迹网络科技有限公司”[5]。此外,企业名称构成中“集团”“总”字的使用,省略行业等规则使得企业名称的外观出现较大改变,削减了名称表征企业实力的能力。

对于外显型要件规则改变,学理意见除相应制度领域的应对之策

---

〔1〕 参见白龙飞:《最高法民二庭发布2020年全国法院十大商事案例》,载《人民法院报》2021年2月18日,第1版。

〔2〕 上海知识产权法院民事裁定书,(2023)沪73民辖终195号。

〔3〕 程雅:《剑牌农化拟IPO:两供应商注册地查无此企?》,载搜狐网2023年5月15日,https://www.sohu.com/a/675866878_115362。

〔4〕《开公司乱起名,“就不爱上班”被全网围观,老板后悔:太不严肃了》,载百度网2021年3月5日,https://baijiahao.baidu.com/s?id=1693368537571938695&wfr=spider&for=pc。

〔5〕 截至2024年2月28日,该公司以该名称依然存续。参见企查查网,https://www.qcc.com/firm/8829e162bc4f29c1897adc7612025c8c.html。事实上,比该名称长的企业不断成为网络新闻。

外,多主张通过信息公示加以应对。例如,对于公司住所制度,郭富青主张分离住所与经营场所,并采用不同的登记制度,“重新定义企业住所为‘联系企业,确定法律文书送达和管辖的地址’,促使其与经营场所分离,并对企业住所实行申报登记制,对经营场所则实行备案登记制”。对于资本制度消解的应对,学界通常主张通过强化公司机构的权力,特别是赋予董事会催缴权予以应对。但公司资本的改革建议也包含了信息公示的要素,如“认缴制的制度补救应立足于公司信用塑造立场”[1]。另外,将公司章程作为登记公示事项的主张就包含了公示公司资本缴纳情况的需求。

经由公示建立企业信用是我国自2013年《公司法》修正以来的基本立场,即“宽进严管”。本书所论述的外显型要件的消解广义上都可归为公司设立“宽进”的产物,而配套的“严管”则主要就是借助信息公示。在2014年的《注册资本登记制度改革方案》中,关于严格市场主体监督管理共7条举措,前两条分别为“构建市场主体信用信息公示体系”“完善信用约束机制”。因此,通过信息公示来平衡公司注册条件放松的制度影响是《公司法》修改的既定方针。我国在2013年《公司法》修改后,即制定颁布《企业信息公示暂行条例》(已被修改),建立了覆盖全国的企业信用信息公示系统,在实体内容上以年报为核心汇集展示企业信息。但我国企业信息公示制度建立时间不长,理论基础、制度定位、内容设计、运行保障等方面都存在不足之处,而这些皆与公司外显型要件的制度完善息息相关,下文专门展开讨论。

第二节 信息公示制度的理论基础

在现代社会,信息公示的有效运行与三个词密切相关:信任、信息、

---

〔1〕 徐强胜、王亚霈:《从个人信用走向制度信用——基于公司法认缴制改革的观察》,载《经贸法律评论》2019年第1期。

信用，三者之间具有高度的关联性，但归属于不同的学科范畴。澄清信任、信息、信用的关系是讨论信息公示制度的词源学基础。

1. 信任

一般认为，信任属于社会学范畴，对应的英文词汇为 trust，“在西方学术界日益成为显学的信任研究就是对 trust 的研究”[1]。无论中西方，信任都属于关系性概念，即在主体间关系中信任才具有意义。就中文字源考察，“信”可拆解为人言，孔子的每日三省吾身就包括“与朋友交而不信乎”。信任在英文世界，特别是在公司法领域中，借助于信托责任清晰展示了受托人的地位与责任。在基于社会运行背景下对信任的解析中，一种重要的类型进入学术视野，即信任的真正价值或挑战在于对陌生人的信任。基于血缘、亲缘、婚姻甚至乡缘[2]，在特定人群中会产生天然的信任纽带，这是自然的展开。而只有陌生人之间的信任才构成对制度的挑战，也是衡量社会信任水平的真正标准。对陌生人的信任超越了信任的经验性、策略性，具体的主体无法根据过往的经验决定是否信任所面对的陌生人。在陌生人的背景信息全部隐去的情况下，他连决定行动策略的依据也没有。尤斯拉纳认为，对陌生人的信任构成“信任的道德基础”，“信任他人是基于一种基础性的伦理假设，即他人与你共有一些基本价值”。[3] 将信任陌生人归因于道德实在是过于“轻巧”，忽视了制度建设所可能与应该承担的责任。对此，卢曼直接指出，“在任何情况下，信任都是一种社会关系，社会关系本身从属于特殊的规则系统”[4]。显然，对企业信息公示的研究与完善建议正是在制度维度建立信任，而

---

〔1〕 郑也夫:《信任论》，中国广播电视出版社 2006 年版，第 12 页。

〔2〕 如我国历史上以同乡关系为基础的商业会馆，在异地承担对同乡商人的接待照顾义务。

〔3〕 [美]埃里克·尤斯拉纳:《信任的道德基础》，张敦敏译，中国社会科学出版社 2006 年版，第 2 页。事实上，佩雷菲特将信任归结为“品性”，与此相同，“信任是命令不来的，它源自我们心灵深处”。参见[法]阿兰·佩雷菲特:《信任社会》，邱海婴译，商务印书馆 2005 年版，第 551 页。

〔4〕 [德]尼克拉斯·卢曼:《信任》，瞿铁鹏、李强译，上海人民出版社 2005 年版，第 6 ~ 7 页。

非道德维度。制度建设在信任构建中的作用源于信任的特性,对此郑也夫有过精当的概括。信任具有时间差与不对称性,如非即时履行合同中的双方义务,正如在即时履行的小额交易中不需要复杂的法律一样,非即时履行合同是现代法律制度发展的重要动因。也正是因为时间差,信任还与不确定性有关,而制度正是弥补不确定性的工具。

面对人类社会的发展,信任在其中所发挥的作用无法否定,[1]可能的不同只存在于对这种作用程度的判断上,是认为其构成关键性因素还是有助于相应的发展。一种概括性的观点认为信任对经济发达或不发达起到决定性影响,“对人持信任还是怀疑态度,尽管表现形式极不相同,却是对发展起决定性影响的文化、宗教、社会和政治行为的精髓”[2]。1988年诺贝尔经济学奖获得者莫里斯·阿莱认为,(市场经济)成功的关键要素是建立信任,对内建立信任,对外建立信任。[3] 以“文明终结论”博得大名的福山曾持续进行信任研究,将各国一分为二——低信任社会与高信任社会,信任成为经济学无法解释的“百分之二十”的人类行为的关键,决定了两类社会发展模式差异。[4] 我国学者的实证研究也证明地区间信任差异将导致企业的签约形式显著不同,地区间信任度越低,该地区企业的签约成本越高,即企业较多地采用预付账款和应付票据等成本较高的商业信用模式,且相应的销售费用和折扣支出也

[1] 如尤斯拉纳认为,“信任是社会生活的鸡汤,它带给我们各种各样好的事物,从参与社群生活的愿望到经济的高速增长,最终达到对政府表现的满意和使日常生活更加愉快”。参见[美]埃里克·尤斯拉纳:《信任的道德基础》,张敦敏译,中国社会科学出版社2006年版,第1页。社会学家卢曼则声称,“若完全没有信任的话,他甚至会次日早晨卧床不起”。参见[德]尼克拉斯·卢曼:《信任》,瞿铁鹏、李强译,上海人民出版社2005年版,第3页。

[2] [法]阿兰·佩雷菲特:《信任社会》,邱海婴译,商务印书馆2005年版,第7页。

[3] 参见[法]阿兰·佩雷菲特:《信任社会》,邱海婴译,商务印书馆2005年版,第551页。经济学家阿罗从反面阐述了信任的作用,“世界上很多经济落后可以通过缺少相互信任来解释”。参见郑也夫:《信任论》,中国广播电视出版社2006年版,第17页。

[4] 参见[美]弗朗西斯·福山:《信任:社会美德与创造经济繁荣》,郭华译,广西师范大学出版社2016年版,第17~25页。

越多。[1]

对于公司而言,作为现代组织形式的胜利者,信任的作用既体现在其内部,也构成其生存的外部环境。信任在公司组织的成型中发挥着重要作用,从欧洲中世纪行会、商人合作中脱胎而出的公司,基于传统的自愿组织管理与货币所带来的信任结构,形成了公司竞争内核。就此,公司的主体性是一种复合来源,其信任构成也同样如此。公司外部生存环境即上文所称的信任所带来的经济社会综合变化。以工业革命后大型公司发展的高峰为例,钢铁、汽车等公司雇员数万人,构成了完整的产业链,而且在外形上也几乎占据了一个城市。芒福德论述城市的表述同样适用于大型公司,“不同种族的世系、不同的文化、不同的技术传统、不同的语言,都聚集在一起,并且相互融合”[2]。信任既是发展的基础,也是发展的结果。

概言之,作为社会性的主体,人类社会的发展依赖信任推进,在复杂的现代社会尤其如此,信任最关键的功能在于“复杂性简化”[3]。信任体现在人与人之间的关系中,具有主观性,但不应将信任归结为个体品质。社会层面信任的建立虽然与文化有关,但更多的应该是制度的功效,这是社会信任度可以进行测量的原因与意义。就本书所讨论的主题而言,基于信任所具有的重要功能,建构高信任度的社会正是制度建设的目标。

2. 信息

在信息时代,“信息”应该是出现频率最高的词。但在法律领域,信息作为一种客观存在与法律规制对象,并未受到严格的检视。

依照《现代汉语词典》的解释,信息有两种含义:(1)音信;消息;(2)信

---

〔1〕 参见刘凤委、李琳、薛云奎:《信任、交易成本与商业信用模式》,载《经济研究》2009年第8期。

〔2〕 郑也夫:《信任论》,中国广播电视出版社2006年版,第132页。

〔3〕 [德]尼克拉斯·卢曼:《信任》,瞿铁鹏、李强译,上海人民出版社2005年版,第30～40页。

息论中指用符号传送的报道,报道的内容是接收符号者预先不知道的。[1] 这是对信息的一般解释,与信息时代已有不小的隔阂。信息时代,“信息”与“技术”联用最为常见,信息成为一种技术手段,或者说技术将世界信息化,这深刻改变了人类社会的生存与运作模式。

近代以来,经济、技术经历了数次大的改革,依照发展顺序可分为4次工业革命,4次革命的代表性工业或技术分别是:纺织工业;重化工业;电子技术产业;信息技术产业。[2] 如果说对于前几次工业革命还有各种不同的分析,但对于当下正在进行的信息革命的分析取得了高度的一致。计算机技术与互联网的结合一方面将万事万物数据化,另一方面又将其相互链接。在这一过程中,数据取代了原来的物质实体,而数据就是信息,由此从工业生产的智能化到人类的“数字化生存”成为现实。[3] 数据的累积产生了质变,大数据具有前所未有的管理、预测与交换价值,引导信息技术进入一个新的阶段。在这个阶段,信息、数据、技术已经高度融合,数据成为经济社会发展的驱动力,信息成了主角。

信息与数据的结合,将抽象的信息实体化,并赋予其经济价值,使得数据获得了一种类似于实体物的地位,成为经济发展的元素与重要驱动力,数据成为生产资料。但作为生产要素的信息具有不同于物质实体的特征。张维迎将其概括为两点:规模经济;公共产品。[4] 事实上,信息社会与前三次工业革命所塑造的现代社会具有根本的不同,从技术、交往这些显性层面到组织形态、制度建设等隐性内涵都在发生改变。对应社会层面的变化,适应信息时代的制度远远未完成,甚至尚未展开。具体到本书主题,公司外显型要件的消解,如住所、资本制度改革,都受到数字化变革驱动,具有鲜明的数字时代色彩,但制度的应对并未同步跟进。

---

[1] 参见中国社会科学院语言研究所词典编辑室编:《现代汉语词典》(第5版),商务印书馆2005年版,第1519页。

[2] 参见施展:《破茧》,湖南文艺出版社2021年版,第179~183页。

[3] 参见胡泳:《后人类的后真相》,郑州大学出版社2023年版,第171页。

[4] 参见张维迎:《信息、信任与法律》,生活·读书·新知三联书店2006年版,第194页。

正是在信息驱动变革的前提下,信息公示作为制度对策才成为首选。胡泳提出构建互联网时代规则的三个主题为:自由与控制的关系,即如何平衡个人权利与安全;如何建立数字信任;数字社会的成熟化必然要求填平数字鸿沟与提高网络素养。[1] 这些相互冲突的需求确实是构建信息公示制度时须进行考虑与平衡的。

3. 信用

信用是与信息公示联系最为紧密的词汇,但也是含义多重的词汇。在日常用法中,信用多与信任具有内在一致性,是因为履行与他人约定而取得的信任。对于信任上文已有分析,信用的这一层含义为主观评价,古代法中的信用多侧重于该种含义。[2] 但在现代社会中,更经常使用于市场交易语境中的信用已偏于客观评价维度。对于市场主体的信用评级已经是市场的基础性制度,"信用评级是对信用风险的评估"[3]。如果各评级公司所使用的方法与分类不同体现了各公司的主体选择,作为评价对象的信用具有客观性则无疑问。因此本书在客观的含义上使用"信用"一词。

客观含义的信用指的是主体的偿债能力,"法律上的信用是指民事主体所具有的偿付债务的能力而在社会上获得的相应的信赖和评价"[4]。依照该定义,信用的客观性是基础,而主观评价建立在该基础之上。用偿债能力判断信用正是信用评级机构的标准,如标普对最高评级 AAA 的定义为"偿还债务能力极强"。在法学上作为单独名词的偿债能力评价涉及公司的各个方面,管理学上将其分为短期偿债能力与长期偿债能力。衡量短期偿债能力的常用指标有流动比率、速动比率和现金比率等,衡量长期偿债能力的常用指标有资产负债率和产权比率等,长期偿债能力是企业综合实力的反映。

---

〔1〕 参见胡泳:《后人类的后真相》,郑州大学出版社 2023 年版,第 178 ~ 179 页。

〔2〕 如吴汉东考察"信用"的起源——罗马法,Fides 表示"相信他人会给自己以保护或某种保障"。参见吴汉东:《论信用权》,载《法学》2001 年第 1 期。

〔3〕 陈红珊:《信用革命:无处不在的信用评级》,浙江人民出版社 2023 年版,第 24 页。

〔4〕 吴汉东:《论信用权》,载《法学》2001 年第 1 期。

我国从2013年开启商事制度改革,公司注册资本、住所、名称等外显型要件处于消解过程中,正如本书所揭示的对交易安全带来的影响。几乎与商事制度改革同时开启的就是信用体系建设,目的在于“对冲”商事制度改革的负面影响。简单梳理我国信用制度建设的重要步伐:2014年国务院印发《社会信用体系建设规划纲要(2014—2020年)》,是我国首部国家级社会信用体系建设专项规划;2016年国务院发布《关于建立完善守信联合激励和失信联合惩戒制度加快推进社会诚信建设的指导意见》;2019年国务院制定《关于加快推进社会信用体系建设　构建以信用为基础的新型监管机制的指导意见》。事实上,在启动该次改革的《注册资本登记制度改革方案》中,宽进严管已经是改革的基本原则,严管包括构建市场主体信用信息公示体系与完善信用约束机制,只是当时将信息公示与信用约束机制放置于平行位置。2019年国务院已经将信用作为监管机制的基础,事前、事中与事后监管都围绕信用展开,信用的地位得以完全确立。

在商事主体制度领域,上述三概念之间的关系可概括为:信息是表征主体状态的数据,包括主体内部信息,也包括市场交易等外部信息;信任是主体间关系,有赖于制度建构与保护;信用是对主体履约能力的客观评价,基于信息与信任而做出。

企业信息公示作为现代常见的政府规制方式,处于行政与市场的交汇处,一方面政府通过信息登记、公示及施以相应责任来完成治理,另一方面企业经由登记进入市场、展示自身状态,同时获得其他主体的相应信息。从制度地位而论,信息公示的重要性显而易见,但却一直缺乏关注。这与信息公示的理论基础没有得到充分揭示有一定关系。支撑企业信息公示的理论散布于不同学科,本书从经济学、管理学、法学的角度进行归纳。

1. 非对称信息理论

信息本身是一种经济资源,“信息也是社会必须花费资源才能产生的一种物品"[1]。将信息登记与公示行为正当化的经济学理由是非对称信息理论。企业公示的信息多为企业的主体信息,如住所、资本等。如果回到缺乏信息公示的"无知之幕"状态,两家企业在市场上相遇,而这些信息属于内部信息,除非企业主动告知,否则对方或许知道企业名称,但除此之外的住所、资本等信息将并不知晓。因此,公示的信息属于经济学中的非对称信息,"交易一方拥有但不被另一方所知道的信息"[2]。依照经济学的分类,商事登记中的信息属于不对称信息中的外生信息,即"商事主体的客观状态,即具体商事行为发生前业已独立存在,不为交易的开展而改变"[3]。如何获取非对称信息?在交易中具有不同的方法:双方可以基于协商对等公布相应信息;具有优势地位的一方可以让对方揭示更多的内部信息,如银行对信贷客户;交易一方通过自己的行为去获取相应信息,如调查、对信息的交易等。但这些委诸市场机制解决非对称信息都具有较为显著的不足,其中较为突出的就是信息的质量无法保证,并且获取信息的成本较高。因此,对于企业的基本信息,引入政府管制是一种更为经济高效的方式。但必须注意的是,政府所主导的强制信息披露只限于必要限度内,并非越多越好。张维迎认为,企业本身作为组织体,较之自然人,这使得它作为声誉载体能更为有效地发挥作用,因此政府管制须慎重。[4] 具体到企业信息公示,信息公示范围需平衡交易顺利开展与主体商业信息保密的不同需求,划定一个合理的信息公示范围。上市公司不但涉及交易对方,而且对公众股东负有受托责任,因此信息公开的范围与力度都最大,并且经过市场的反复检验趋于成熟。但有限责任公司的信息公示,作为政府管制的一种方式,信息公示的范围仍处于形塑之中。

---

〔1〕［美］史蒂芬·布雷耶:《规制及其改革》,李洪雷等译,北京大学出版社2008年版,第40页。

〔2〕张维迎:《经济学原理》,西北大学出版社2015年版,第325页。

〔3〕吴韬:《企业信用信息公示制度研究》,华东政法大学2017年博士学位论文,第12页。

〔4〕参见张维迎:《经济学原理》,西北大学出版社2015年版,第354页。

2. 政府规制理论

派生于近现代以来的政府对市场规制,信息公开作为一种规制方式具有自身的特点。相较于政府对质量、标准的直接管理,信息公开其实是一种"价廉物美"的规制方式,"其干预强度更小。正基于此,这一形式更受到那些主张政府干预应降至最低的人的青睐"[1]。信息公示较为常见的使用对象是产品,政府强制企业将具有外部性的产品信息进行公示,并不断扩张产品及信息的范围,事实上,在规制理论中讨论企业信息的公示属于相对较新的举措。依照安东尼·奥格斯的分析路径,典型的企业信息公示的对象是金融市场中的上市公司,支持信息公示的理由主要采用的是经济分析法。一方面,政府主导的信息公示较之私人行为,更为有效且成本更低;另一方面,企业数据具有公共属性,"很难排除第三方从中受益,且其中任何一方的消费不影响其他人的消费"[2]。

从上面的列举可以看出,经济学与行政管理学对于信息公示的论证相互交织:经济学由不对称信息导出政府规制,但须施予限制;而管理学则采用经济方法论证信息公开的合理性。两者"你中有我,我中有你",共同达至信息公示的结果。

3. 效力规则

如果说经济学、管理学奠定了信息公示的必要性,则法学主要是完成了公示的制度建构,赋予其相应的效力从而使得信息公示成为完整的制度。信息公示在法律制度中并不少见,较之商事登记,物权登记更为基础。以不动产物权登记为例,经由公示法律赋予其公信效力。"对于信赖物权表征而为交易之人,法律仍然承认其具有与真实物权状态相同的法律效果,以为保护。该项原则即为公信原则,这种法律效力就是公信力。"[3]《民法典》第216条第1款规定,不动产登记簿是物权归属和

---

[1] [英]安东尼·奥格斯:《规制:法律形式与经济学理论》,骆梅英译,中国人民大学出版社2008年版,第123页。

[2] [英]安东尼·奥格斯:《规制:法律形式与经济学理论》,骆梅英译,中国人民大学出版社2008年版,第143页。

[3] 崔建远:《物权法》(第2版),中国人民大学出版社2011年版,第49页。

内容的根据。学理上将该条视为承认物权登记的公信效力。正是借由物权登记的效力规则,物权法构建了完整的不动产物权制度,并与合同效力划清界限,最大限度地保护权利主体的利益。

企业信息登记与公示前后相续,实为同一制度。就制度建构而言,法律效力至为重要。该法律效力分为两种:一是行政管理中的责任。我国长期较为重视对企业登记的监管,并建立了相应的行政处罚措施,以确保登记信息的及时、准确,对此下文有专门论述。二是民事责任。《民法典》第65条对商事登记的效力已作出规定。有学者认为商事登记与物权登记不同,"在商事登记中,登记解决的不仅仅是优先性问题,其更多地体现为一种对事实的拟制"[1]。该主张的"拟制",其产生的源头是商事登记中的形式审查,但并未弱化信息公示的效力,反而依据外观原则强化了登记公示的效力。[2] 例如,在公司法定代表人变更之际,因为原股东导致新法定代表人未及时登记,则会出现实际法定代表人与登记信息不一致的情形,就此应适用《民法典》第65条。但必须承认,与企业信息公示相关的民商事责任体系仍未得到充分重视,责任体系并不完善。

第三节 我国企业信息公示制度评析

为了配合企业登记注册制度改革,企业信息公示制度成为重要改革举措。2013年《公司法》修改注册资本等制度后,2014年《企业信息公示暂行条例》制定并实施,成为企业信息公示领域的基本制度,为此原国家工商行政管理总局还颁布了《企业经营异常名录管理暂行办法》《企业公

[1] 邹学庚:《〈民法典〉第65条商事登记公示效力研究》,载《国家检察官学院学报》2021年第1期。

[2] 在商事登记中,法院认为"公信效力系基于公示制度而产生",两者具有紧密关联。参见辽宁省沈阳中级人民法院民事裁定书,(2023)辽01民终7498号。

示信息抽查暂行办法》等5部规章。对于该项制度，行政主管机关赋予了其重要意义，“是工商行政管理部门加强事中事后监管的重要改革举措，对于转变政府监管方式，运用大数据等手段提升监管水平，加快社会诚信体系建设，充分发挥信用在维护市场经济秩序中‘基础桩’的作用，具有重要意义”[1]。作为制度的具体体现，“国家企业信用信息公示系统”上线运行，发挥了重要作用。[2]

全国统一的企业信息公示制度自实施至今已逾10年，相关系统的建设与运行也已逾10年。作为一项暂行制度，经过约10年的运行，已到达需要进行评论和总结的阶段，但学界对该制度的分析和讨论并不热烈。本书基于制度完善的立场，对我国企业信息公示制度做出以下批评性的检视。

一、定位于行政监管

企业信息公示从制定之初，就是监管机关改变监管方式的举措，是建构信用监管的具体路径，“作为商事制度改革中的市场监管创新方式，信用监管得以依法进行”[3]。同时，信息公示也是从重视企业设立审批到事中、事后阶段监管的体现。信息公示与优化监管具有因果关联，这见于市场监管部门的各文件与制度之中。因此，服务于监管的信息公示具有强烈的行政色彩并贯穿制度始终，即《企业信息公示暂行条例》以监管部门的视角制定，条例的内容依照监管的流程展开。在信息公示的全流程中，信息公示的企业主体地位、其他市场主体的利益保障等问题较

---

〔1〕《国家工商行政管理总局关于贯彻落实〈企业信息公示暂行条例〉有关问题的通知》（工商外企字〔2014〕166号）。

〔2〕“自国家企业信用信息公示系统上线以来，已归集企业信息54.7亿条，累计访问量达3000亿次，日均访问量超过了1亿次，取得了较好的社会效果。”参见李若一：《国家企业信用信息公示系统日均访问量过亿次》，载《中国青年报》2023年4月13日。

〔3〕湛中乐、赵玄：《信用监管的法治理想与现实——兼论〈企业信息公示暂行条例〉的实施要点》，载《中国工商管理研究》2015年第5期。

少受到关注。[1]

回到公示的法律属性上，既有观点一直存有分歧，有公法说、私法说与公私法结合说等不同观点。公法说侧重于登记与公示的主体为公权机关，登记机关与企业并非平等关系，登记与公示属于国家权力干预商事活动的行为；私法说强调登记公示的目的在于为社会公众和债权人提供最低限度的保护；公私结合说则认为登记公示兼具有公法与私法属性。虽然前述三种观点都具有一定的合理性，但观点的选择本身就是基于现实情况的利益考量，因此就我国政策选择考量，采用私法说更有利于制度建设。

公示的私法属性是内含于制度的根本属性。对于企业信息公示的根本问题是：为什么要进行公示？在终极的目标上，企业信息公示并不是为了行政管理与监管统计之需，而是为了完善市场建设与推动市场交易的有序性。监管本也是一种辅助性举措，是市场正常进行的保障措施，监管不应成为目的本身。《企业信息公示暂行条例》的立法目的本也是私法优先，该条例第 1 条规定，为了保障公平竞争，促进企业诚信自律，规范企业信息公示，强化企业信用约束，维护交易安全，提高政府监管效能，扩大社会监督，制定该条例。由此可以看出，公平竞争、企业自律、交易安全是信息公示的主要目标，而这些都属于私法范畴。不能因为有行政机关的参与就认定特定行为具有公法属性。就如同企业设立登记，长期以来也被归为行政许可，但后来经过坚持不懈的澄清，其行政色彩逐渐降低，现多认为属于行政确认，行政机关的主导性被否定，更有直接否定其行政法上效力的观点。

从字义解释，公示并不是为了展示给登记机关，而是为了展示给其他市场主体，将信息的内容与质量参与到市场主体的交易之中，内嵌为

---

〔1〕有实务工作者撰文，指出《企业信息公示暂行条例》“重点不突出，围绕信用信息的产生、公示、归集、管理、运用等各个环节，将信用监管的各项制度串联起来，虽面面俱到，但却看不出以哪个环节为中心，也就是说，《条例》主要是约束谁的，是企业还是政府，这点没有明确”。参见魏磊、孙可飞：《强化信息披露　完善〈企业信息公示暂行条例〉》，载《中国市场监管研究》2019 年第 8 期。

交易的部分,并产生相应私法上的后果。特定主体可能基于对公示资本的信赖而与其缔结合同,也可能在检索到公司名称变更信息并追溯其交易历史后取消交易谈判,这才是公示发挥功能的场域。

主张公示的私法属性直接功能是矫正目前公示制度过于浓厚的行政色彩。这并非只是一种学术观点的选择,而且还具有制度建构上的功能。兹举一例,《企业信息公示暂行条例》第 9 条将企业从业人数、资产总额、负债总额、对外提供保证担保、所有者权益合计、营业总收入、主营业务收入、利润总额、净利润、纳税总额信息 10 类信息是否公开列为可选事项,对此有不同观点。但如果从公示的私法属性出发,则相应信息是否为交易相对人特别关注的信息,是否属于公示主体的商业秘密,法律需在这两种私益之间进行比较并作出决定。因此有学者主张,"上述信息是社会公众最为关注的基础信息,集中反映了企业的经营状况,对交易抉择非常重要,离开这些信息,交易各方由于信息不对称就很难做出商业判断,作为处于信息优势的企业基于利益追逐很可能实施不正当经营行为,使交易对手产生损失"[1]。

将市场监管机关所管理的企业信息公示认定为私法属性还具有区分不同企业信息公示的功能。我国由行政机关主导的企业信息公示具有多个系统,[2]学者考证的 4 个系统为:企业信用信息公示系统;各行业领域信用档案;公共信用信息平台;金融信用信息基础数据库。[3] 其中第二个类型是一个合集,包含了数量众多的企业信用信息收集系统,如一般所知的税务系统、海关系统。其实还有针对特定行业、企业的信息收集,如《电力企业信息披露规定》《公共交通企业信息公开规定》等。

---

〔1〕 周昌发:《全国统一大市场建设下企业信息公示的立法完善》,载《学术探索》2023 年第 7 期。

〔2〕 本书写作时,"全国企业信用调查公示系统"上线。据介绍,企业数据的即时性、完整性、准确性的统计与分析,一直是困扰信用体系建设的难题。两个系统的成功上线可以有效促进解决数据问题。参见《"全国企业信用调查公示系统"和"全国城市商业网点信用调查公示系统"上线》,载中国网,http://life.china.com.cn/web/bgt/detail2_2023_09/28/4163046.html。

〔3〕 参见王瑞雪:《声誉制裁的当代图景与法治建构》,载《中外法学》2021 年第 2 期。

统一如此众多的信息采集机构与平台不具有可能性，事实上互联互通都具有相当的难度，而一种理性的方式是对数量众多的企业信息采集系统进行功能分工，将市场监管部门的企业信息公示制度定位为私法属性，区分于政府管理职能的行使，从而可以将系统分为公法管理职能与私法信息公示两类，有助于不同的系统功能区分与内容建设。除企业信用信息公示系统中的信息公示具有私法属性外，由国家发展改革委牵头建设的全国信用信息公共服务平台亦有可能偏重私法功能。而分属于各行业的企业信息采集则属于行政管理，相应的信息收集与使用依照行政管理的相关规则，责任体系也依照行政责任设定。

主张公示的私法属性将给企业信息公示制度带来全面革新，以公示主体与相对人的视角进行制度设计，完善法律责任将主导制度设计，下文所举的信息公示的不足其实都与公示定性具有内在关联。

二、公示信息量不足

为了达成制度目的，公示的企业信息在质量上皆应达到相应要求，质的要求是真实、准确，量的要求是覆盖面广与种类多，《公司法》第 40 条对公示信息的要求为“真实、准确、完整”，覆盖了信息的质与量两个方面。相较而言，在制度建立之初，公示信息量更为重要，只有达到一定的量，信息公示系统才有成立的价值，质的规定性方才有意义。而企业信用信息公示系统恰恰是在量上存在较为明显的不足。[1] 因下文将专门讨论企业年报，涉及企业申报的数量，故本处仅讨论公示的信息。

依照《企业信息公示暂行条例》第 2 条的规定，企业信息包括两类：

---

〔1〕 参见《公司法》第 40 条第 1 款规定，公司应通过国家企业信用信息公示系统公示的事项包括：(1)有限责任公司股东认缴和实缴的出资额、出资方式和出资日期，股份有限公司发起人认购的股份数；(2)有限责任公司股东、股份有限公司发起人的股权、股份变更信息；(3)行政许可取得、变更、注销等信息；(4)法律、行政法规规定的其他信息。本处所规定的公示内容较之《企业信息公示暂行条例》更为精简，可视为对公司形态的特别规定。此外，《公司法》第 229 条第 2 款规定，公司出现清算事由应当在 10 日内通过国家企业信用信息公示系统予以公示。《公司法》在规定公司合并、分立、清算时，将国家企业信用信息公示系统与传统报纸并用，作为公告途径。

(1)在市场监督管理部门登记的企业从事生产经营活动过程中形成的信息;(2)政府部门在履行职责过程中产生的能够反映企业状况的信息。公示的信息皆与政府登记有关,这反映了上文所称的监管定位,[1]在内容上信息应能反映企业的生产经营状况。对信息的进一步具体化为《企业信息公示暂行条例》第6条、第7条、第9条、第10条,其他条文中也有涉及公示的规定。对于我国现行纳入公示的企业信息有不同的分类。

实务部门研究者从标准角度归纳了对信息的不同分类,共有五种:(1)依信息公示时间分为年度报告信息和即时信息;(2)依信息公示属性分为一般信息和重点信息;(3)依信息公示主体分为企业、工商部门和其他政府部门;(4)依信息是否涉密分为涉密信息和非涉密信息;(5)依信息公示意愿分为应当公示信息和选择性公示信息。[2]上述分类展示了观察公示信息的不同视角,各种分类的重要性也不尽相同。有学者依据学理将信息分为两大类:强制性公示信息和任意性公示信息,其中上文所举的《企业信息公示暂行条例》第6条、第7条、第10条及第9条第1款第1项至第6项所列举的信息都属于强制性公示中的法定列举信息,而第9条第1款第7项内容则属于任意性公示信息。[3]可见我国目前以强制性公示信息为主。但问题在于,我国公示信息是否足够保障市场交易的顺畅进行呢?答案是不能,主要原因如下:

1. 规定的公示信息有缺失。这方面比较典型的是公司章程。作为公司宪章,章程集中记载了公司外显型要件与内部治理要件,内容翔实,但在信息公示中并没有提及章程,从而使得公示缺少了基本书件。另外,对于企业而言,除行政机关的监管行为外,涉诉信息更具有普遍意义。

2. 信息关联不充分。企业公示信息的重要来源是由其他行政机关

---

[1] 事实上,将政府机关作为信息公示的主体存在偏差,因此《企业信息公示暂行条例》第10条将责任主体规定为“企业”。这也说明,将企业信息公示界定为私法制度并无不可。

[2] 参见李林:《企业信息公示标准体系探讨》,载《中国市场监管研究》2016年第12期。

[3] 参见湛中乐、赵玄:《信用监管的法治理想与现实——兼论〈企业信息公示暂行条例〉的实施要点》,载《中国工商管理研究》2015年第5期。

所产生的与企业相关的信息,包括行政许可、行政处罚等。该部分信息从《企业信息公示暂行条例》制定时即未完全整合入企业信用信息公示系统,"其他政府部门可以通过企业信用信息公示系统,也可以通过其他系统公示前款规定的企业信息",因此各部门以自身系统为建设对象,相互之间配合不够的情况一直存在。虽然政府为了信息共享共用出台了多份文件,如《政府部门涉企信息统一归集公示工作实施方案》《政府部门涉企信息归集资源目录》等,但基于笔者在国家企业信用信息公示系统的随机调取,"其他部门掌握的行政许可和行政处罚信息以及司法协助的司法股权冻结信息等几乎都是空白"[1],该种情况仍很普遍。

3. 公司参与意愿不足。《企业信息公示暂行条例》的内容及公示系统的建设都采用行政主导,市场主体处于被监管状态,其主动参与系统建设的意愿不够充分,大多将信息申报与公示作为政府的管理举措。"经营者对年报认识不到位。从工商部门实施年报的情况看,经营者积极性并不高,不是主动而是被动地被推上了年报公示系统。"[2]该种意愿最为突出反映在《企业信息公示暂行条例》第 9 条第 1 款第 7 项的任意性公示事项上,就笔者所查阅的企业信息公示报告显示,企业全部选择了不公开。

4. 制度执行不够有力。依照《企业信息公示暂行条例》规定,公司资本信息通过年报公示属于强制性公示内容,年报应包括股东或者发起人认缴和实缴的出资额、出资时间、出资方式等信息。该出资信息履行到位,则市场对企业资本状态即有较为清晰地掌握,并可使认缴与实缴的制度功能在理性设计的空间运行。但事实上,目前公示系统中对公司资本状况的反映不够及时、不够全面,甚至存在较多的空白。"企业公示信息中除了年度报告信息外,有关企业股东及出资情况几乎从来没有公示

[1] 王延川、郭琦:《企业信息真实性的保障困境及机制改善——以企业信息平台完善为视角》,载《西部法学评论》2017 年第 6 期。

[2] 邓君龙:《阳光透视下的企业信息公示制度"阴影"及"修复"初探——企业信息公示制度研究》,载《中国工商管理研究》2015 年第 12 期。

过,这样,对于认缴制下分期出资的企业,其是否按照约定出资到位,社会公众根本无法查证。”[1]这与笔者查阅的企业信息公示报告相一致。如此认缴制的负面效应被放大。

上述各原因汇总后可见,企业信息公示的主要平台——国家企业信用信息公示系统所展示的信息仍较少,且主要是工商登记信息。就公司外显型要件而论,虽然名称、住所、法定代表人公示于外,但最为关键的资本信息多停留于公司登记注册时的状态,资本变动情况公示不及时。这使现有的企业信息公示实际上只是发挥了一个扩大版的“营业执照”的功能,在达成维护与促进市场交易秩序的目的上明显乏力。

三、信息公示流程不完善

信息公示涉及信息的归集、公示、更正及责任认定与承担,是一个完整的流程,《企业信息公示暂行条例》虽然包含了上述各项内容,但在具体的制度设计上存在缺陷与不足。

1. 信息公示主体不明确

上文已述,企业信息的来源共有三种,依照逻辑该三种信息的产生主体即为信息公示主体。因此,《企业信息公示暂行条例》第 6 条、第 7 条、第 9 条、第 10 条规定的公示主体分别为市场监督管理部门、其他政府部门与企业。但由此导致的问题为,公示主体多元,行为与责任边界不清。市场监督管理部门负责推进、监督企业信息公示工作,同时又承担企业登记职责,并将相应信息进行公示,一主体承担多重职责,同时为运动员与裁判员。企业也为信息公示主体,在系统入口设置有“企业信息填报”。因此可以将我国现行信息公示主体归纳为双轨制,即行政监管与被监管双方都为信息公示主体,则企业填报信息与管理部门有重叠,如《企业信息公示暂行条例》第 10 条规定由企业公示的信息也为市

---

〔1〕 王延川、郭琦:《企业信息真实性的保障困境及机制改善——以企业信息平台完善为视角》,载《西部法学评论》2017 年第 6 期。

场监督管理部门或其他部门公示的信息。双轨制导致的问题是，究竟谁对公示承担责任，而如果公示不实责任又由谁承担？《企业信息公示暂行条例》第11条规定，“政府部门和企业分别对其公示信息的真实性、及时性负责”。此条看似明确了责任，但在信息公示内容存在重叠的前提下，反而进一步造成各自行为边界模糊，从而最终各方都不承担公示之责。

信息公示主体与公示信息的量息息相关，主体不明确，则公示信息的量的要求就无从落实，这正是上文所举的信息公示的数量不足。虽然《企业信息公示暂行条例》规定了较为丰富的应公示信息，在多主体负责公示的情况下，未予以公示的责任易成为空白。检视《企业信息公示暂行条例》有关责任的规定，针对的皆是已经公示信息的质量，如《企业信息公示暂行条例》第12条、第13条。对于应公示而未公示的，可见的规定是企业年报未公示的相应后果，至于条例中所规定的其他应公示信息未公示的相应后果则付诸阙如。该种责任缺失不但针对承担公示义务的行政部门，同样也延伸到企业，其根源在于公示主体不清。

2. 信息公示与抽查

网络时代，信息公示被定位为网络信息公示，就如同我国《企业信息公示暂行条例》与“国家企业信用信息公示系统”之间的关系。[1] 但网络只是信息传输与展示的平台，并不能完全代替信息公示。就企业信息而论，企业登记注册包含了数量众多的文件，其中不少有当事人的签名、盖章等，这些文件并没有完全扫描上网，并且即使完成扫描上网也不能替代原始文档的功能。事实上，在实务中查询企业档案仍为不可或缺的掌握企业信息的途径。[2] 因此有学者将我国目前的企业信息公示概括为“网络免费公开＋现场有限查询”机制，并认为该种机制“割裂了信息

---

〔1〕《企业信息公示暂行条例》第4条显示了公示与网络系统之间的对应关系，该条规定，“省、自治区、直辖市人民政府领导本行政区域的企业信息公示工作，按照国家社会信用信息平台建设的总体要求，推动本行政区域企业信用信息公示系统的建设”。

〔2〕参见《企业登记档案资料查询办法》第6条、第7条。

的整体联系,不利于信息的整体利用”[1]。将企业信息公示理解为网络公开具有局限性,并非整体性的公示。

为了保障公示信息的真实、及时,市场监管机构构建了“双随机、一公开”的抽查制度。依据《企业公示信息抽查暂行办法》,双随机指的是建立健全市场主体名录库和执法检查人员名录库,通过摇号等方式,从市场主体名录库中随机抽取检查对象,从执法检查人员名录库中随机选派执法检查人员。这主要是为了防止“监管俘获”。一公开指的是依托国家企业信用信息公示系统,及时公开监管信息。抽查制度承担了监管机构加强事中、事后监管的功能,实质在于平衡监管机构限于人、财、物的监管能力与企业数量不断增长所带来的监管需求之间的矛盾。学者质疑该种抽查方式虽然符合机会公平的原理,但不一定能够达成制度目的。[2] 除了追问抽查比例的合理性,问题的核心实质在于如何抽查?依照《企业公示信息抽查暂行办法》的规定[3],监管机构应采实质审查的方式,以保障公示信息的真实性、及时性。但实际上实质审查的方式受制于监管机构的人力很难实现。以一现实中案例为例:

江苏省太仓市市场监督管理局2019年双随机抽查共涉及不定向抽查企业852户及定向抽查食品生产企业74户、强制性产品认证获证企业6户、质量管理体系认证(ISO 9000)获证企业10户,共计942户,每个分局指派4人负责此项抽查任务,人均抽检企业数达到33户。2020年,双随机的抽检要求进一步提高,抽查更有针对性,全年抽查任务激增,涉及抽查主体共计4300多家,在监管人员数量不变的情况下,监管任务将近翻了两番,人均抽查企业数达到了153户。由此可见,时间紧、任务重

---

〔1〕 王伟:《企业信息公示机制的逻辑与立法研究——兼论〈企业信息公示暂行条例〉的修法思路》,载《首都师范大学学报(社会科学版)》2021年第1期。

〔2〕 参见王延川、郭琦:《企业信息真实性的保障困境及机制改善——以企业信息平台完善为视角》,载《西部法学评论》2017年第6期。

〔3〕 参见《企业公示信息抽查暂行办法》第12条。

是基层企业信息公示监管的集中体现。[1]

监管人员任务重会实质性地影响审查工作的开展,决定审查的力度、内容,从而将审查工作导向实质审查或形式审查。有观点认为,“在实际的运作过程中,抽查人员往往只是尽其形式审查的职责,核查企业是否对相关信息进行公示以及其公示的信息与工商部门公示的登记信息是否一致,重点并未放在核查信息的实质真实性上”[2]。本书认为,鉴于对企业公示信息实质真实性调查的难度与工作量,如企业注册资本实缴与变动情况、对外投资、股权转让出质等,衡诸监管人员数量及其工作量,实质审查实际上较难进行。[3]

问题的另一方面在于,因为企业信息公示所汇集的信息量较少,且抽查多为比对公示信息与注册登记信息是否相符,故实质审查与形式审查并无实质不同,这也是制度中规定的可以委托会计师事务所、税务师事务所、律师事务所等专业机构开展审计、验资、咨询等相关工作较为少见的原因。

3. 信息更正

企业信息公示包含海量数据,并且处于不断变动与增长之中,信息失真在所难免,《企业信息公示暂行条例》对公示信息的更正作出了规定,但变更程序存在缺失。

《企业信息公示暂行条例》规定的信息更正包括两种:主动更正与被动更正。主动更正是信息公示主体所为:政府部门发现其公示的信息不准确的,应当及时更正;企业发现其公示的信息不准确的,应当及时更

〔1〕 参见张顺怡:《企业信息公示的政府监管研究——以太仓市为例》,上海海洋大学2022年硕士学位论文,第17~18页。

〔2〕 王延川、郭琦:《企业信息真实性的保障困境及机制改善——以企业信息平台完善为视角》,载《西部法学评论》2017年第6期。

〔3〕 一位实务部门人员撰写的论文中,对此有比较明确的表述:当前企业抽查过程中,普遍存在抽查工作流于形式,多书面检查,检查人员电话通知企业提交相关材料,发现无法联系到该企业才启动现场实地检查。大部分抽查过程中发现的企业公示信息弄虚作假情况,都是企业填报人员疏忽大意或者对填报内容不熟悉导致的。参见郭翀:《广东省工商部门商事制度改革中企业信用监管问题及对策研究》,华南理工大学2017年硕士学位论文,第31页。

正。这是针对已发布信息的更正,不涉及上文所分析的信息公示主体不明确的问题。被动更正则是信息公示主体之外的主体所要求的更正,具有更重要的地位。因为被动更正借助第三方主体,第三方主体往往与申请更正事项具有利益关系,具有更强的更正意愿。此外,第三方主体实际上代表了一般市场主体,被动更正引入了市场监督力量。《企业信息公示暂行条例》对被动更正的不足在于:

首先,将信息瑕疵区分为信息不准确与信息虚假不当。信息不准确是一种客观状态,信息虚假是信息不准确的属概念,在认定上包含了公示主体故意的心理状态。信息虚假只存在于企业作为公示主体的场合。则依照《企业信息公示暂行条例》的规定,企业如果更正自己公示的信息,此时应定性为信息不准确;而如果是第三方主体提出更正,则此时就为信息虚假。信息不真实与虚假的判断取决于发现主体,与信息瑕疵本身没有关联,该种定性显然不当。

其次,信息更正的程序不完整。政府部门公示信息不准确的被动更正程序不完整。虽然《企业信息公示暂行条例》允许第三方主体要求该政府部门予以更正,但后续程序就为空白。政府部门如果不予更正,则程序为何?

企业公示信息虚假的被动更正相对完整。依照该条例的规定,第三方主体就虚假信息进行举报后,接到举报的市场监督管理部门应当进行核查,予以处理,并将处理情况书面告知举报人。但在行政机关未进行相应核查处理时,如何处理存在争议。第三方主体是否有权提起行政复议?对此主流意见认为,"即使市场监管部门未及时告知存在履责瑕疵,也不属于行政复议、行政诉讼的管辖范围"[1]。由此使该条例所规定程序与司法保障脱离,其能否履行存疑。

最后,《企业信息公示暂行条例》所规定的信息存疑含义不明确。该

---

〔1〕 俞斌、钱敏华:《企业信息公示领域举报处理结果与举报人的利害关系——浅析行政复议中的申请人与行政行为的利害关系》,载《质量与标准化》2021 年第 8 期。

条例第13条第2款规定第三人对公示信息存疑时,可以向政府部门申请查询,收到查询申请的政府部门应当自收到申请之日起20个工作日内书面答复申请人。从法律体系作出解释,该条款应该是信息不准确与信息虚假之外的兜底条款,但对"公示的企业信息有疑问"实在过于含糊,而相应的处理主体与程序也不清晰。

概言之,将企业信息公示完全定位于行政监管之后,对信息的任何质疑、对信息真实性的核查都将成为行政机关的职责。监管机关一方面缺乏核查的人力与方法,另一方面法律也不保障对行政机关的追责,从而使得信息更正具有某种脱法的不确定性。

信息公示违法的惩戒、失信修复等属于广义的公示流程,但鉴于其重要性,本书将其作为信息公示的法律责任,单独作为一点进行论述。

四、信息公示责任不完备

在法律上,义务不履行导致承担责任。信息公示是企业的义务,企业违反信息公示义务构成失信,法律由此设定的责任称为"失信惩戒"。"失信惩戒机制在信用体系中居于突出地位。"[1]《企业信息公示暂行条例》对于失信规定了经营异常名录、严重违法失信名单、联合惩戒等措施,但相应规定仍不够完善。2024年《企业信息公示暂行条例》修订后,该条例第18条规定的列入经营异常名录的情形包括两种:企业未按照规定的期限公示年度报告;未按照市场监督管理部门责令的期限公示有关企业信息。而依据原国家工商行政管理总局2014年制定的《企业经营异常名录管理暂行办法》第4条,列入经营异常名录的企业包括四种类型,除了上述两种情形,还有两种情形:公示企业信息隐瞒真实情况、弄虚作假的;通过登记的住所或者经营场所无法联系的。之所以会出现该种情况,是因为修订前后的《企业信息公示暂行条例》在责任设定上的

---

〔1〕 邓祥敏:《成都市J区企业信用监管问题及对策研究》,四川大学2021年硕士学位论文,第14页。

重大修改。原《企业信息公示暂行条例》采用的是经营异常名录与严重违法企业名单前后相续的制度设计。依据原《企业信息公示暂行条例》第 17 条第 2 款,对于被列入经营异常名录的企业“满 3 年未依照本条例规定履行公示义务的,由国务院工商行政管理部门或者省、自治区、直辖市人民政府工商行政管理部门列入严重违法企业名单”。《企业信息公示暂行条例》2024 年修订采纳了市场监管管理部门使用的“严重违法失信名单”,并且将其作为与经营异常名录平行的制度。两者从适用情形即做出区分,企业公示信息隐瞒真实情况、弄虚作假情节严重的,列入市场监督管理严重违法失信名单,并可以吊销营业执照。市场监督管理部门解释修订的理由为,“加大对信息公示违法行为的惩戒力度,对公示信息隐瞒真实情况、弄虚作假等情形,明确了相应的法律责任,按照不同情节,设置了罚款、列入市场监督管理严重违法失信名单、吊销营业执照等惩戒措施”。[1]

对于经营异常名录,有研究人员问卷调查成都市某区列入经营异常目录的相关情况:在回收的调查问卷中有 87 份问卷显示其企业曾经被纳入信用异常行为名单中,不过其中有 10.28% 的企业认为即使被纳入了该名单日常的经营依然如初;而 56.13% 的企业则表示被纳入该名单对于日常的经营确实存在一定的困扰,但也仅仅是困扰不会造成实质性的影响。……很多的公司即使经营行为进行了更正也不会及时到工商局申请将其从名单中移除,而是当公司开始进行融资或者是投资行为的时候才会想起来将企业从名单中移除。[2]

值得从理论上反思的是,为何出现市场主体对经营异常名录不够重视?

---

〔1〕《市场监管总局〈企业信息公示暂行条例〉实施十周年暨信用监管成就介绍专题新闻发布会实录》,载国家市场监督管理总局网:https://www.samr.gov.cn/xyjgs/gzdt/art/2024/art_2c62814b23f74b658f4286f2421391ce.html。

〔2〕参见邓祥敏:《成都市 J 区企业信用监管问题及对策研究》,四川大学 2021 年硕士学位论文,第 32 页。

1. 经营异常名录效力不强

经营异常名录通过公示系统进行公示，但并没有明确的不利后果，“但通过市场监管部门的系统公布异常信息，其他相关审批监管部门没有同步跟进处理，后续的惩罚措施比较轻微，没办法达到以儆效尤的效果，导致当事人不重视经营异常”。[1] 特别是针对容易触发经营异常事项的小微企业而言，该种公示带来的影响有限，上文所引的调查数据对此提供证明。依照本书作者的调研分析，这也是因为相应交易环境并不十分依靠信息公示系统。不论制度制定的初衷如何，各地推行的公示信息轻微差错免列入经营异常名录的举措进一步削弱了名录的效力。[2]

2. 修复措施简单方便

经营异常名录的主要目的在于提醒市场主体履行公示义务，故依照《企业信息公示暂行条例》规定，已被列入经营异常名录的企业只要履行公示义务则移出经营异常名录。在实践中，对于占据绝大多数因为未公示年报的企业只要提交年报，即可移出名录。[3]

3. 规避手段众多

信息公示制度对企业的基本假设是：正常经营企业，但该假设与事实偏离。正如本书一开始所揭示，公司设立主体的目的具有多样性，因此公司具有多种形态，如持股平台、特殊目的、专门项目的子公司等。正如法律制定时面对的永恒问题——人性善恶，由此决定法律制定的内容与责任设置，信息公示制度显然对法人的“人性”做出了乐观的估计。规避经营异常名录，公司可以利用一年内的设立与注销以免除年报义务，或者通过更改住所应对抽查。

---

〔1〕 郑华锋：《中山市商事登记制度运行问题及对策研究》，广西师范大学2022年硕士论文，第33页。

〔2〕 例如，《关于印发企业公示信息轻微差错免列入经营异常名录若干措施的通知》（南市监规〔2022〕2号）。

〔3〕 《企业经营异常名录管理暂行办法》第11条规定：“依照本办法第六条规定被列入经营异常名录的企业，可以在补报未报年份的年度报告并公示后，申请移出经营异常名录，工商行政管理部门应当自收到申请之日起5个工作日内作出移出决定。”

4. 外显型要件消解

经营异常名录只是对企业公示信息的规制，并不是对公司经营状况的实质性监管，因此该制度与本书的主体——公司外显型要件关系密切。外显型要件的消解使得设立公司的成本显著下降，而这意味着，如果公司本身的目的并不在于经营，则放弃一家公司的成本也不高。住所制度的改革带来规避经营异常名录的可能。

《企业信息公示暂行条例》经由2024年修订，经营异常名录与严重违法失信名单平行推进，将有助于信息公示责任的强化。一方面，被列入经营异常名录的企业符合法定条件将被吊销营业执照；另一方面，适用于企业公示信息隐瞒真实情况、弄虚作假，严重违法失信名单更具有针对性，并且其单独适用将提高效率，减少过长的前置周期要求，从而提高制度威慑力。

五、我国企业年报制度分析

企业年报是我国2013年《公司法》修正后"对冲"注册资本制度改革最为重要的举措，也是信息公示最为重要的内容，代替了长期存在的年检制度。企业年报制度是指按照相关法律规定，企业每年须在规定的时间范围内，通过统一的信息公示平台报送年度报告，并向社会公示，市场监管部门通过随机抽查的方式对企业进行信用监管的一项制度。从制度设计上而论，企业年报承载了制度转型的重任。企业年报公示制度是我国市场化和去行政化改革的产物，缓解了年检制度浓厚的行政色彩以及企业财务经营状况的登记公示力度缺乏的问题。[1] 从政府角度来看，企业信息披露的长效性为市场监管部门监管提供了便利，同时企业年报制度蕴含简政放权的理念，更快推动"管理型政府"向"服务型政府"转变；从市场角度来看，企业年报公示制度能够为交易主体作商事决策提

〔1〕 参见华维佳：《论中国商事登记制度中年检到年报公示制度的改革》，华东政法大学2015年硕士学位论文，第22页。

供资信参考，让企业信息在市场中充分流动，从而缓解企业与交易对象之间信息不对称的现象，降低投资风险，保护投资人利益。

但企业年报的实施情况如何呢？经由对浙江 T 市进行的调研，获取了2020 年至2022 年三年企业信用信息公示平台的数据资料，从而可分析企业年报制度在现实中的功能发挥。

1. 企业年报率

2020 ~2022 年各年1 ~6 月 T 市全市企业年报报送情况如下：

2020 年1 ~6 月 T 市已报送企业数为174,604 家，年报率为94.24%，零申报率（在填写企业年报数据信息时全部填零）为1.37%。

2021 年1 ~6 月 T 市已报送企业数为198,786 家，年报率为96.05%，全零申报率为1.28%，并且在半年度企业年报评估中新增平均精准率指标为58.68%。

2022 年1 ~6 月 T 市全市企业年报总计划237,336 家，总应报数为226,105 家，实际总年报数为219,664 家，年报率为97.15%，其中全零申报企业为1116 家，全零申报率为0.51%。平均精准率为60.71%。

市场监管部门在采用企业信用信息公示系统以来，采取前期电话通知、短信通知、实地走访等方式，敦促落实企业信用信息公示系统填报工作；同时还通过微信公众号、网站等方式对新型企业年报填写大力推广和宣传。纵向比较可知，随着年报公示制度的普及和推广，T 市企业年报率和精准率总体呈上升趋势，全零申报率逐年下降。

尽管全市的数据分析比较乐观，但若着眼于某一区县，情况则有所不同。以 T 市 F 县为例，2022 年1 ~6 月企业年报总计划25,325 家，总应报数为23,694 家，实际总年报为22,775 家，年报率为96.12%，低于全市平均水平。其中全零申报一共170 家，全零申报率为0.75%。纵向比较 F 县近三年的零申报率，2020 年零申报率为1.38%，2021 年为2.4%，变动幅度较大。

2. 企业年报质量

自2021 年企业年报评估指标增加平均精准率以来，2021 年 T 市全市1~6月企业年报平均精准率为58.68%,2022年低于60%。T市下辖11个区县2022年6月年报收集精准率在55%~73%不等。企业年报精准率偏低的原因可以归纳为两点:一方面,市场监督管理局年报抽查比例为3%,覆盖范围十分有限,此种缺乏日常监管的一次性抽查模式极易让弄虚作假的企业产生侥幸心理,无法对企业信用起到长效监管作用,不利于市场稳健发展;另一方面,市场监督管理局主要核查的内容包括企业年报中的经营范围、法定代表人是否变更、地址、许可证等,财务方面数据一般交由第三方会计师事务所核实,但因为核实成本高和经费有限,企业年报财务数据真实性不强。此外,全零申报企业的填写状态是企业年报精准率提升的一大阻力。有相应调研支持了本书的结论,"随着注册条件进一步放宽,市场准入的门槛越来越低,小微企业数量逐渐增多,这些企业因为规模较小,缺乏规范的管理,负责财务人员专业水平较差,财务制度也不完善,在进行年报时经常胡乱填写,填报数据质量无法得到保障。另外,还存在一些经营者为了提高竞争力或者逃避责任,故意夸大正面信息,弱化负面信息等造假虚报情况"[1]。上文已述,经营异常名录或者严重违法失信名单的黑名单威慑力仅作用于试图继续经营的企业,而市场监管部门对于一些"躺平式"无意经营等企业的辩解理由普遍束手无策。例如,一些中小企业会辩解去年停止营业,无商业交易活动,但今年已经恢复营业,针对这种情况市场监督管理局无从考证企业的实际运营状况。《公司法》第260条第1款规定,公司成立后无正当理由超过6个月未开业的,或者开业后自行停业连续6个月以上的,公司登记机关可以吊销营业执照。但司法解释未对该条款的"正当理由"做出具体说明,因此针对零申报企业停止营业6个月的情况无法吊销其营业执照。

对企业年报的调查印证了上文对企业公示信息的判断,即"公示信

[1] 李成健:《商事制度改革背景下市场主体信用监管研究——以L市C区为例》,济南大学2022年硕士学位论文,第24页。

息量不足”。企业年报在司法环境中的效力如何？企业年报中的出资情况填写也包括了认缴出资额和实缴出资额。但在司法实践中，此两项数据大部分情况下不被司法机关采信，其公信力仍有待加强。例如，在上海保发金属制品有限公司与苏州颐来达模具有限公司等合同纠纷上诉案[1]中，原告在二审中补充提交了颐来达公司企业年报，以企业年报中的被告陈某华、王某盼增资部分的实缴出资为零来表明未实际缴纳出资。上海市第一中级人民法院认为，尽管原告在二审中提供的企业年报有一定证明力，但并不能完全绝对证明是因为实际未出资而导致的实缴金额为零，本案仍需就原告与被告提供证据的证明力进行综合评判。后法院查明实缴金额登记为零与被告实际未出资之间并不具备必然关系，且《国务院关于印发注册资本登记制度改革方案的通知》中也明确规定公司实收资本不再作为工商登记事项，因此对被告这一抗辩不予采纳。同样地，在2021年北京薛某源与连某等执行异议之诉纠纷再审案[2]中，判决书中明确写出：“本院认为，从相关网站下载的公司企业年报，虽然可以作为证据使用，但该证据的证明力，尚不能使法院对薛某源已全部交纳了认缴出资额产生内心确信。故驳回再审申请。”由此可见，企业年报信息与实际经营情况割裂严重，其真实性在诉讼中无法使司法工作人员达到内心确信的状态，更遑论在市场交易、市场监管过程中对于企业商事信用评估发挥的作用。除了企业年报本身内容的弱威慑力导致无法被司法机关采信，也有相当一部分判决书在比较中证实了企业年报效力不及其他由专业机构形成的报告，如验资报告。在永泰房地产(集团)有限公司等与袁某执行异议案[3]中，永泰公司在上诉过程中提交了该公司和其子公司天台山公司的企业年报来证明天台山公司及其所持股相关股东均为具有独立业务并独立经营的公司，资产未与所投资企业混同。经质证，袁某不认可该证据与证明目的的关联性。后法院认为天

---

〔1〕 参见上海市第一中级人民法院民事判决书，(2020)沪01民终2064号。
〔2〕 参见北京市高级人民法院民事裁定书，(2021)京民申7348号。
〔3〕 参见北京市第一中级人民法院民事判决书，(2022)京01民终8981号。

台山公司提交的企业年报系其单方制作,另案中法院委托会计师事务所出具的专项审计报告具有更强的证明力。

综上所述,配套公司注册登记改革下外显型要件的消解,企业信息公示作为应对之策成为制度建设重点。运行 10 年以来,制度体系的突出特点是与监管结合,无论是制度建设、系统设置都服务于监管目的,制度的公法色彩明显。这也反映在理论研究上,目前与企业信息公示、信用制度建设相关的研究主要是行政法学界。基于监管需求与便利所建立的制度运行体系存在一定不足,并表现在公示信息质量与公示程序上,但内在原因是未充分考虑企业的制度需求,服务市场交易能力偏弱。

第四节　企业信息公示制度的完善

回到商事登记制度改革之初,在注册资本、住所等制度进行改革之际,为了规范管理,企业信用信息公示系统建设成为重要的举措,专家建议"建立完善企业数据信息共享平台,对其进行信用管理"〔1〕。但企业信息平台并不会自动生成,平台数据也不能实时更新,保证真实,因此企业信息公示制度的完善具有紧迫性,并需要从系统的角度进行谋划。

一、基于信用建设完善企业信息公示制度

企业信息公示制度是我国信用制度建设的重要举措。在信用建设上,我国采"社会信用"的概念,构建社会信用体系。对此,《社会信用体系建设规划纲要(2014—2020 年)》对社会信用进行了专门定义,〔2〕将信

〔1〕 屈凌燕等:《"诚信"难题拷问商事改革》,载《经济参考报》2015 年 5 月 4 日,第 A05 版。

〔2〕 "它以法律、法规、标准和契约为依据,以健全覆盖社会成员的信用记录和信用基础设施网络为基础,以信用信息合规应用和信用服务体系为支撑,以树立诚信文化理念、弘扬诚信传统美德为内在要求,以守信激励和失信约束为奖惩机制,目的是提高全社会的诚信意识和信用水平。"参见《社会信用体系建设规划纲要(2014—2020 年)》(国发〔2014〕21 号)。

用建设分为政务诚信、商务诚信、社会诚信和司法公信四大领域。在该规划中，企业信息公示尚未专门出现。2019年的《国务院办公厅关于加快推进社会信用体系建设构建以信用为基础的新型监管机制的指导意见》专门规定了市场主体的信用建设，企业信息公示制度成为信用记录的重要方式。

对于信息公示与信用的关联，有学者提出不同意见，认为“信息公示与企业信用之间不具有逻辑上的关联性”。为构建更强的信息公示与信用的关联，对于该观点需要认真予以反驳。概括而言，该观点的主要立论点在于，信用是一种主客观相结合的评价，特别是其突出主观方面，“对企业信用情况的评价本无统一的标准，某种程度上而言是一个‘仁者见仁，智者见智’的过程。不同的主体，基于其经验、常识和理性，针对同一评价对象，往往会给出不同的评价结论”[1]。此外，信用主要与企业的履约有关，而企业信息公示并未涉及企业的履约情况。虽然通常所用的信用确实具有主观判断的含义在内，但现代意义上的企业信用却是建立于数据分析之上的客观结果。赵旭东指出，“商法上的商事信用不只是一种对商事主体履约或清偿能力的主观评价，同时也是一种客观的履约能力”[2]。将信用归结为履约能力就决定了其客观属性，商事主体的履约能力并不取决于他人的评价与感知，而是其内在经济运行与资源能力的体现。这引出否定观点的第二个理由，即企业信息公示未涉及企业履约信息，“从《企业信息公示暂行条例》所规定的需要公示的信息来看，并不包括（也不能反映出）其履约状况”[3]。这里混淆了两点：首先，企业信息公示并不是企业信用本身。企业信息公示是信用制度建设的内容，指的是信息公示的内容有助于对企业信用的客观评价与分析。其次，目前企业信息公示的内容并不是应然状态，有助于判断履约能力的

〔1〕 李裕琢：《超越与反思：从企业年检制度到企业信息公示制度》，载《哈尔滨商业大学学报（社会科学版）》2021年第2期。

〔2〕 赵旭东：《商事信用的界定与制度构成》，载《浙江工商大学学报》2019年第5期。

〔3〕 李裕琢：《超越与反思：从企业年检制度到企业信息公示制度》，载《哈尔滨商业大学学报（社会科学版）》2021年第2期。

信息是否公示可以讨论,制度可以进行修改完善。不能以暂行阶段的信息公示内容否定其与信用的关联。另外也有将信用与信息并列的观点,如王伟认为,"《条例》明确规定了信用制度,从而在信息公示与信用制度之间搭建了一个桥梁"[1]。将信用与信息并列,貌似肯定了信息公示制度的价值,其实仍未从根本上认同信息公示为信用制度重要构成,并不足取。

在制度建设上,企业信息公示需要强化与信用的关系,这对信用制度建设提出了要求。而检视我国目前的信用管理体系,则存在多管理部门职责界定不清的问题。从机构职能分工来看,我国政府部门中综合负责信用建设的为国家发展和改革委员会,其财政金融和信用建设司负有"推进社会信用体系建设"的职责,[2]"信用中国"的建设任务也主要由国家发展和改革委员会承担。但客观的事实是,国民经济管理与信用评价有关的信息分布于各政府机关,这直观反映在2014年的《社会信用体系建设规划纲要(2014—2020年)》中。以本书最为密切的商务诚信为例,该纲要列举了13个具体的领域或部门,涵盖了生产、流通、金融、税务、价格、工程建设、政府采购、招标投标、交通运输、电子商务、统计、中介服务业、会展广告领域等,其采用的分类标准并不统一,既有国民经济的行业分类,也有政府职能的行使,但该列举直观呈现出信用信息收集、分析与评价的分散状态。对此,国家发展和改革委员会承担了管理职责,但并不全面。就信用管理而言,国家发展和改革委员会与市场监管部门形成了两套体系,既信用中国与企业信用信息公示系统,但两者又皆有不足。就信用中国而言,其基本定位是服务于政府管理职责,"是政府褒扬诚信、惩戒失信的窗口,主要承担信用宣传、信息发布等工作",借助的管理平台社会信用体系建设部际联席会议,也具有信息公示的职能。企业信用信息公示系统则为汇集企业登记信息与政府部门掌握的

---

〔1〕 王伟:《企业信息公示机制的逻辑与立法研究——兼论〈企业信息公示暂行条例〉的修法思路》,载《首都师范大学学报(社会科学版)》2021年第1期。

〔2〕 参见国家发展和改革委员会网,https://www.ndrc.gov.cn/fzggw/jgsj/cjd/。

相关信息,定位为服务于企业的信息公示。但信用中国采用非常设的部际联席会议决定其功能较为松散,而企业信用信息公示系统也未能达成汇集政府部门信息的目标。概言之,目前信用管理双体系的做法分散了信息归集、公示与使用的力量,并非最佳的信用管理体制,应朝向统一管理、归集、公示的方向发展。应将市场监督管理局作为企业信用建设的统一主管部门,理由主要有:(1)市场监管部门的主要职责为管理企业设立登记变更等,与企业信用具有更强的"亲缘性"。相比之下,国家发展和改革委员会的主要职责在于宏观经济管理与政策制定,而信息公示的重心在于信息的收集、整理与分析。(2)信用的主要对象为企业。事实上,信用是市场经济的概念,其运用场域也多为经济活动。对于政府机关、司法机关而言,信用并不常用,即使使用,信用也与偿债能力相距甚远。正因如此,社会信用的建设重点也是企业信用,而这正是企业信用信息公示的功能。(3)信用制度建设的重点为私权设置,即赋予企业信用权。上文已对企业信息公示制度的公法属性进行了评析,建议其向私法转向。但相较于国家发展和改革委员会的信用管理,现有企业信息公示制度的私法转向更为方便。

二、构建内容齐备的企业信息公示制度

依上文对企业信息公示制度不足的列举,该制度从主体到内容,从实体到程序都存在较大的完善空间,下面逐一进行分析。

1. 公示主体

在讨论完善企业信息公示的观点中,主张区分大型企业与中小型企业,对不同类型企业适用不同的公示要求的观点极为普遍,兹举几例。王伟建议对基础资产信息分类公示,"对于规模较大的企业(包括股份公司及规模较大的有限责任公司),应当强制其公示基础资产信息。其他企业可选择不公开,但合同相对人或社会公众可以进行现场查询或者通

过专门系统进行查询”[1]。更多的观点其实主张对不同类型的企业适用不同的公示制度。例如,吴韬认为,对于规模较大的公司,出于维护交易安全和保护利害关系人的考虑,对其科以强制信息公示义务十分必要。而根据企业规模不同、性质不同,社会公众对公示的内容和标准都会有差异性的需求。因此依据其逻辑,对于规模不同企业设定不同的公示内容与标准是合理的制度设计。[2]

但依据企业规模适用不同公示制度或公示内容,貌似合理其实并不具有可行性。最为主要的原因在于判断企业规模大小并没有客观标准。2011 年工业和信息化部、国家统计局、国家发展和改革委员会、财政部制定《中小企业划型标准规定》,后 2017 年国家统计局修订出台《统计上大中小微型企业划分办法(2017)》,对不同类型企业做出划分。但该种分类并不能移用于企业信息公示之中。目前的划分功能主要是用于统计,是一种结果视角的划分,这与信息公示的动态属性不相容。例如,在信息公示中采用企业规模作为区分标准,则相当多企业无所适从,这是因为该标准本身就很模糊。此外,企业规避该种规模限制也较容易,如将一个大型企业分设为产业相续的几家企业,则信息披露规则将完全改变。

因此信息公示中,不能依据主体实质性的规模大小进行规则设置,而应沿用现已实际存在的上市公司与非上市公司适用不同公示规则的制度。关键问题是对于数量居于绝对优势的非上市公司如何设置信息公示规则,前述依据企业规模进行信息公示的不同要求主要针对的也是该种企业类型。对此,既然该类企业并未公开发行,则在信息采集上应坚持同一范围,区分处理应该在信息分层公示上,此留待下文介绍。

---

〔1〕 王伟:《企业信息公示机制的逻辑与立法研究——兼论〈企业信息公示暂行条例〉的修法思路》,载《首都师范大学学报(社会科学版)》2021 年第 1 期。

〔2〕 参见吴韬:《企业信用信息公示制度研究》,华东政法大学 2017 年博士学位论文,第 83 页。

2. 公示内容

制约企业信息公示制度效力的主要“瓶颈”在企业信息收集、公示的内容上，对此前文已有所涉及。在信息收集方面，对非上市公司应完善以下方面：

(1)公司章程，对此前文已有论述，《市场主体登记管理条例》将公司章程作为备案事项虽有进步，仍有可探讨之处。

(2)企业涉诉信息。对此商业信息平台都有归集呈现，囿于《企业信息公示暂行条例》的行政法规属性，并不能规定司法信息的采集与处理。但基于信用的内在规定性，企业涉诉信息对于判断分析信用状况具有较为重要的意义，特别是企业涉及诉讼的实时状态更为关键。企业信用信息公示制度与平台建设应该纳入涉诉信息，这需要提高信息公示的立法层级，同时在数据上实现更高层级的归集。

(3)行政机关所产生的相关信息。对于企业行政许可、行政处罚等信息，《企业信息公示暂行条例》第7条第2款规定：“其他政府部门可以通过国家企业信用信息公示系统，也可以通过其他系统公示前款规定的企业信息……”对此，学理上与实务中都反映行政机关所产生信息并未有效统一到企业公示系统，这也减损了公示系统的效力。

(4)年报选择性公示内容。《企业信息公示暂行条例》第9条第1款第7项规定的内容是否都由企业选择性公示存在较大的争议，较为一致的观点认为应扩大公示范围。依《企业信息公示暂行条例》的规定，相关内容依照企业选择分为两种状态：公示、不公示，而企业基本选择为不公示，并选择将这部分信息隐藏起来。这导致市场与利益相关者无从得知相应信息，而这又使得其缺乏检验与监督，从而信息质量不高。可见由企业选择的模式最终损害了信息公示的制度功能，应将其转变为由使用方选择，即信息分层公示。

3. 公示程序

在公示程序上，就制度设计而言，本书认为可采分层公示的模式，并进一步深化推进多报合一的改革。

(1)分层公示

企业信息公示的难题在于,“公示的企业信息若浅尝辄止,则使该制度流于形式,意义尽失;若深入公示,则又涉及企业交易的动力问题,甚至有借信息公示之名,行侵害企业利益之实的隐忧”[1]。分层公示是应对我国信息采集与运用的有效方式,可有效平衡公示主体与利益相关方的不同利益诉求。所谓分层公示是将企业信息设定为不同的层级,不同主体经由不同程序实现对信息的查询,体现为“可无差别对社会公示的登记信息、需申请并支付对价的主体特定信息、线下经申请的书面文件”。分层公示解决了不同企业信息收集范围是否统一的难题,并将现行的选择性公示转化为制度性规定。王伟提出的建议是,中国企业信用信息公示的基本模式应当是构建三位一体的信息公示制度,即“网络免费公开+数据库实名查询+书式文档实名查询”。[2] 对此本书基本赞同,但王伟仍主张将实名查询的内容交由公示主体选择,本书认为三层的内容划分应该由相应法规作出,形成清晰的公示边界。事实上既分层又采用主体自愿在操作上相互冲突,并不可行。分层公示的突出优势在于其灵活性,既可以满足市场的知情需求,也可以兼顾企业控制信息流动的需求。此外,对于特定信息采用收费方式,可以明确信息需求方的身份,减少无谓的信息检索,并且在信息发生不当使用时便于追溯流动过程。需要讨论的是,《企业信息公示暂行条例》第9条第1款第7项所列举的选择性公示内容究竟是放置于第一层“无差别公示”还是第二层“主体特定信息”。该信息类别虽多为企业财务信息,但并不涉及企业具体的业务与商业秘密,原则上都应列入第一层进行公示,以充实信息公示的内容从而切实发挥其功能。

---

〔1〕 李裕琢:《超越与反思:从企业年检制度到企业信息公示制度》,载《哈尔滨商业大学学报(社会科学版)》2021年第2期。

〔2〕 王伟:《企业信息公示机制的逻辑与立法研究——兼论〈企业信息公示暂行条例〉的修法思路》,载《首都师范大学学报(社会科学版)》2021年第1期。

(2)多报合一

在公示程序中,目前推行的“多报合一”不但可以减轻企业的申报负担,同时有助于促进信息的真实性,特别是与税务申报的合一。“多报合一”是将企业需要向各行政监管部门报送的信息整合为一次申报的简称,其基本定位是企业年度报告,多报所涉及的部门包括税务、人力社保、海关、医保等。“多报合一”的重点是企业向市场监管部门与税务部门的申报合一,因此该概念有时也专指企业年报与税务申报的合一。税务年报主要针对企业所得税的征纳,又称企业所得税汇算清缴,是指纳税人在纳税年度终了后的规定期限内计算年度应纳税所得额,并根据已预缴的月、季所得税额确定本年度的补、退税款,填写企业所得税年度纳税申报表,结清全年企业所得税税款的行为。税务年报每年结束时间为5月31日。税务年报包含企业基础信息,如资产总额、主要股东及分红情况,其主要内容是利润、所得等企业财务信息。[1] 企业年报、税务年报因为主管部门不同,长期以来平行开展,企业需要分别进行相应的申报,存在一定的重复。从现有资料看,深圳从2018年开展“多报合一”改革,应为国内最早。深圳的做法是,“税务部门根据商事主体授权将与商事主体年报相关的数据共享给市场监管部门”[2]。2021年,国务院部署在北京、上海、重庆、杭州、广州、深圳6个城市开展营商环境创新试点,2022年复制、推广相应城市营商环境创新试点改革举措,其中就包括“多报合一”。[3] 各地在具体实施中采用的模式分为两种,一是“一次登录、一次填报”模式,企业选择任一系统登录一次即可全面完成市场监管和税务年报;二是“数据共享、结果共用”模式,企业在税务部门填报相关信息后,由税务部门将信息推送至市场监管部门。两种模式以前者为优,

---

〔1〕 参见《国家税务总局关于企业所得税年度纳税申报有关事项的公告》,载中国政府网,https://www.gov.cn/zhengce/zhengceku/2023-01/13/content_5736752.htm。

〔2〕 《深圳商事主体年报申报“多报合一”》,载中国政府网,https://www.gov.cn/xinwen/2018-04/28/content_5286757.htm?cid=303。

〔3〕 参见《国务院办公厅关于复制推广营商环境创新试点改革举措的通知》(国办发〔2022〕35号)。

共同之处在于不同申报中的数据实现共享，从而有效提升企业年报的质量。

在企业信息公示的流程管理中，需要引入大数据与人工智能进行数据的采集、分析，从而更为精准地对主体进行监控。

4. 公示责任

企业信息公示责任中的行政责任部分已有相当的规定，应该进一步协调各监管机构，落实责任。企业信息公示责任的空白面在于其民事责任，而信用修复也需要跟进，以形成完整的体系。

(1) 信息公示的民事责任

我国企业信息公示制度具有强烈的政府管制色彩，在法律上归属于公法领域，其制度建设应向私法转向。在信息公示的私法建构中，企业承担信息公示的义务，并成为责任主体。建立于信息公示之上的法律关系将直接约束公示主体与信息使用人。虽然《企业信息公示暂行条例》第 11 条规定，“政府部门和企业分别对其公示信息的真实性、及时性负责”，但对于有违真实的情形，除企业及时更正外，公民、法人或者其他组织可以向主管机关进行举报。由此可以看出，在企业信息公示领域，私法所奉行的平等主体之间的权利义务关系并未建立，甚至在该领域双方各具有何种权责都鲜见有探讨。[1] 但这并不意味着，市场主体不会经由信息公示产生民事权利义务纠纷，最为典型的就是本书讨论注册资本认缴下的股东责任。股东认缴未实缴的出资可视为一种公示信息，公司债权人对于公司信息的信赖即包括了股东认缴出资的公示信息。将现在强垂直色彩的行政监管的信息公示制度转向横向的私法关系，可参考产品责任制度。如果将企业公示的信息视为企业“产品”，则虚假信息即等同于提供假货，利益相关者可借此对公示企业提出索赔，法律也可以规定相应的责任计算方式与上限，从而以民事责任为主构建起责任体系。

---

〔1〕 现有学术研究中的“企业信息权”并非本书所讨论的企业经由信息公示所形成的权利义务关系，其更多的是指企业对所收集的信息处理的权利。参见敬力嘉：《论企业信息权的刑法保护》，载《北方法学》2019 年第 5 期。

这一转向将有力扭转市场交易主体不重视公示信息的局面，形成相互监督的信息公示格局，真正实现《企业信息公示暂行条例》第1条所列举的立法目的，即“保障公平竞争，促进企业诚信自律，规范企业信息公示，强化企业信用约束，维护交易安全，提高政府监管效能，扩大社会监督”。

（2）信用修复制度

信用修复为信息公示责任体系的重要平衡制度，对此有观点表示“引入信用修复制度难以理解”[1]。但从民事权利义务的角度界定信息公示，则信用修复为相应主体所享有的权利。2021年市场监督管理总局颁布实施《市场监督管理信用修复管理办法》，对部门职责权限内的信用修复作出规定，主要针对经营异常名录、严重违法失信名单与行政处罚信息的修复。但在一般性的信用修复上，我国欠缺法律规定，各地规定存在不一致，对此学者归纳为“社会信用修复整体法治体系缺失、立法供给不足，导致信用修复机制在具体运行实践中产生诸多误区，甚至出现了一些有违法治精神的‘泛信用化’问题”[2]。发现问题是解决的前提，在信用修复上，我国制度建设需区分不同修复类型，明确修复标准、完善修复程序，从而有效平衡失信主体被遗忘权与社会信用信息的需求。

三、新技术条件下的企业信息公示

伴随企业信息公示建立、完善与发展历程的是技术。现代企业信息可公示的基础条件就是信息技术，并且伴随技术的迭代升级与智能化，企业信息公示必将作出相应的完善与发展。在新技术条件下应树立新的规则观念，企业信息公示制度与技术深度融合，技术与规则形成耦合状态，技术本身构成规则的组成部分。基于该种观念，企业信息公示需要处理好以下几个方面的关系：

第一，信息的延伸使用。

---

〔1〕 魏磊、孙可飞：《强化信息披露　完善〈企业信息公示暂行条例〉》，载《中国市场监管研究》2019年第8期。

〔2〕 连光阳：《信用修复机制的实践误区及法治纠偏》，载《东方法学》2023年第4期。

登记机关经由登记与信息归集,掌握了较为完整的企业信息。信息在技术上呈现为数据。随着样本数量与信息的持续扩张,企业信息库具有的独立价值持续增长。对于该数据库的延伸使用是否许可,以及如何使用成为制度必须解决的问题。企业信息库使用于行政监管方面当无疑问。现行的"双随机、一公开"应借助于数据分析,从而精准定位待检查企业,提高人工检查效率。

问题在于,是否可进一步使用采集信息对企业的信用进行评级?我国市场监管部门实际上已经使用现有数据对企业信用进行初步的分析。该种分析评级可否全覆盖开展,并对外公示?这需要提前进行研究与分析,而不是等数据已经形成之后再予以研讨。[1]

第二,政府平台与商业平台的关系。

本书所讨论的企业信用信息公示系统为政府平台,其产生的报告在诉讼、仲裁等场合具有证据效力。而以企查查、天眼查为代表的商业平台关联了互联网中与企业相关的信息,如上文指出应归入信息公示的涉诉信息在商业平台上已有所显示,并且对数据有一定的整理分析(股权穿透图等)。在实际运用中,虽然政府平台更具有公信力,但因为平台运行不够顺畅,并且公示内容偏简单,实际所发挥的作用并不理想。商业平台借助于宣传、功能等方面的优势与便利,具有较大的市场占有率。

政府平台与商业平台在法律上需要厘定关系。法律应对商业平台的数据获取作出规范,并将政府平台定位于提供公共产品,商业平台提供增值服务,从而形成有序的信息公示主体。

---

〔1〕 有学者从守信激励的角度建议由监管机构进行信用评估。参见陈国栋:《功能主义视角下的信用惩戒》,载《经贸法律评论》2023 年第 6 期。

结语:持一种进化公司观[1]

如何看待公司,公司具有何种特征?这对于公司制度来说是根本命题。《公司法》修订处于关键阶段,各项制度受到细致的学理分析与实证检验,但公司基本理论似乎有意无意被忽视了,有关公司主体性的命题更缺少关注。决定制度成败的关键是基础理论,而基础理论的展开有两个方向:一是概念与制度的历史维度;二是概念的本质特征。本书主要针对的是概念的要素解析,聚焦于公司外显型要件的消解与制度应对。在结束部分,检视公司的本质特征的历史变迁,从根本理论的立场可以深化对外显型要件的理解。

居于历史考察,公司制度经历了从无到有的发展,公司特征分化组合支撑着公司制度。我国公司制度作为一种移植产物,虽体现了制度整体植入的后发优势,但却缺少对制度要素发展的具体体验,从而未能达成公司关键要素与本土文化与社会特质的有机融合。事实上,我国现有的研

---

〔1〕 关于公司特征的发展历程,详细内容可参见李政辉:《论公司特征的多重起源与观念启示》,载《法治研究》2023年第4期。

究多基于西方发达国家的经验而提出制度与规则设计,真实的公司状态与需求往往并不在理论视野之中,这难免导致我们的理论结论失焦。

理论上,从特征角度概括公司成为通用的模式。在公司源起地英国,很早就采用列举要素的方式描绘、界定公司。[1] 经过长期发展,基于英美发展历程的公司特征的归纳高度统一。例如,汉斯曼与克拉克曼将公司特征概括为五点:(1)完全法人资格;(2)所有者和经理人的有限责任;(3)投资者共享所有权;(4)董事会结构下享有代理权的经理人;(5)可转让股份。[2] 戴维斯以新西兰法律委员会 1989 年公司改革报告的界定为基础,概括公司特征为:独立的法人格;有限责任;集中或专门管理;股东控制;股份的可转让性。[3] 上述公司特征从公司主体性的角度分析,主要有三点:法人资格、有限责任与股份可转让,这是公司作为主体与外部世界发生关联的着力点。可以认为,公司包含上述三项特征已然构成了公司制度领域的前见,是制度设计的起点与逻辑分析的基本框架。公司各项特征与公司被视为统一体,这意味着公司必定包含该三项特征,公司的主体性就体现为这些特征,易言之,缺少其中任何一项特征也就不成为公司。该种将公司与相应特征相联的观念可称为"固化公司观"。

作为独立的法律主体,法人对外可以自己名义享有权利并承担义务,内部具有管理机构,以该种法人标准检验英国公司法人化路径,其法人资格的获得经历了公私法共同作用下的缓慢过程。英国公司发展的历史使得经由特许获得独立主体地位的观念根深蒂固,合股公司的独立性逐步获得确认,其中的关键是公司设立登记制度的确立。从后世角度

---

〔1〕 See Wordsworth & Charles Favell Forth, *Law of Joint Stock Companies*, Philadelphia J. S. Littell, 1843, p. 13 – 19.

〔2〕 参见[美]亨利·汉斯曼、莱尼尔·克拉克曼:《公司法历史的终结》,载[美]杰弗里·N. 戈登、马克·J. 罗编:《公司治理:趋同与存续》,赵玲、刘凯译,北京大学出版社 2006 年版。

〔3〕 参见[英]保罗·戴维斯:《英国公司法精要》,樊云慧译,法律出版社 2007 年版,第 10 页。

看,公司成立的依据分别有特许令状、议会专门法律、政府特许令(letters-patent)[1]以及登记。综合英国史料,政府特许令是连接特许令与登记的关键类型。英国特许设立公司本为了海外贸易,但随着成立公司的目的多样化,既有贸易目的,也有各种兴趣目的,这时再授予皇家特许令状就不合适。因此依据当时法令,政府特许令登上舞台,它主要是依据所申请团体的章程明确该团体成立后的相应权利。重要的是,在获得该政府特许令后 3 个月内,公司需向登记处提交申请表,该申请包含章程的内容,[2]由此开启了登记获得公司资格的现代之路。

在 1844 年公司法之前,合股公司身份的获得一直需要特许或相应的法令。但通过股份募集资本使得开设公司在技术上可行,这意外地导致大量没有得到许可的未注册合股公司成立(the unincorporated joint stock company)。未注册合股公司虽然在当时法律下被认定为合伙,但其股份却可以自由转让。因为通过正式特许或立法途径设立公司不但难度大,并且费用高昂,未注册公司其实是适应经济需要、更有生命力的类型,因此未注册公司伴随工业革命获得了长足的发展。有些学者认为这些不经过特许的组织才是现代公司的真正前身。[3] 特别是在私法上,这种类型的公司是现代公司的雏形。[4]

纵观英国历史的发展,股东责任可以概括为从按份无限责任到有限责任的发展。"按份无限责任"是针对英国 17 世纪、18 世纪股东责任所做的定性,荷兰东印度公司在 1862 年前采用的即为该责任。"按份无限责任"指的是股东对于公司债务以自己份额承担相应责任,它不是如今

---

〔1〕 作为法律史概念,letters-patent 与专利并无关联,而是指"授予权利或特权的政府盖印文件,须接受公共检查"。See *Black's Law Dictionary*(*Ninth Edition*), West Publishing Co, 2009, p. 989. 国内该概念也被译为"专利权证",不尽合理。参见[英]罗纳德·拉尔夫·费尔摩里:《现代公司法之历史渊源》,虞政平译,法律出版社 2007 年版,第 2 页。

〔2〕 See Wordsworth & Charles Favell Forth, *Law of Joint Stock Companies*, Philadelphia J. S. Littell, 1843, p. 13 – 19.

〔3〕 参见朱锦清:《公司法学》(上),清华大学出版社 2017 年版,第 12 页。

〔4〕 See Lipton P., *The Utilisation of Evolutionary Concepts in Legal History*: *Company Law as a Case Study*, 46 Monash University Law Review 58(2020).

日以出资额为上限承担责任,也不是所有股东对外承担连带无限责任,这并不是完全意义上的有限责任,也不同于无限连带责任。以今日概念用语做出判断,按份无限责任的表述颇为矛盾,按份与无限责任似乎不应相联。但在历史发展的实际中,“股份持有人责任以其持有股份比例为限”是当时较为通行的安排。

今日被视为理所当然的公司特征如果回溯其源头,就会发现这些特征在当时并无相应考量,更没有对公司特征的全局性设计。公司三项特征独立发展起来,并非不可分割的整体,它们被公司制度所采纳经历了一个动态的过程;三项特征的发展阶段前后交错,在时间维度上凸显了制度演进。学者利普顿也注意到这一现象,他以进化理论为依托将其定性为“法律变革中进化的概念”。对于公司最为突出的特征——有限责任,他直接指出“有限责任的引入以及这一概念在当今商业上的应用是一些历史偶然事件的结果,而不是不可避免过程的一部分”[1]。

回到本书的主题,公司特征相对独立并不是指它们相互之间没有关系,恰恰相反,公司特征在相对独立的情况下,公司各组成要素可以发生更为丰富、有效的关联。理想的公司制度应该是制度、要素的有机关联,以及相互制约。公司的资本、股份、治理、责任、权利在多层面、多维度相互影响,并非孤立存在。公司特征的发展并不断纳入公司的过程可以恰当地归纳为“进化公司观”。

公司及其具有的特征、包含的要素是时代的产物,而不纯粹是理论构建的结果。历史发展所揭示出的进化公司观并没有展现出始终如一的公司形象,反而是公司的概念与制度应运时代不断发展,这与本书所讨论的公司外显型要件的消解相一致。在某种意义上,当下正在经历的公司外显型要件的消解从长历史时段来看,也许是另一次公司本质的变迁。正因如此,居于一种进化立场理性面对外显型要件的消解才是制度

---

〔1〕 Lipton P., *The Utilisation of Evolutionary Concepts in Legal History: Company Law as a Case Study*, 46 Monash University Law Review 58(2020).

应有的姿态。无视变迁将导致制度的僵化与失效,而基于固有逻辑的应对亦可能适得其反。唯有拥抱时代的变迁,将主体、制度、规则与时代趋势同向发力,方有成功的可能。信息时代,数据、信息、技术就是时代的趋势,公司外显型要件的消解即与此相关,其应对也须由此展开。制度的变迁才刚刚开始,外显型要件与治理型要件的消解或许只是拉开了序幕!

参考文献

一、书籍

[1][德]C. W. 卡纳里斯:《德国商法》,杨继译,法律出版社2006年版。

[2][德]本德·吕特斯、阿斯特丽德·施塔德勒:《德国民法总论》(第18版),于馨淼、张姝译,法律出版社2017年版。

[3][德]格茨·怀客、克里斯蒂娜·温德比西勒:《德国公司法》(第21版),殷盛译,法律出版社2010年版。

[4][德]汉斯·布洛克斯、沃尔夫·迪特里希·瓦尔克:《德国民法总论》(第33版),张艳译,中国人民大学出版社2012年版。

[5][德]汉斯·约阿斯、沃尔夫冈·克诺伯:《社会理论二十讲》,郑作彧译,上海人民出版社2021年版。

[6][德]迈克尔·弗雷德著、[美]安东尼·朗编:《自由意志:古典思想中的起源》,陈玮、徐向东译,生活·读书·新知三联书店2022年版。

[7][德]尼克拉斯·卢曼:《信任》,瞿铁鹏、李强译,上海人民出版社2005年版。

[8][法]阿兰·佩雷菲特:《信任社会》,邱海婴译,商务印书馆2005年版。

[9][法]费尔南·布罗代尔:《资本主义的动力》,杨起译,生活·读书·新知三联书店1997年版。

[10][美]R.M.昂格尔:《现代社会中的法律》,吴玉章、周汉华译,译林出版社2001年版。

[11][美]W.理查德·斯科特、杰拉尔德·F.戴维斯:《组织理论:理性、自然与开放系统的视角》,高俊山译,中国人民大学出版社2011年版。

[12][美]阿尔温·托夫勒:《第三次浪潮》,朱志焱等译,生活·读书·新知三联书店1983年版。

[13][美]埃里克·尤斯拉纳:《信任的道德基础》,张敦敏译,中国社会科学出版社2006年版。

[14][美]丹尼尔·贝尔:《后工业社会的来临——对社会预测的一项探索》,高铦等译,商务印书馆1984年版。

[15][美]弗兰克·H.伊斯特布鲁克等:《公司法的逻辑》,黄辉编译,法律出版社2016年版。

[16][美]凯瑟琳·海勒:《我们何以成为后人类:文学、信息科学和控制论中的虚拟身体》,刘宇清译,北京大学出版社2017年版。

[17][美]莱纳·克拉克曼等:《公司法剖析:比较与功能的视角》,刘俊海等译,北京大学出版社2007年版。

[18][美]曼塞尔·布莱克福德:《美国小企业史》,刘鹰、何国卿等译,浙江大学出版社2013年版。

[19][美]史蒂芬·布雷耶:《规制及其改革》,李洪雷等译,北京大学出版社2008年版。

[20][美]休伯特·L.德雷福斯:《论因特网》,喻向午、陈硕译,河南大学出版社2016年版。

[21][美]约翰·奈斯比特:《大趋势——改变我们生活的十个新方

向》,梅艳译,中国社会科学出版社 1984 年版。

[22][美]詹姆斯·S. 科尔曼:《社会理论的基础》(上),邓方译,社会科学文献出版社 1999 年版。

[23][日]大塚久雄:《股份公司发展史论》,胡企林等译,中国人民大学出版社 2002 年版。

[24][美]曼纽尔·卡斯特:《网络社会的崛起》,夏铸九、王志弘等译,社会科学文献出版社 2003 年版。

[25][英]安东尼·奥格斯:《规制:法律形式与经济学理论》,骆梅英译,中国人民大学出版社 2008 年版。

[26][英]安东尼·吉登斯、菲利普·萨顿:《社会学基本概念》,王修晓译,北京大学出版社 2019 年版。

[27][英]安东尼·吉登斯:《现代性的后果》,田禾译,译林出版社 2011 年版。

[28][英]保罗·戴维斯:《英国公司法精要》,樊云慧译,法律出版社 2007 年版。

[29][英]克里斯托弗·巴特勒:《解读后现代主义》,朱刚、秦海花译,外语教学与研究出版社 2015 年版。

[30][英]罗杰·布朗斯沃德:《法律 3.0:规则、规制和技术》,毛海栋译,北京大学出版社 2023 年版。

[31][英]罗素:《西方哲学史》(下卷),马元德译,商务印书馆 1976 年版。

[32][英]苏珊·布莱克莫尔:《破解意识之谜》,薛贵译,外语教学与研究出版社 2015 年版。

[33][英]约翰·米克尔思韦特、阿德里安·伍尔德里奇:《公司简史》,朱元庆译,北京大学出版社 2021 年版。

[34]陈红珊:《信用革命:无处不在的信用评级》,浙江人民出版社 2023 年版。

[35]范健、王建文:《商法学》(第 4 版),法律出版社 2015 年版。

[36]冯珏:《法人概念论》,法律出版社 2021 年版。

[37]顾祝轩:《民法概念史·总则》,法律出版社 2014 年版。

[38]何志鹏:《权利基本理论:反思与构建》,北京大学出版社 2012 年版。

[39]胡泳:《后人类的后真相》,郑州大学出版社 2023 年版。

[40]黄辉:《现代公司法比较研究——国际经验及对中国的启示》,清华大学出版社 2011 年版。

[41]黄薇主编:《中华人民共和国民法典释义》(上),法律出版社 2020 年版。

[42]江平主编:《法人制度论》,中国政法大学出版社 1994 年版。

[43]李建伟:《公司法学》(第 5 版),中国人民大学出版社 2022 年版。

[44]李永军:《民法总论》,中国政法大学出版社 2008 年版。

[45]刘少杰:《后现代西方社会学理论》(第 2 版),北京大学出版社 2014 年版。

[46]施天涛:《商法学》(第 5 版),法律出版社 2018 年版。

[47]施展:《破茧:隔离、信任与未来》,湖南文艺出版社 2021 年版。

[48]石慧荣:《商法要义与探微》,法律出版社 2009 年版。

[49]王军:《公司资本制度》,北京大学出版社 2022 年版。

[50]王涌:《私权的分析与建构:民法的分析法学基础》,北京大学出版社 2020 年版。

[51]吴庆宝主编:《最高人民法院专家法官阐释民商裁判疑难问题》,中国法制出版社 2011 年版。

[52]杨代雄:《古典私权一般理论及其对民法体系构造的影响》,北京大学出版社 2009 年版。

[53]叶林:《公司法研究》,中国人民大学出版社 2008 年版。

[54]张维迎:《经济学原理》,西北大学出版社 2015 年版。

[55]张维迎:《信息、信任与法律》,生活·读书·新知三联书店

2006年版。

[56]张文显:《法哲学范畴研究》,中国政法大学出版社2001年版。

[57]赵旭东主编:《商法学》(第3版),高等教育出版社2015年版。

[58]郑也夫:《信任论》,中国广播电视出版社2006年版。

[59]朱庆育:《民法总论》(第2版),北京大学出版社2016年版。

二、论文

[1][法]米歇尔·滩莱:《主观权利理论与罗马法体系》,巢志雄译,载《苏州大学学报(法学版)》2021年第2期。

[2][美]贝利斯·曼宁、詹姆斯·J.汉克斯:《法律资本制度》,后向东译,载王保树主编:《商事法论集》第12卷,法律出版社2007年版。

[3]艾琳、王刚:《商事登记制度改革的行政审批视角解析——兼评广东省及深圳市商事登记制度改革的实践》,载《中国行政管理》2014年第1期。

[4]蔡立东:《论法定代表人的法律地位》,载《法学论坛》2017年第4期。

[5]蔡小碧、曹文兵:《法定代表人任免属公司自治范畴》,载《人民司法》2022年第2期。

[6]曹世海、刘娟娟:《对不具区分功能的企业字号不应作为企业名称保护》,载《人民司法(案例)》2016年第8期。

[7]曹兴权、荣振华:《公司代表人制度"法定性"的弱化——法律与社会良性互动视角的分析》,载《北方法学》2013年第1期。

[8]陈金美:《析后现代哲学的三大特征》,载《湖南师范大学社会科学学报》1999年第6期。

[9]陈劲竹:《信用惩戒中行政权的边界——基于636份裁判文书的实证分析》,载《天津法学》2023年第1期。

[10]陈璐旸:《企业名称与商标冲突疑难问题解决路径探讨》,载《电子知识产权》2016年第2期。

[11]陈耆贵:《“住所地”,还是“住所”》,载《人民司法》2010年第3期。

[12]陈彦晶:《认缴还是实缴:股东权利行使基准的追问》,载《法学》2018年第12期。

[13]陈征、刘馨宇:《改革开放背景下宪法对营业自由的保护》,载《北京联合大学学报(人文社会科学版)》2018年第3期。

[14]陈子龙:《知识产权权利冲突及司法裁量》,载《人民司法》2000年第2期。

[15]程啸:《论大数据时代的个人数据权利》,载《中国社会科学》2018年第3期。

[16]崔文玉:《营业自由与公司资本制度的变革——以欧洲国家公司法中的营业自由为研究视角》,载《环球法律评论》2014年第1期。

[17]邓君龙:《阳光透视下的企业信息公示制度“阴影”及“修复”初探——企业信息公示制度研究》,载《中国工商管理研究》2015年第12期。

[18]丁勇:《认缴制后公司法资本规则的革新》,载《法学研究》2018年第2期。

[19]董永忠:《关于企业住所(经营场所)登记制度改革的思考》,载《中国市场监管研究》2018年第5期。

[20]杜军:《资本维持原则的再思考》,载《商事法论集》第11卷,法律出版社2006年版。

[21]范健、李欢:《中国〈公司法〉改革思考》,载陈洁主编:《商法界论集》第1卷,法律出版社2018年版。

[22]方新军:《权利概念的历史》,载《法学研究》2007年第4期。

[23]方新军:《一项权利如何成为可能?——以隐私权的演进为中心》,载《法学评论》2017年第6期。

[24]冯果、尚彩云:《我国公司资本制度的反思与重构》,载《中南财经政法大学学报》2003年第6期。

[25]冯果:《论授权资本制下认缴制的去与留》,载《政法论坛》2022

年第6期。

[26]凤建军:《公司股东的“除名”与“失权”:从概念到规范》,载《法律科学(西北政法大学学报)》2013年第2期。

[27]傅穹、陈洪磊:《董事会权力中心的生长与回归》,载《北京理工大学学报(社会科学版)》2022年第5期。

[28]葛伟军:《从股东资格解除到股东失权的嬗变》,载《北京理工大学学报(社会科学版)》2022年第5期。

[29]顾功耘、胡改蓉:《营业自由与国家干预交织下商主体营业资格之维度分析》,载《政治与法律》2011年第11期。

[30]郭富青:《我国企业住所制度及改革的法理检讨与前瞻性构想》,载《上海政法学院学报(法治论丛)》2020年第2期。

[31]郭明瑞:《关于人格权立法的思考》,载《甘肃政法学院学报》2017年第4期。

[32]韩强:《人格权确认与构造的法律依据》,载《中国法学》2015年第3期。

[33]胡改蓉:《“资本显著不足”情形下公司法人格否认制度的适用》,载《法学评论》2015年第3期。

[34]黄辉:《中国公司法人格否认制度实证研究》,载《法学研究》2012年第1期。

[35]黄辉:《公司资本制度:国际经验及对我国的启示》,载《商事法论集》第21卷,法律出版社2012年版。

[36]黄辉:《公司资本制度改革的正当性:基于债权人保护功能的法经济学分析》,载《中国法学》2015年第6期。

[37]纪华道:《企业组织结构的变革演化及趋势》,载《学术界》2014年第11期。

[38]江必新:《论行政许可的性质》,载《行政法学研究》2004年第2期。

[39]江苏省高级人民法院民三庭:《依法保护在先权利》,载《人民

司法》2005 年第 1 期。

[40]蒋大兴:《“合同法”的局限:资本认缴制下的责任约束——股东私人出资承诺之公开履行》,载《现代法学》2015 年第 5 期。

[41]蒋大兴:《公司组织意思表示之特殊构造——不完全代表/代理与公司内部决议之外部效力》,载《比较法研究》2020 年第 3 期。

[42]焦娇:《公司代表人制度研究》,西南政法大学 2010 年博士学位论文。

[43]孔祥俊:《任何人不能通过形式合法而获利　知识产权审判中民事处理与行政程序的关系》,载《法律适用》2009 年第 5 期。

[44]孔祥俊:《商业标识权利冲突司法处理的逻辑标准与政策标准》,载《清华法学》2007 年第 2 期。

[45]雷兴虎、薛波:《公司资本制度改革:现实评价与未来走向》,载《甘肃社会科学》2015 年第 2 期。

[46]黎桦:《法人人格权理论的再证成与制度构建》,载《江海学刊》2020 年第 6 期。

[47]李洪健:《论公司法定代表人的制度功能与定位修正》,载《中国矿业大学学报(社会科学版)》2019 年第 4 期。

[48]李建红、赵栋:《股东失权的制度价值及其对中国的借鉴意义》,载《政治与法律》2011 年第 12 期。

[49]李建伟:《关联公司法人人格否认的实证研究》,载《法商研究》2021 年第 6 期。

[50]李建伟:《授权资本发行制与认缴制的融合——公司资本制度的变革及公司法修订选择》,载《现代法学》2021 年第 6 期。

[51]李林:《企业信息公示标准体系探讨》,载《中国市场监管研究》2016 年第 12 期。

[52]李培根:《法定代表人法律地位之再思考》,载《中国法律评论》2023 年第 4 期。

[53]李荣海、刘继孟:《后现代哲学视野中的“主体性”》,载《江苏社

会科学》2000 年第 1 期。

[54]李瑞升:《资本认缴制下公司股东表决权的规制》,载《河南师范大学学报(哲学社会科学版)》2018 年第 3 期。

[55]李小健:《公司法大修:打造更具活力的中国市场》,载《中国人大》2022 年第 3 期。

[56]李尧远:《正在进行的“工业革命”:次第与主题之辩》,载《读书》2018 年第 3 期。

[57]李永军:《论民法典中人格权的实证概念》,载《比较法研究》2022 年第 1 期。

[58]李友根:《论企业名称的竞争法保护——最高人民法院第 29 号指导案例研究》,载《中国法学》2015 年第 4 期。

[59]李裕琢:《超越与反思:从企业年检制度到企业信息公示制度》,载《哈尔滨商业大学学报(社会科学版)》2021 年第 2 期。

[60]连光阳:《信用修复机制的实践误区及法治纠偏》,载《东方法学》2023 年第 4 期。

[61]梁开银:《我国公司法定代表人规则的重塑》,载《法商研究》2023 年第 1 期。

[62]梁上上:《公司权力的归属》,载《政法论坛》2021 年第 5 期。

[63]林来梵、张卓明:《论权利冲突中的权利位阶——规范法学视角下的透析》,载《浙江大学学报(人文社会科学版)》2003 年第 6 期。

[64]林少伟:《脱法实践下公司法规则变迁之逻辑》,载《交大法学》2022 年第 6 期。

[65]凌宗亮、谈娅:《知识产权权利冲突解决策略的反思及完善》,载《上海政法学院学报(法治论丛)》2017 年第 1 期。

[66]刘斌:《公司治理视域下公司表意机制之检讨》,载《中国政法大学学报》2021 年第 2 期。

[67]刘斌:《股东出资形式的规制逻辑与规范重构》,载《法学杂志》2020 年第 10 期。

[68]刘传慕:《对认定公司法人注册资金几个问题的探讨》,载《法律适用(国家法官学院学报)》2002 年第 1 期。

[69]刘道远:《公司法定代表人的角色、制度渊源及其完善》,载《比较法研究》2022 年第 4 期。

[70]刘凤委、李琳、薛云奎:《信任、交易成本与商业信用模式》,载《经济研究》2009 年第 8 期。

[71]刘贵祥:《从公司诉讼视角对公司法修改的几点思考》,载《中国政法大学学报》2022 年第 5 期。

[72]刘继峰:《反不正当竞争法中"一定影响"的语义澄清与意义验证》,载《中国法学》2020 年第 4 期。

[73]刘俊海:《建议〈公司法〉与〈证券法〉及三套外商投资企业法联动修改》,载《法律适用》2013 年第 12 期。

[74]刘凯湘:《认缴制下股东出资义务加速到期之否定》,载《荆楚法学》2022 年第 2 期。

[75]刘铭卿:《股东出资义务加速到期研究》,载《政治与法律》2019 年第 4 期。

[76]刘胜军:《论股东除名的事由与程序再造》,载《法学》2023 年第 3 期。

[77]刘学在、郑涛:《网购纠纷诉讼中的消费者住所地管辖规则》,载《理论探索》2015 年第 5 期。

[78]刘燕:《对赌协议与公司法资本管制:美国实践及其启示》,载《环球法律评论》2016 年第 3 期。

[79]刘迎霜:《资本认缴制:股东出资自由与公司资本自治》,载《政治与法律》2023 年第 8 期。

[80]刘召成:《民事权利的双重属性:人格权权利地位的法理证成》,载《政治与法律》2016 年第 3 期。

[81]卢宁:《刍议公司资本形成制度的改革与发展——以"认缴制"的定性为起点》,载《法学论坛》2017 年第 3 期。

[82]卢宁:《我国公司资本"认缴制"的法定资本制性质辨析》,载《财经法学》2017 年第 5 期。

[83]罗培新:《公司法的合同路径与公司法规则的正当性》,载《法学研究》2004 年第 2 期。

[84]罗培新:《世界银行营商环境评估方法论:以"开办企业"指标为视角》,载《东方法学》2018 年第 6 期。

[85]吕炳斌:《个人信息权作为民事权利之证成:以知识产权为参照》,载《中国法学》2019 年第 4 期。

[86]马更新、安振雷:《重塑资本形成:授权资本制的本土化建构》,载《经贸法律评论》2023 年第 3 期。

[87]马俊彦:《"公司自治"与"司法强制"关系辨析》,载《宁波大学学报(人文科学版)》2019 年第 3 期。

[88]潘志江、刘博文:《恶意攀附有一定影响的企业名称构成不正当竞争》,载《人民司法》2020 年第 29 期。

[89]彭晨曦:《注册资本最低限额研究》,载《湖北社会科学》2005 年第 12 期。

[90]彭真明:《论资本认缴制下的股东出资责任——兼评"上海香通公司诉昊跃公司等股权转让纠纷案"》,载《法商研究》2018 年第 6 期。

[91]邱泽奇:《技术与组织:多学科研究格局与社会学关注》,载《社会学研究》2017 年第 4 期。

[92]任尔昕:《论我国公司资本制度的困惑与出路》,载《兰州大学学报》2004 年第 4 期。

[93]阮庭方:《"皮包公司"再认识》,载《中国工商管理研究》1995 年第 6 期。

[94]上海市工商局检查总队:《规范公司出资行为的法律适用》,载《工商行政管理》2003 年第 23 期。

[95]沈朝晖:《授权股份制的体系构造——兼评 2021 年〈公司法〉(修订草案)相关规定》,载《当代法学》2022 年第 2 期。

[96]沈四宝:《新〈公司法〉的新亮点》,载《时代法学》2006年第1期。

[97]盛杰民:《对企业名称权的法律思考》,载《法商研究(中南政法学院学报)》1997年第6期。

[98]石冠彬:《注册资本认缴制改革与债权人利益保护——一个解释论视角》,载《法商研究》2016年第3期。

[99]石少侠、卢政宜:《认缴制下公司资本制度的补救与完善》,载《国家检察官学院学报》2019年第5期。

[100]宋华琳:《营业自由及其限制——以药店距离限制事件为楔子》,载《中国食品药品监管》2008年第5期。

[101]苏志甫:《"企业名称"反不正当竞争法保护的分歧、反思及建议——基于若干不正当竞争司法判例的实证研究》,载《竞争政策研究》2017年第3期。

[102]孙海龙、姚建军:《企业名称权的法律保护——以西安万紫千红公司诉陕西万紫千红公司案为视角》,载《电子知识产权》2010年第1期。

[103]孙伟平:《信息社会及其基本特征》,载《哲学动态》2010年第9期。

[104]谈萧、叶艳:《授权资本制与认缴制的协调——基于资本形成视角的分析》,载《中国市场监管研究》2023年第4期。

[105]覃有土、孙文桢:《公司超范围经营之法律后果研究——兼论无关联主义》,载《中南财经政法大学学报》2006年第5期。

[106]汤艳:《对农村市场主体实行"一址多照"的几点思考》,载《工商行政管理》2015年第18期。

[107]万百五:《控制论创立六十年》,载《控制理论与应用》2008年第4期。

[108]王东光:《股东失权制度研究》,载《法治研究》2023年第4期。

[109]王东敏:《公司法资本制度修改对几类民商事案件的影响》,

载《人民司法》2014 年第 5 期。

[110]王冠玺:《我国法人的基本权利探索——法人得否主张精神损害赔偿的宪法上论证》,载《浙江学刊》2010 年第 5 期。

[111]王红一:《论公司自治的实质》,载《中山大学学报(社会科学版)》2002 年第 5 期。

[112]王怀勇:《公司自治的思想渊源》,载《宁夏大学学报(人文社会科学版)》2009 年第 4 期。

[113]王军:《抽逃出资规则及公司分配制度的系统性改造》,载《法学研究》2021 年第 5 期。

[114]王利明:《人格权:从消极保护到积极确权》,载《甘肃社会科学》2018 年第 1 期。

[115]王庆延:《新兴权利渐进入法的路径探析》,载《法商研究》2018 年第 1 期。

[116]王瑞雪:《声誉制裁的当代图景与法治建构》,载《中外法学》2021 年第 2 期。

[117]王伟:《企业信息公示机制的逻辑与立法研究——兼论〈企业信息公示暂行条例〉的修法思路》,载《首都师范大学学报(社会科学版)》2021 年第 1 期。

[118]王晓升:《主体的终结和后现代哲学的崛起——从鲍德里亚的视角看》,载《学术月刊》2014 年第 5 期。

[119]王延川、郭琦:《企业信息真实性的保障困境及机制改善——以企业信息平台完善为视角》,载《西部法学评论》2017 年第 6 期。

[120]王妍:《企业名称权的性质及法律保护》,载《河北法学》2005 年第 5 期。

[121]王毓莹:《公司法定唯一代表制:反思与改革》,载《清华法学》2022 年第 5 期。

[122]王韵洁:《关联公司间人格否认的裁判依据和标准构建——以最高人民法院 15 号指导案例切入》,载《上海法学研究》2020 年第 7 期。

[123]王赞雄、杨昊:《企业名称权侵权认定与保护制度的思考——湖北红旗电缆企业名称权纠纷案评析》,载《科技与法律》2010 年第 3 期。

[124]王占明:《企业名称权的法律再定位——兼论企业名称权与商标权的冲突解决》,载《法学》2003 年第 2 期。

[125]魏磊、孙可飞:《强化信息披露　完善〈企业信息公示暂行条例〉》,载《中国市场监管研究》2019 年第 8 期。

[126]温世扬:《标表型人格权的制度价值与规范构造》,载《法律科学(西北政法大学学报)》2021 年第 6 期。

[127]吴飞飞:《资本维持原则的当下意蕴及其对偿债能力测试的借鉴》,载《政法论坛》2023 年第 4 期。

[128]吴汉东:《论信用权》,载《法学》2001 年第 1 期。

[129]吴太轩、邱威棋:《论在先登记企业字号构成在先权利的"竞争因素"》,载《商丘师范学院学报》2020 年第 5 期。

[130]吴韬:《企业信用信息公示制度研究》,华东政法大学 2017 年博士学位论文。

[131]吴宣恭:《论法人财产权》,载《中国社会科学》1995 年第 2 期。

[132]肖海军:《论营业行政许可的法律属性与合理边界》,载《行政法学研究》2008 年第 4 期。

[133]徐强胜、王亚霈:《从个人信用走向制度信用——基于公司法认缴制改革的观察》,载《经贸法律评论》2019 年第 1 期。

[134]徐强胜:《我国公司人格的基本制度再造——以公司资本制度与董事会地位为核心》,载《环球法律评论》2020 年第 3 期。

[135]许中缘:《论〈公司法〉第 42 条但书条款的规范解释》,载《现代法学》2021 年第 2 期。

[136]薛波、刘浩然:《"资本显著不足"情形下公司法人格否认制度适用之变革》,载《行政与法》2015 年第 12 期。

[137]杨聪柱、冯振明:《关于注册资本的思考》,载《中国工商管理

研究》1997 年第 1 期。

[138]杨洪:《完善注册资本制度 优化注师验资环境》,载《湖北审计》2002 年第 8 期。

[139]杨立新:《个人信息:法益抑或民事权利——对〈民法总则〉第 111 条规定的"个人信息"之解读》,载《法学论坛》2018 年第 1 期。

[140]杨学红:《关于完善企业名称字号保护制度的思考》,载《中国市场监管研究》2017 年第 3 期。

[141]姚辉:《关于人格权商业化利用的若干问题》,载《法学论坛》2011 年第 6 期。

[142]叶林:《私法权利的转型——一个团体法视角的观察》,载《法学家》2010 年第 4 期。

[143]殷秋实:《法定代表人的内涵界定与制度定位》,载《法学》2017 年第 2 期。

[144]殷盛:《欧盟的公司资本制度变革》,载《法学》2007 年第 9 期。

[145]尹田:《无财产即无人格——法国民法上广义财产理论的现代启示》,载《法学家》2004 年第 2 期。

[146]俞斌、钱敏华:《企业信息公示领域举报处理结果与举报人的利害关系——浅析行政复议中的申请人与行政行为的利害关系》,载《质量与标准化》2021 年第 8 期。

[147]俞巍、陈克:《公司资本登记制度改革后股东责任适法思路的变与不变》,载《法律适用》2014 年第 11 期。

[148]袁碧华:《法定代表人的制度困境与自治理念下的革新》,载《政法论丛》2020 年第 6 期。

[149]岳冰:《公司自治与国家强制关系范式论》,载《河南大学学报(社会科学版)》2023 年第 2 期。

[150]湛中乐、赵玄:《信用监管的法治理想与现实——兼论〈企业信息公示暂行条例〉的实施要点》,载《中国工商管理研究》2015 年第 5 期。

[151]张春晖:《论法人人格否认制度中的人格混同》,载《中国集体经济》2023 年第 4 期。

[152]张海霞、吴小丽、王泽芬:《粤港澳大湾区城市总部经济政策分析》,载《特区经济》2021 年第 2 期。

[153]张珺:《个人信息保护:超越个体权利思维的局限》,载《大连理工大学学报(社会科学版)》2021 年第 1 期。

[154]张磊:《认缴制下公司存续中股东出资加速到期责任研究》,载《政治与法律》2018 年第 5 期。

[155]张平华:《权利位阶论——关于权利冲突化解机制的初步探讨》,载《法律科学(西北政法学院学报)》2007 年第 6 期。

[156]张其鉴:《论认缴制下股东补充赔偿责任中的"不能清偿"标准——基于回归公司法立场的分析》,载《政治与法律》2017 年第 3 期。

[157]张小:《授权资本制应当缓行》,载《重庆邮电学院学报(社会科学版)》2004 年第 5 期。

[158]张旭平:《建构与解构:主体在现代、后现代哲学中的命运》,载《安徽大学学报》2003 年第 6 期。

[159]张昭庆:《关于完善中国公司代表权制度的思考》,载《河北学刊》2010 年第 4 期。

[160]赵敦华、江立成:《后现代哲学与现代西方哲学的终结》,载《哲学研究》1994 年第 1 期。

[161]赵万一:《资本三原则的功能更新与价值定位》,载《法学评论》2017 年第 1 期。

[162]赵旭东:《从资本信用到资产信用》,载《法学研究》2003 年第 5 期。

[163]赵旭东:《电子商务主体注册登记之辩》,载《清华法学》2017 年第 4 期。

[164]赵旭东:《商事信用的界定与制度构成》,载《浙江工商大学学报》2019 年第 5 期。

[165]赵旭东:《新〈公司法〉的突破与创新》,载《国家检察官学院学报》2007 年第 1 期。

[166]赵旭东:《再思公司经理的法律定位与制度设计》,载《法律科学(西北政法大学学报)》2021 年第 3 期。

[167]郑璇玉、鞠丽雅:《司法实践中“老字号”的裁判考虑——从“义兴张”商标与字号的历史谈起》,载《中华商标》2019 年第 8 期。

[168]钟三宇:《公司人格否认:裁判逻辑、检视与导正》,载《重庆大学学报(社会科学版)》2022 年第 3 期。

[169]周昌发:《全国统一大市场建设下企业信息公示的立法完善》,载《学术探索》2023 年第 7 期。

[170]周珺:《公司资本功能再认识与公司资本制度改革》,载《江西社会科学》2020 年第 4 期。

[171]周珺:《论公司债权人对未履行出资义务股东的直接请求权》,载《政治与法律》2016 年第 5 期。

[172]周雷:《营业自由作为基本权利:规范变迁、宪法依据与保护范围》,载《中国法律评论》2020 年第 5 期。

[173]朱慈蕴:《股东出资义务的性质与公司资本制度完善》,载《清华法学》2022 年第 2 期。

[174]朱慈蕴:《中国公司资本制度体系化再造之思考》,载《法律科学(西北政法大学学报)》2021 年第 3 期。

[175]邹学庚:《〈民法典〉第 65 条商事登记公示效力研究》,载《国家检察官学院学报》2021 年第 1 期。

三、其他来源文献

[1]“吴良材”商标及不正当竞争案[苏州市吴良材眼镜有限责任公司与上海三联(集团)有限公司等商标权侵权及不正当竞争纠纷上诉案],载《最高人民法院公报》2010 年第 6 期。

[2]曹承磊、周文星:《股东按实缴出资比例分红的操作困境及解决

路径》,载北大法宝网 2023 年 5 月 8 日。

[3]方淑敏、吴绍梅:《法定代表人不能“想不当就不当”》,载《云南法制报》2023 年 5 月 31 日,第 3 版。

[4]李霖:《江苏泰州高新区法院判决吴红兵诉冠星公司等委托合同纠纷案——非破产情形下有限公司股东出资义务不应加速到期》,载《人民法院报》2016 年 12 月 22 日。

[5]李晓庆:《被公司登记为法定代表人后官司缠身,如何脱困?》,载北大法宝网 2022 年 10 月 15 日。

[6]梁冀:《实地探访:隋田力两关联公司仍在运营》,载《经济观察报》2021 年 8 月 22 日。

[7]刘婧、肖瑶:《公司利润分配相关法律问题分析》,载北大法宝网 2022 年 8 月 8 日。

[8]鲁元珍:《支持市场主体发展　增强经济发展活力》,载《光明日报》2022 年 1 月 28 日,第 10 版。

[9]宋清辉:《部分上市公司热衷于更名或只为“碰瓷”》,载百度网 2022 年 10 月 1 日,https://baijiahao. baidu. com/s? id = 1745469507753192959&wfr = spider&for = pc。

[10]孙艳:《离职多年　为何仍“担任”前公司法人及执行董事》,载荔枝网,http://news. jstv. com/a/20230402/87aa2f3e836445079505619db6311ca1. shtml。

[11]王家乐:《多家投资公司 0 元资金注册取营业执照　敛财后跑路》,载手机央广网,http://m. cnr. cn/news/20150702/t20150702_519044160. html。

[12]王永红、吴婧倩:《反不正当竞争法视角下的企业名称保护简析——兼论反法一般条款之适用》,载北大法宝网 2017 年 6 月 1 日,https://pkulaw. com/lawfirmarticles/41351e4a6573ffe7731c8049f0b44152bdfb. html。

[13]谢佳超:《公司控制权争夺——法定代表人变更之诉的裁判规则研究》,载北大法宝网 2023 年 3 月 14 日,https://ahlx. pkulaw. com/

lawfirmarticles/ed05fd839d7405e67d6b3833de 2f8682bdfb. html? way = textRightFblx。

[14]杨文君:《企业经营异常名录会影响中标吗》,载《中国政府采购报》2023 年 3 月 31 日,第 4 版。

[15]于宁、罗国平:《忠旺真相》,载《财新周刊》2023 年第 26 期。

[16]张宏博:《公司法定代表人请求变更公司法定代表人登记的认定》,载《人民法院报》2021 年 7 月 8 日,第 7 版。

[17]周菊:《小米造车的属地之争》,载《经济观察报》2021 年 8 月 9 日,第 25 版。

四、外国法律

[1]《德国商事公司法》,胡晓静、杨代雄译,法律出版社 2014 年版。

[2]卞耀武主编:《德国股份公司法》,贾红梅、郑冲译,法律出版社 1999 年版。

[3]《英国 2006 年公司法》,葛伟军译,法律出版社 2008 年版。

[4]《欧洲公司条约》,井涛、沈华勤译,载顾功耘主编:《公司法律评论》2003 年卷,上海人民出版社 2003 年版。

[5]《法国公司法典》(上),罗结珍译,中国法制出版社 2007 年版。

[6]王延川、刘卫锋编译:《最新韩国公司法及施行令》,法律出版社 2014 年版。

[7]吴建斌编译:《日本公司法:附经典判例》,法律出版社 2017 年版。

[8]《特拉华州普通公司法》,徐文斌等译,中国法制出版社 2010 年版。

[9]《瑞士债法典》,于海涌、[瑞士]唐伟玲译,法律出版社 2018 年版。